W0252916

BULGARIEN

DUMONT REISE-TASCHENBUCH

Daniela Schily/Jürgen Sorges

BULGARIEN

Inhalt

LAND UND LEUTE

Naturparadies auf dem Balkan

Kultur und Leben

Tipps für Ihren Urlaub

UNTERWEGS IN BULGARIEN

Sofia und Umgebung

Inhalt

Riliagebirge-, Piringebirge und Rhodopen

Das Donautal

Inhalt

LAND & LEUTE

»Der Himmel
unglaublich blau
Die Hänge unfaßbar
grün
Unbegreiflich leicht
mein Schritt:
unglaublich
unbeschreibbar das
alles«

»Im Rilakloster«
Lutz Rathenow

Rila-Kloster

Naturparadies auf dem Balkan

Burgas: Bummel zum Meerespark

ZWISCHEN TRADITION UND MODERNE

Haben Sie schon einmal einen Esel auf der Autobahn überholt und durften ihn auch mit Fug und Recht als solchen bezeichnen? In Bulgarien ist das möglich. Denn neben Luxuslimousinen, Reisebussen und Kleinwagen trabt hier auch noch mitunter ein Esel vor einem Fuhrwerk die Schnellstraße entlang, ohne dass jemand daran Anstoß nähme.

Überall prallen Tradition und Moderne zusammen, Geschichte ist stets gegenwärtig. So führt in der Hauptstadt Sofia die unterirdische Einkaufspassage durch römische Festungsmauern, alte Kirchlein stehen neben gigantische Neubauten. Auf dem Lande ragen inmitten von Sonnenblumenfeldern thrakische Grabhügel empor, am Rande der alten, oft rückständigen Dörfer haben die neuen Reichen Luxusvillen und Hotels in die malerische Umgebung gebaut. Und dank des Handys bleibt auch der Mönch in der Einsamkeit am Puls der Zeit.

Der Legende nach ist das Land ein Stück vom Paradies, das der liebe Gott den Bulgaren persönlich geschenkt hat. Bei einer Reise durch Bulgarien ist man von der Wahrheit der Legende rasch überzeugt. In dem kleinen Land versammeln sich so ziemlich alle Naturwunder der Erde: eine abwechslungsreiche Küste; steile, mittlere und sanfte Gebirgszüge, die mehr als ein Drittel des Landes bedecken; uralte Tropfsteinhöhlen, Hoch- und Tiefebenen, türkisgrüne Seen, heiße und kalte Quellen, Wälder und eine ungeheure Artenvielfalt von Pflanzen und Tieren...

Bulgarien gehört zu den ältesten besiedelten Regionen Europas, und im Laufe der Geschichte haben viele hindurchziehende Völker ihre Spuren hinterlassen. Gastfreundschaft hat eine lange Tradition in Bulgarien, auch wenn sie nicht immer freiwillig gewährt wurde. Griechen, Römer, Byzantiner, Türken und Russen haben Akzente im ›Bulgarientourismus‹ gesetzt, und was jene historischen Gäste durften, dürfen heutige Besucher erst recht. So gesehen sind Segeln, Reiten und (Sand)Burgenbauen gar nichts Neues im heutigen Ferienparadies. Hinzugekommen ist hingegen die Bereitschaft, sich modernen Urlaubsansprüchen anzupassen und ein familienfreundliches und behagliches Ferienambiente zu schaffen. Mit frischen Farben, neuer Technik, neuen Trends und Ideen ist das vielfach gut gelungen, so dass nun vor allem an der Küste anstelle der betongrauen Kulisse aus vergangenen Zeiten ansprechende und komfortable Feriensiedlungen entstanden sind. Trotzdem hat die Moderne auch im bulgarischen Ferienbetrieb noch nicht alle historischen Lücken geschlossen: Wie der Esel auf der Autobahn läuft auch auf der touristischen Zukunftsgeraden mitunter noch ein Relikt aus vergangenen Tagen mit. Mit ein wenig Humor im Gepäck kann man auch darin das typisch Bulgarische entdecken, vor allem da Altes und Neues durch die ebenso herzliche wie zeitlos geltende bulgarische Gastfreundschaft belebt werden.

STECKBRIEF BULGARIEN

Lage und Fläche: 110 994 km^2 auf der Balkanhalbinsel. Das Schwarze Meer bildet die östliche Grenze Bulgariens auf einer Länge von 378 km. Die drei größten Städte des Landes sind Sofia (1 114 000 Mio. Einwohner), Plovdiv (349 000 Einwohner) und Varna (298 000 Einwohner).

Bevölkerung: Das Land hat ca. 8 Mio Einwohner. Davon gehören ca. 9% der türkischstämmigen Minderheit an, 3% sind Sinti und Roma, 3% Makedonier und 2% gehören weiteren Minderheiten an.

Sprache und Schrift: Landessprache ist Bulgarisch, geschrieben wird in Kyrillisch. Größere Straßen und Ortschaften sind zweisprachig in kyrillischer und lateinischer Schrift ausgeschildert.

Religion: Die meisten Bulgaren gehören der orthodoxen Kirche an mit dem Patriarchen in Sofia als Oberhaupt. Ihm unterstehen 11 Eparchien, die von je einem Metropoliten geführt werden. Daneben existieren kleine katholische, evangelische und armenische Gemeinden. Die Minderheiten der Pomaken und Türken bekennen sich zum Islam. Vorwiegend in den größeren Städten gibt es jüdische Gemeinden.

Staat und Verwaltung: Bulgarien ist laut Verfassung von 1991 ein ›demokratischer, parlamentarischer Rechtsstaat‹. Staatsoberhaupt sowie Oberbefehlshaber der Armee ist seit 2002 Georgi Parvanov vom ehemals kommunistischen Flügel der BPS. Premierminister wurde 2001 der Sohn des ehemaligen bulgarischen Königs, Simeon II. Das Land ist seit 1999 in 28 Regionen *(okruschi)* gegliedert.

Wirtschaft: Ein Viertel aller Beschäftigten ist in der Landwirtschaft tätig, sie erbringt derzeit aber nur ein Sechstel des Bruttoinlandproduktes in Höhe von 12,5 Mrd. €. Ursachen sind das Brachliegen von etwa 10 Prozent der Nutzfläche, Probleme bei der Privatisierung der Betriebe nach 1989 sowie Kapitalmangel insbesondere für die Anschaffung moderner Landmaschinen.

Industrie (25 % des Inlandproduktes) sowie der Dienstleistungssektor (62 %) tragen maßgeblich zum derzeitigen Wirtschaftswachstum von 5 Prozent pro Jahr bei. Das Pro-Kopf-Einkommen beträgt ca. 5 200 €. Wichtigste Handelspartner Bulgariens sind im Importbereich Rußland, Deutschland, Italien, Griechenland, Frankreich und die USA, während Bulgarien vor allem nach Italien, Deutschland, Griechenland, die Türkei, nach Russland, Frankreich und Belgien exportiert.

Der Tourismussektor sorgt für den Ausgleich etwaiger negativer Handelsbilanzen. Bereits 1999 wurden bei 2,47 Mio. Gästen über eine Milliarde US-Dollars erwirtschaftet.

LANDSCHAFTEN UND NATURRAUM

Berge und Täler

Vom Nordwesten bis zum Schwarzen Meer teilt das Massiv des **Balkan** Bulgarien in zwei fast gleich große Hälften und bildet eine Wetter- und Wasserscheide zwischen dem Norden und dem Süden des Landes. Einzig der längste Fluss Bulgariens, die Iskar, durchbricht das etwa 530 km lange Gebirge im Nordosten. Von Sofia kommend schlängelt sich der Fluss durch eine tief eingegrabene Schlucht und gibt einen ebenso malerischen wie lehrreichen Einblick in die geologische Vergangenheit des Bergriesen.

Ungleich älter als die Karstfelsen des Balkans sind die lößhaltigen Böden der **Donauebene**, welche die Iskar auf ihrem Weg zur Donau durchfließt. Dieser breite und hügelige Gürtel wird in die älteste geologische Epoche des Landes zurückdatiert und ist eine der fruchtbarsten Regionen Bulgariens.

Der mittlere Teil des Balkangebirges steht nicht nur geographisch im Zentrum des Landes. Von den Bulgaren wird dieser Teil ›Stara Planina‹ (altes Gebirge) genannt. Seine hohen Gipfel, die zahlreichen Pässe und die ausgedehnten Wälder an den Hängen waren immer eng mit der Geschichte Bulgariens verbunden. Hier führten die alten Handelsrouten entlang, hier wurden Schlachten entschieden und aus den Orten an den Balkanhängen stammen berühmte bulgarische Künstler und Freiheitskämpfer. Kein Wunder, dass viele alte Volkslieder und Dichtungen vom Balkan handeln und zwei der drei höchsten Balkan-Gipfel die Namen der revolutionären Volkshelden Botev (2376 m) und Levski (2166 m) tragen. Zusammen mit dem dritten Gesteinsriesen im Bunde, dem Triglav (2276 m), schirmen sie das südlich davon gelegene Becken gegen raue Winde ab, so dass in den Tälern von Sopot, Karlovo und Kasanlak unzählige Rosen blühen können, aus denen das berühmte bulgarische Rosenöl gewonnen wird.

Auf der Südseite wird das Hauptmassiv des Balkan von den Mittelgebirgszug der Sredna Gora flankiert, im Westen fällt es allmählich sanfter werdend bis zum Kap Emine am Schwarzen Meer ab.

Südlich der Sredna Gora schließt sich die nach Osten auffächernde **Oberthrakische Tiefebene** an. Zahlreiche Flussläufe durchziehen das steppenartige Gebiet und schaffen durch ihre Bewässerungssysteme eine fruchtbare Grundlage für Wein, Obst und Getreideanbau. Ein Drittel der bulgarischen Weine stammt aus dieser Gegend, aber auch Tabak und Baumwolle werden im südlichen Teil z. B. bei Karschali angebaut. Namengeber der fruchtbaren Steppen waren die ersten Siedler Bulgariens, die Thraker, die hier zahlreiche Orte gründeten. So gehen zwei noch heute bedeutsame Städte – Stara Sagora und Plovdiv – auf thrakische Gründungen zurück.

Sandsteinfelsen bei Melnik im Piringebirge

Südlich von Plovdiv erhebt sich das Gebirgsmassiv der **Rhodopen**. In den dicht bewaldeten Tälern und Schluchten dieser Bergwelt soll der Legende nach Orpheus geboren worden sein. Heute bezaubert die Landschaft mit Einsamkeit, kleinen alten Bergsiedlungen und einer der größten Sehenswürdigkeiten des Landes: dem Batschkovo-Kloster.

Ohne den tiefen Einschnitt, den der Mesta-Fluss gegraben hat, wäre das Gebirgsmassiv der Rhodopen wohl kaum von den westlich angrenzenden Bergzügen des **Pirin- und Rilagebirges** zu trennen. Südwestlich vom Flusstal erhebt sich der zweithöchste Berggipfel Bulgariens, der Vichren (2914 m) im Piringebirge. Nordwestlich ragen die ebenso hohen wie steilen Kämme des Rilagebirges empor, unter denen der Mussala mit 2925 m der höchste Berg des Landes überhaupt ist.

Westlich der einsamen Gebirge öffnet sich das Land durch das tiefe **Strumatal** wieder der Zivilisation, u.a. mit dem südlichsten bulgarischen Kurort Sandanski. Eine weitere Möglichkeit, in den – insgesamt über 500 – Mineralquellen Bulgariens zu kuren, bieten die kargen Hochebenen der westlichen Balkanausläufer. Hier befinden sich zwischen hohen Bergen die Becken von Kjustendil, Radomir und Sofia mit 20–100° C heißen Heilquellen.

Sofia ist mit seiner Lage in 550 m Höhe nach Madrid die zweithöchste Hauptstadt Europas. Trotzdem wollen die meisten Hauptstadteinwohner am Wochenende noch höher hinaus: Das direkt an die Stadt angrenzende Vitoschagebirge (höchster Gipfel 2290 m) zählt zu den beliebtesten Naherholungsgebieten Bulgariens.

Schwarzes Meer

Bulgariens 378 km lange Küste wird vom Balkangebirge in eine südliche und eine nördliche Hälfte geteilt. Im Norden ist Varna die Anlaufstelle für sonnenhungrige Fluggäste, die sich zum Badeurlaub in die Umgebung verteilen. Flach abfallende feinkörnige Sandstrände in weiten, grünen Buchten gehören zum natürlichen Reiz dieser Region. Von ausländischen Touristen noch weitgehend unentdeckt ist die felsige Küstenlandschaft des Nordens mit kleinen Sandbuchten und der weiten Ebene der Dobrudschda im Hinterland. Durch das steppenartige Hinterland ist es hier etwas windiger als in der von Wäldern geschützten Region zwischen Varna und Baltschik, doch die Buchten sind durch rötliche oder weiße Felsen abgeschirmt.

Die Südhälfte der Küste ist im Mündungsgebiet des Kamtschija-Flusses kaum besiedelt, ein Großteil der undurchdringlichen Waldlandschaft steht unter Naturschutz. In der südlich angrenzenden Bucht von Burgas hingegen gibt es in den Badeorten zwischen Sonnenstrand und Sosopol fast so viele Gäste wie Sand am Meer – aber doch nur fast, denn an den langen, feinsandigen Stränden findet man auch in der Saison genug Platz zum Faulenzen oder Sport treiben. Wer noch mehr Abgeschiedenheit erleben möchte, weicht weiter in den Süden aus: Bis hin zu dem südlichsten Küstenort Resovo gibt es unendlich viele romantische Ba-

Wanderer am Schwarzen Meer bei Albena

debuchten zu entdecken, mit flach abfallenden Stränden und waldigen oder sandigen Dünen im Hintergrund.

Flora und Fauna

Vor Schlangen, Wölfen, und Wildkatzen muss man sich nicht fürchten: Sie verstecken sich in den abgelegenen Gegenden des Rila-, Pirin- und Rhodopengebirges. Eher zu Gesicht bekommt man Hirsche, Füchse und Rebhühner in den Wäldern des Balkan und den Naturreservaten im Schwarzmeerhinterland. In vielen Dörfern nisten Jahr für Jahr zahlreiche Störche. Ein besonderes Erlebnis ist es, die Brutplätze von Pelikan, Ibis und Wildgans in den Naturreservaten der nördlichen Küste zu besuchen.

Meist nur auf dem Teller begegnet man den typischen Schwarzmeerfischen. Vor allem Sprotten zieren jedes Frühstücksbuffet, der wertvolle Steinbutt hingegen ist mittlerweile selten geworden. Auch Delfine oder Robben haben die Schwarzmeerküste verlassen. Solche Alarmsignale der Natur haben die Umweltschützer Bulgariens mittlerweile aufgeweckt: An vielen Küstenorten weht nun die ›Blaue Flagge‹ – das Zeichen für regelmäßige Kontrollen und Schutz der Boden- und Wasserqualität.

Dank der Naturreservate bleiben Wälder und seltene Pflanzen erhalten – immerhin bestehen noch fast 27 % des Landes aus Laub- und Nadelwäldern.

Wirtschaft und Umwelt

Der Wechsel von der sozialistischen Plan- zur Marktwirtschaft nach dem Zusammenbruch des Sozialismus im Jahr 1989 hat Bulgariens angeschlagene Wirtschaft kollabieren lassen. Der Weg hin zu internationaler Konkurrenzfähigkeit, eingeleitet durch die Privatisierung ab 1992, wurde durch Kapitalmangel und fehlendes Know-how erschwert. Der Bürgerkrieg in Jugoslawien hat Bulgarien ebenfalls schwer belastet.

Infrastruktur und Umwelt

Auch wenn noch Tausende von Schlaglöchern auf den zu über 95 Prozent asphaltierten Straßen Bulgariens zu finden sind: Mehr als 36 000 km Straße, ein Schienennetz von über 4000 km, die Schwarzmeer- und Donauhäfen sowie drei großen internationale Flughäfen bieten gute Voraussetzungen für eine funktionierende Infrastruktur.

Die Energieversorgung des Landes verlangt erhebliche Anstrengungen: Bulgarien muss nahezu die Hälfte seines Energiebedarfs durch Importe sichern. Dies macht es um so schwieriger, die fünf veralteten Atomreaktorblöcke von Kosloduj, wie von der EU seit 1998 gefordert, stillzulegen. Diese vielleicht größte Umweltgefahr für Bulgarien und die Anrainer deckt momentan 23 Prozent des jährlichen Energiebedarfs. Dazu kommen weitere Umweltprobleme: das Verbrennen fossiler Energieträger in Privathaushalten und Industrie, die hoffnungslos veralteten Anlagen der chemischen und Schwerindustrie, deren giftige Emissionen ungefiltert Luft und Böden vergiften, und die Bereitstellung von Trinkwasser zu jeder Jahreszeit und für alle Bulgaren. Trotz vieler Talsperren ist Bulgarien eines der wasserärmsten Länder Südosteuropas.

Auch der Schutz der Gewässer, vorrangig der Donau, ist ein bisher ungelöstes Problem. Über die Donau werden jährlich über eine Million Tonnen Schwermetalle ins Schwarze Meer abgeleitet – eine Bedrohung für das einzigartige Biotop des Donaudeltas, aber auch das Schwarze Meer selbst.

Auf dem Weg nach Europa

Überall im Lande machen Schilder auf das milliardenschwere PHARE-Programm der EU aufmerksam, mit dessen Hilfe die Länder ›Mittelosteuropas‹ in den kommenden Jahren ›beitrittsfit‹ gemacht werden sollen. Bulgarien soll im Jahr 2007 der EU beitreten. Bereits Ende 2000 überwies die EU eine erste Zahlung in Höhe von 50 Millionen € für den Ausbau des Verkehrswesens, insbesondere die Verbesserung der Transitstrecke von Sofia nach Griechenland.

Wirtschaftlichen Erfolg erwartet man vom Tourismus. War der Tourismus bis vor kurzem noch nahezu ausschließlich auf die Schwarzmeerküste, Plovdiv und Sofia konzentriert, so bringen heute zahlreiche Projekte auch den ländlichen und Bergregionen neue Hoffnung auf Arbeitsplätze. Doch bei allem Optimismus: Die gesamten Auslandsschulden überschreiten – bei Devisenreserven von etwa einem Drittel der Summe – bereits die Zehnmilliarden-Euro-Gren-

Bauern bei Rila

ze. Da stützt sich die Hoffnung insbesondere auf ausländische Investitionen, die derzeit aber noch unter 1 Milliarde € pro Jahr liegen.

Landwirtschaft

Bulgarien war über Jahrhunderte ein Agrarland, erst nach dem Zweiten Weltkrieg wurde das Land industrialisiert. Neben Weizen und Mais werden vor allem Kartoffeln, Sonnenblumen und auch Tabak angebaut. In den achtziger Jahren geriet Bulgarien erstmals in die Situation, in größerem Umfang Getreide und andere Lebensmittel einführen zu müssen. Auch heute erreicht der Ertrag aus der Landwirtschaft nur zwei Drittel der Menge vor 1989. Ein Zehntel der landwirtschaftlich genutzten Böden sind durch Umweltverschmutzung verseucht und liegen brach. Zudem sind durch die Rückgabe des verstaatlichten Landes zahlreiche, kleine Wirtschaften entstanden, die beinahe ausschließlich für den Eigenbedarf produzieren.

Das Leben der Kleinbauern bleibt schwierig. Mangelndes Kapital verhindert dringend nötige Investitionen in neues Saatgut und Landmaschinen. In den Bergen, speziell den Rhodopen, ist die Arbeit mit Pferden und Ochsen noch die Regel.

Allein der Tabakanbau entlang der bulgarisch-griechischen Grenze hat sich halbwegs behaupten können. In diesem infrastrukturell weit zurückgebliebenen Gebiet – lange galt ein zehn Kilometer breiter Streifen entlang der Grenze zum NATO-Gegner als verbotene Zone – wird der Tabak wie seit alters her von Hand gepflückt, sortiert, gebündelt und getrocknet, ehe er zur Tabakfabrik nach Blagoevgrad gelangt und zu den gut gehenden, preiswerten Marken Melnik und Victory verarbeitet wird.

GESCHICHTE IM ÜBERBLICK

Prähistorie

Bis 8000 v. Chr.	Entwicklung von Jäger/Sammler-Kulturen zur Sesshaftigkeit. Prähistorische Siedlungen bei Stara Sagora.
6000–4000 v. Chr.	Zahlreiche in Bulgariens Museen dokumentierte Funde (Waffen, Werkzeug, Hausgerät). Entwicklung der Töpferei.
Ab 4000 v. Chr.	Beginn der Metallverarbeitung (Kupfergruben nahe Stara Sagora, 2. Hälfte des 4. Jt.). Aufnahme von Handelsbeziehungen und Entwicklung erster (kultischer) Schriftzeichen. Nahe Varna wird der 6 kg schwere, sog. ›älteste Goldschatz der Welt‹ vergraben.
Um 2500 v. Chr.	Weiterer Goldschatz nahe dem Dorf Valtschitran bei Pleven im Donautal ca.12 kg.

Die Antike: Thraker, Griechen, Römer

Ab 14. Jh. v. Chr.	Das bronzezeitliche Volk der Thraker übernimmt die Vorherrschaft rund um das Balkan-Gebirge und expandiert im 12./11. Jh. nach Kleinasien und auf die ägäischen Inseln (z. B. Lemnos, Kos, Lesbos, Thassos, Naxos). Ackerbau und Viehzucht (auch die legendären Thraker-Pferde). Bronzezeitliche Felsmalereien in der Magura-Höhle.
Ab 7. Jh. v. Chr.	Koloniegründungen griechischer Städte und Staaten entlang der Schwarzmeerküste, z. B. Messambria (Nessebar), Apollonia (Sosopol), Odessos (Varna) oder Tomi (Konstanza, heute Rumänien). Reger Handels- und Kulturaustausch.
6.–3. Jh. v. Chr.	Blütezeit der Thrakerkultur. Vermischung mit hellenistischen Einflüssen. Religiöser Synkretismus. Wichtigster Kultgott wird Dionysos. Bau des Thrakergrabes von Kasanlak (3. Jh.; UNESCO-Welterbe). Der thrakische Stamm der Odrysen entwickelt im heutigen Südostbulgarien eine Vormachtstellung. Erste Staatenbildung (Odrysenreich) unter Teres, Sitalkes und Kotys I. Der Staatsschatz soll bis zu 260 Tonnen Edelmetall umfasst haben. In der Folge erfährt der Mythos um den thrakischen Kulturheroen Orpheus (wohl vor Homer), dessen Heimat in den Rhodopen angesiedelt wird, weite Verbreitung. Auch keltische Einflüsse im Balkanraum (Kelteneinfall Anfang des 3. Jh. v. Chr.).
4. Jh. v. Chr.	Philipp II. von Makedonien und Sohn Alexander der Große (336–323 v. Chr.) erobern Thrakien trotz heftige Gegenwehr. Zahlreiche Aufstände.
2./1. Jh. v. Chr.	Die Expansion Roms erfasst auch den thrakischen Raum. Eroberung und Eingliederung Thrakiens in das Römische Reich als Provinzen Moesia und Thracia.

Zeitenwende

1./2. Jh. n. Chr.	Höhepunkt der röm. Kultur in den Provinzen. Stadtneugründungen (u.a. Serdica/Sofia, Necropolis ad nestum, Diocletianopolis, Marcianopolis/Devnja) und Straßenbau, Anlage von Bädern und Kurorten. Thrakische Gladiatoren kämpfen in Rom, thrakische Legionäre dienen im römischen Heer. Drei Legionen sichern die Donaugrenze (Legio V ›Macedonia‹, Legio I ›Italica‹, Legio XI ›Claudia‹).
Ab ca. 165	Die sog. Protobulgaren (ein Verbund turko-altaischer Stämme) gründet zwischen Kaspischen und Schwarzen Meer ein erstes Altbulgarisches Reich (möglicherweise bis ca. 660 n. Chr.).
235–38	Mit Maximinus Thrax gelangt ein Thraker auf den römischen Kaiserthron. Gegen Ende des 3. Jh. dringen Völker und Stämme nördlich der Donau in die Provinz Thrakien ein. Mit Kaiser Konstantin dem Großen (ab 312) und der Teilung des römischen Imperiums fällt das thrakische Gebiet an Byzanz.
5./6. Jh.	Die Völkerwanderung erfasst den thrakischen Raum. Andauernde Überschreitung der Donaugrenze. Die byzanthinischen Garnisonen entlang der Donau werden überrannt und teils aufgegeben.
7. Jh.	Aufgabe des ›Altgroßbulgarischen Reiches‹. Bis zu 15 Einfälle slawischer Völker in das Gebiet des heutigen Bulgarien.
Ab 677	Trennung der Bulgaren in die nordwärts migrierenden Wolga-Bulgaren und die südwestwärts in Thrakien einfallenden Donau-Bulgaren. Die letzteren vereinigen sich mit den ansässigen slavischen Stämmen, wobei die Slawen, obwohl zahlenmäßig überlegen, namentlich in dem Volk der Bulgaren aufgehen, welches auch die Führung übernimmt.

Erstes Bulgarisches Reich (681–1018)

681	Überquerung der Donau unter dem legendären Khan Asparuch (681–700); Gründung des Ersten Bulgarischen Reiches mit der ersten Hauptstadt Pliska (bis 893).
700–721	Erweiterung des Territoriums nach Süden unter Khan Tervel (u.a. Gebiet von Sliven), der 705 von Kaiser Justininan II. den Titel Caesar erhält. Aus diesem entwickelt sich später der ›Zar‹.
717/718	Bulgarisch-byzantinische Allianz zur Verteidigung Konstantinopels gegen die Araber.
809	Khan Krum (802–814) erobert erst weite Teile Transsylvaniens (805), schließlich sogar Serdica/Sofia. Weitere Kämpfe zwischen Byzanz und Bulgaren um die Vorherrschaft rund um das Balkan-Gebirge und gen Süden. Bau starker Befestigungsanlagen.
Um 855	Einführung der ersten slawischen Schriftsprache durch Kyrill und Method.

KYRILL UND METHOD, KLIMENT UND NAUM – DIE ERFINDUNG DER KYRILLISCHEN SCHRIFT

Als der alte Zar Boris im Jahre 893 auf der Reichsversammlung zu Preslav dafür sorgte, dass das Slawische endgültig zur Amts- und Liturgiesprache erhoben wurde und das Griechische ablöste, hatte Bulgarien gerade vier turbulente Jahre hinter sich. Boris' ältester Sohn Vladimir, 889 nach dem Rücktritt des Vaters an die Macht gelangt, hatte den nichtchristlichen adligen Kräften im Lande noch einmal zu einer kurzen Blütezeit verholfen. Der erboste Vater stürmte aus seinem Ruhesitz, einem Kloster nahe der alten Hauptstadt Pliska, und ließ Vladimir absetzen und blenden. Zweitsohn Simeon I. (893–927) übernahm nun die weltliche Amtsgewalt von der neuen, christlich geprägten Hauptstadt Preslav aus. Und Bulgarien erhielt einen ersten ›Bischof‹: Kliment von Ochrid (840–916).

Kliment war Schüler zweier als Slawenapostel in die Geschichte eingegangener Geistlicher, die unter ihren Mönchsnamen Kyrill (826–869) und Method (816–885) bekannt wurden. Papst Johannes Paul II. ernannte die beiden Heiligen 1980 sogar zu ›Patronen Europas‹.

Vor dem Hintergrund der Auseinandersetzungen zwischen Rom und Byzanz um die Vormacht des Lateinischen bzw. Griechischen in der universalen Kirche der Christenheit, mithin um die Vormachtstellung des römischen Papstes oder des Patriarchen von Byzanz wurden die beiden 863 gen Mähren entsandt, um dort die slavischen Sprache zu stärken. Denn Ludwig der Deutsche betrieb im Hintergrund und von Bayern aus bereits die Latinisierung dieses Landstrichs. Kyrill schuf erstmals ein slawisches Alphabet, um Teile der Bibel in die slawische Sprache übersetzen zu können. Sein Versuch, der als Glagolica-Sprache in die Geschichte einging, erwies sich aber als viel zu kompliziert. Erst seine Schüler Kliment, Naum und Angelarij sowie Gorazd und Savva schufen ein brauchbares Alphabet, das zu Ehren ihres Lehrmeisters als das ›Kyrillische‹ bekannt wurde.

867 reisten Kyrill und Method nach Rom, um für die Aufnahme des Slawischen in den Kanon der Kirchensprachen Griechisch, Lateinisch und Hebräisch zu streiten. Papst Hadrian II. nahm sie unter seinen Schutz, diskutierte mit ihnen jahrelang und gewährte zahlreiche Privilegien. Im Jahr 869 starb Kyrill und wurde in Rom in San Clemente beigesetzt. Method aber geriet erneut in die Mühlen der kirchlichen Weltpolitik – und wurde Erzbischof von Pannonien. Dies brachte ihm erst einmal eine unfreiwillige Reise nach Schwaben ein, denn die fränkisch-bayrischen Bischöfe wollten ihn unverzüglich loswerden. Seit 1975 hängt daher in Ellwangen eine Gedenktafel für Method, die von der bulgarischen Regierung gestiftet wurde. Später schloss sich dann der Kreis für Method, denn er wurde Erzbischof von Mähren, wo er 885 verstarb.

865	Khan (Zar) Boris I. (852–889) tritt zum Christentum über und lässt sich taufen. Etablierung einheitlicher gesellschaftlicher Lebensformen durch Übernahme des christlichen Religions- und Kulturkanons. Bulgariens Episkopat schließt sich dem griechisch-orthodoxen Patriarchat Konstantinopels an.
919	Gründung eines unabhängigen bulgarischen Patriarchats unter der Regentschaft Zar Simeons des Großen (893–927). Blütezeit des Ersten Bulgarischen Reiches. Preslav ist neue Hauptstadt (893–971).
927–70	Verfall des Ersten Bulgarischen Reiches unter Zar Peter. Eremiten im Rilagebirge (Ivan Rilski). Magyaren-Einfälle und Gründung der Bogomilen-Sekte, die sich in den bulgarischen Bergen verschanzt. Ochrid ist 997–1018 Hauptstadt des nurmehr Westbulgarischen Reiches.
1014	Kaiser Basileios II. geht als ›Bulgarentöter‹ (Blendung von 14 000 bulgarischen Kriegsgefangenen) in die Geschichte ein.
1018–85	Bulgarien wird und bleibt trotz zahlreicher Aufstände und Einfälle Teil des Byzanthinischen Reiches.

Zweites Bulgarisches Reich (1185–1393)

1185–87	Der Aufstand der beiden adligen Brüder Peter und Ivan Assen veranlasst das auch anderweitig in Bedrängnis geratene Byzanz zur Anerkennung der Restitution und Inauguration des Zweiten Bulgarischen Reiches. Beginn der Assenidendynastie. Neue Hauptstadt wird Tarnovo (1185–1393).
Ab 1204	Nach der Eroberung Konstantinopels im 4. Kreuzzug erringt Zar Kalojan (1197–Sept. 1207) einen militärischen Sieg über Balduin I. In der Folge fallen mehr als 700 Kreuzritter und Tausende christliche Soldaten. Unter Ivan Assen II. (1218–1241) folgt eine massive Ausweitung des Herrschaftsbereich gen Westen (Mazedonien, Nord-Albanien). Größte territoriale Expansion Bulgariens.
1235	Zwischenzeitlich verbindet sich das Patriarchat der bulgarischen mit dem der römisch-katholischen Kirche.
1242	Mit dem Einfall der ›Goldenen Horde‹ unter Khan Batu in Bulgarien beginnt nach dem Tode Assens II. der Niedergang des Reiches. Bis auf Tarnovo, das sich in der Nachfolge von Pliska und lange vor Moskau als ›drittes Rom‹ der orthodoxen Christenheit versteht, vermag keine bulgarische Region ihre frühere Machtstellung zu halten.
1257	Mit Koloman II. stirbt der letzte der Asseniden.
1278–80	Ein Bauernaufstand unter Führung von Ivajlo Lachana (›Kohl‹) führt in Nordostbulgarien nur kurzfristig zur Vertreibung der Tartaren.
Ab Mitte 14. Jh.	Das erstarkende Serbische setzt dem Bulgarischen Reich im Westen Grenzen, das sich seinerseits unter Zar Ivan Alexander (1331–1371) aus der neuen Dynastie der Sismaniden stärker mit By-

	zanz auseinandersetzen muss. Kulturelle Blüte des Zweiten Bulgarischen Reiches (Schule von Tarnovo). Dennoch zerfällt es nach und nach in kleinere, nach Autonomie strebende Feudalfürstentümer.
1386	Mehr als 60 Jahre vor der Eroberung Konstantinopels (1453) unterwirft sich Zar Ivan III. (1371–93) dem zielstrebig das Reich erobernden Sultan Murad I. (1359–89), verweigert aber nur wenig später die Heerfolge und zieht erneut gegen ihn in den Krieg. Mit der siegreichen Schlacht auf dem Amselfeld gegen die Serben (1389), der Zerstörung von Tarnovo (1393) und dem Sieg über das von Ungarns König geführte christliche europäische Kreuzfahrerheer an der bulgarischen Festung Nisipol (1396) gerät Bulgarien für die nächsten fünf Jahrhunderte unter islamische Herrschaft.

Osmanische Zeit (1396–1878)

Ab 1402/ 1419	Zahlreiche Aufstände gegen die neue ottomanische Herrschaft schlagen fehl. 1444 wird ein Kreuzzugsheer unter Polens König Wladislaw III. Jagiello nahe Varna geschlagen. Erst die für Westeuropas Mächte siegreiche Seeschlacht von Lepanto (1571) lässt die Bulgaren aus ihrer Apathie erwachen. Der erste Aufstand von Tarnovo (1598) ist das Resultat. Widerstand richtet sich insbesondere gegen die sog. ›Knabenlese‹, eine jährliche Aushebung junger Burschen, die später in Istanbul zum islamischen Glauben zwangskonvertieren und dann Teil der Janitscharentruppe werden. In Bulgarien wird Sofia administratives und militärisches Verwaltungszentrum.
Um 1600	Die Herrschaft der Ottomanen erreicht in Bulgarien den Zenit. Weitere Aufstände (Heiducken-Rebellen) folgten, ehe nach der Niederlage der Türken vor Wien (1683) der zweite Aufstand von Tarnovo (1686) und bis 1689 weitere Provinzrevolten folgten.
Ende 18./ Beginn 19.Jh.	Die sich mehr und mehr offenbarende Schwäche des ›kranken Mann vom Bosporus‹ führt in Bulgarien zu anarchischen Zuständen, die durch das Wirken von *Kircalis* (Landbanditen) und *Dagalis* (Bergbanditen) gekennzeichnet ist. Erst die Eigeninitiative der Städte samt neuer militärischer Bollwerke und die ottomanische Armee können diese Zeit des selbst gewählten ›Rechtes des Stärkeren‹ beenden.
1806–1812	Mit der Teilnahme Freiwilliger am Russisch-Türkischen Krieg und Aufständen in Serbien beginnt Bulgariens Zeit der nationalen Befreiung und ›Wiedergeburt‹. Bis 1850 folgen weitere Bauernaufstände in Folge der nur kurzen russischen Intervention von 1828/29.
1853–1856	Der Krimkrieg bringt für Bulgarien die erste Phase der Industrialisierung. Das Kriegsende bringt schließlich die formelle Anerkennung der Bürgerrechte auch für die Christen im Ottomanischen Reich.

Um 1860 Das erneute Ringen um die Autonomie der bulgarischen Kirche sowie Bauernaufstände insbesondere in Nordwestbulgarien läuteten die Phase des nationalen Befreiungskampfes ein. Widerstand in organisierter Form ist mit dem Namen Georgi Rakovski verbunden, der für seine Freiwilligen-Regimenter die Guerilla-Taktik wählt. Auch in Bulgarien wird der Nationalstaats-Gedanke des 19. Jh. wirksam. Vom Ausland operierende Geheimorganisationen scheitern sämtlich bei Kämpfen gegen die überlegene ottomanisch-türkische Armee.

Ab 1869 Während Vassil Levski innerhalb des Landes ein Netzwerk von Befreiungskomitees aufbaut, operiert die neue Führung des bulgarischen Widerstandes von Bukarest aus. Vassil Levski wird gefangen genommen und gehenkt (Bulgariens ›Apostel der Freiheit‹).

1875 Aufstand unter Christo Botev u.a. in Russe, Stara Sagora und Sumen scheitert.

1875–78 Europa spricht von der ›Krise im Osten‹, der Balkan- und Bulgarienfrage. Im April 1876 bricht der Aufstand von mehr als 10 000 in drei Regimentern organisierten Freiwilligen los. Bulgariens ›blutiger April‹findet vor allem in Russland und Großbritannien, aber auch in Italien und Frankreich große Resonanz.

1877 Russland marschiert in Bulgarien ein und erklärt der Türkei den Krieg.

1878 Präliminarfrieden von San Stefano (Vorort von Istanbul). Auf dem Berliner Kongress wird Bulgarien in ein freies Fürstentum und die autonome Region (Generalgouvernement) Ost-Rumelien aufgeteilt.

Unabhängigkeit und Monarchie (1878–1944)

1879–86 Einen Tag nach Verabschiedung der neuen Verfassung wird Fürst Alexander I. von Battenberg Regent von Bulgarien. Mit einem Staatsstreich bringt er sich 1881 an die alleinige Macht. Ost-Rumelien wird 1885 mit Bulgarien vereinigt. Krieg mit Serbien und Sieg Bulgariens bei Slivniza im gleichen Jahr. Nach einem Offiziersputsch 1886 tritt Fürst Alexander zurück.

1886–1918 Fürst Ferdinand I. von Sachsen-Coburg-Gotha-Kohary wird Regent.

1908 Ausrufung des Königreichs Bulgarien. Fürst Ferdinand wird Zar.

1912/13 Der erste Balkankrieg endet mit dem Friedensvertrag von London im Mai. Doch bereits im Juni flammen die Kampfhandlungen im 2. Balkankrieg wieder auf. Bulgarien wird im Juli von der Türkei besiegt. Frieden von Bukarest im August.

1915 Bulgarien erklärt Serbien und später Rumänien den Krieg und kämpft an der Seite Österreich-Ungarns und des Deutschen Reiches.

1918–43 Die Ausrufung der Republik beantwortet der Zar mit der Zerschlagung ebendieser und seinem Rücktritt zugunsten seines Sohnes Zar Boris III.

1923	Militärputsch gegen die Regierung Stambolijsky, Ermordung des Regierungschefs. Kommunistischer Gegenputsch im September.
1925	Attentat in der Nedelja-Kathedrale in Sofia fordert über 100 Tote.
1934/35	Staatsstreich durch Militärs und ab Juli 1934 autokratische Führung von Zar Boris III. Fortschreitende Industrialisierung.
1941	Bulgarien schließt sich im Zweiten Weltkrieg den Achsenmächten Deutsches Reich, Italien und Japan an. Besetzung von Makedonien und Teilen Thrakiens (griechisch).
1943	Sohn Simeon II. (geb. 1937) wird zum Zaren proklamiert, indes nicht gekrönt. Die Regierungsgeschäfte führt ein Regentschaftsrat (Mitglieder 1945 hingerichtet).
1944	Die rote Armee überschreitet die Donau und erklärt Bulgarien den Krieg.
1946	Mit dem Plebiszit vom 8. 9. 46 wird die Monarchie abgeschafft. Ausrufung der Volksrepublik Bulgarien. Ministerpräsident wird Georgi Dimitroff.

Die Sozialistische ›Episode‹ (1945–1989)

1948–54	›Säuberungen‹ unter Dimitroff und Tschervenkov schwächen Nachkriegsbulgarien. Aufbau von Internierungslagern.
Nach 1953	Stalins Tod setzt auch in Bulgarien einen Entstalinisierungsprozess in Gang.
1965	Die alte Hauptstadt Tarnovo wird in Veliko Tarnovo umbenannt.
1962–89	Bulgarien unter Todor Schivkov. Planwirtschaftlicher Ausbau Bulgariens und Aufbau von Industrie. Die ›Zwangsbulgarisierung‹ der türkische Minderheit soll von wirtschaftlichen Misserfolgen ablenken. Schrittweiser Ausbau der bulgarischen Schwarzmeerküste als Urlaubsziel der Warschauer Pakt-Staaten. In den achtziger Jahren gilt Bulgarien als Geheimtipp: Reger Urlauberstrom aus der DDR, aber auch aus der Bundesrepublik, die seit 1973 (Ära Brandt) diplomatische Beziehungen mit Bulgarien unterhält.
1981	1300-Jahr-Feier Bulgariens mit einem Vorschlag Schivkovs für einen kernwaffenfreien Balkan. Tochter Ljudmila (Kulturministerin) stirbt überraschend 41-jährig in Sofia unter bis heute ungeklärten Umständen.

Nach 1989: Bulgariens Weg in die Demokratie

1989/90	Todor Schivkov wird während einer ZK-Sitzung gestürzt. Ausrufung der UDK (Dachverband der ›Union der demokratischen Kräfte‹). Im Juni 1990 ermöglichen Verfassungsänderungen erste freie Wahlen. Die zur Bulgarischen Sozialistischen Partei umbenannte ehem. KP gewinnt die absolute Mehrheit.

1991	Neuwahlen machen die UDK mit 34,4 % der Stimmen zur stärksten Partei (Sozialisten 33,1 %). Mit der BRF (Bewegung für Rechte und Freiheit, 7,6 %) bildet die UDK die neue Regierung und setzt auf die Marktwirtschaft.
1992/96	Einleitung der Privatisierung des Staatseigentums. Todor Schivkov wird wegen persönlicher Bereicherung (Höhe: 21 Mio. $) und Machtmissbrauch zu sieben Jahren Gefängnis verurteilt, die er nicht absitzen muß. 1996 Freispruch in der Berufungsverhandlung.
1993	Bulgarien wird assoziiertes Mitglied der EU.
1994	Erneut siegt die Sozialistische Partei bei den Wahlen.
Mai 1996	Erstmalige Rückkehr des Thronerben Simeon II. nach Bulgarien.
1996/97	Bulgarien erlebt einen Hungerwinter. Bis 2002 werden ca. 1 Mio. Menschen (ein Neuntel der Bevölkerung) das Land verlassen.
April 1997	Vorgezogene Neuwahlen bringen den ›Vereinigten demokratischen Kräften‹ die absolute Mehrheit (52,2 %). ›Erklärung zur nationalen Rettung‹.
März 1999	Erklärung zur strategischen Westanbindung Bulgariens sowie Bewilligung von Überflugrechten für NATO-Kampfjets während des Kosovo-Krieges unterstützen entscheidend das Ansinnen Bulgariens, der NATO und EU beizutreten.
5. Juli 1999	Währungsreform. Feste Orientierung des Lev an der Deutschen Mark und später am Euro.
2001	Der einstige Thronprätendent der Monarchie, Simeon von Sachsen-Coburg-Gotha, gewinnt überlegen die Parlamentswahlen und wird Bulgariens neuer Premier. Er will das Land in einem 800-Tage-Programm sanieren. Für den Wahlkampf legt er sich den bürgerlichen Namen Simeon Sakskoburggotski zu.
2002	Neuer Staatspräsident wird Georgi Parvanov. Im Sommer zerstört Bulgarien unter Aufsicht von US-Experten auf einem Militärgelände bei Veliko Tarnovo die ersten SS-23, Scud- und Frog-Raketen aus der Ära des Kalten Krieges. Die SS-23 konnte mit atomaren Sprengköpfen bestückt werden.
Bis 2007/08	Bulgarien strebt die Aufnahme in EU und NATO an.

Kultur und Leben

Bäuerin bei Samokov

LEBENSART: ZWISCHEN STADT UND DORF

Stadt und Land

70 Prozent der Bulgaren leben in den Städten – so die Statistik. Über 200 Dörfer sollen verwaist sein, andere sind fast vollkommen von der Außenwelt abgeschnitten und nicht selten ohne Wasser- und Stromversorgung. Wie vor Jahrhunderten verrichten Tiere und Menschen die Arbeit auf den Feldern, lebt man von dem, was man selbst erzeugt hat, trifft sich an der Wasserstelle, um zu reden.

In den Städten warten andere Sorgen: So gibt es zwar in allen Wohnungen Zentralheizungen, doch da diese keine Thermostate zur Regulierung haben, ist die ›pauschale‹ Wärme für viele zu teuer. Die ›Alternative‹ besteht darin, dass man die Heizung abbauen lässt und friert. Auch fließend Wasser ist zwar theoretisch vorhanden, praktisch aber nicht immer zu haben – sämtliche Rohre müssten überprüft werden. Zwar gibt es auf dem freien Markt alles, doch der Durchschnittslohn ist so gering, dass Wohnungssanierungen oder Hausbau, wenn überhaupt, nur in Etappen möglich sind. So beginnt auch in den Städten der Exodus: Viele junge Leute bemühen sich um eine Arbeitsstelle in anderen Ländern – ca. 1 Mio. Bulgaren sollen sich inzwischen schon im Ausland aufhalten. Oder sie bewerben sich als Saisonarbeiter im Tourismus an der Schwarzmeerküste.

Dass der bulgarische Alltag dennoch nicht nur Mühsal und Sorge bedeutet, mag an der sonnigen Schönheit des Landes und der feierfreudigen Mentalität seiner Bewohner liegen. Und nicht zuletzt am starken Gemeinsinn: Verwandte und Nachbarn helfen einander ganz selbstverständlich bei der Versorgung und Pflege der Ältesten und Jüngsten. Die Familien selbst sind zwar kleiner geworden – im Durchschnitt gibt es nur ein Kind pro Elternpaar –, dennoch fühlen sich die Menschen stets in ihre ›Großfamilie‹ eingebunden, der genetischen ebenso wie der sozial gewachsenen.

Auch hat die sozialistische Vergangenheit einen enormen Reichtum an Improvisationstalent, Humor und Lebenstüchtigkeit hervorgebracht. Damit sind die Bulgaren für das Leben mehr als ausreichend gerüstet und von keinem Schicksalsschlag zu beirren – sei es bei der Vereinbarung mehrerer Jobs, bei Pannen mit der Technik oder bei einem der ebenso regelmäßigen wie spontanen Überraschungsbesuche, bei denen es das unumstößliche Gesetz der Gastfreundlichkeit einzuhalten gilt.

Die Bevölkerung

Sinti und Roma

Ungleich größer als der Kontrast zwischen Stadt und Dorf sind die Spannungen zwischen Bulgaren und den ethnischen Minderheiten des Landes. »Meine Klasse besteht zu drei Vierteln

Roma-Familie bei Preslav

aus Zigeunerkindern, die nur kommen, um verpflegt zu werden. Dabei haben ihre Eltern die meisten Satellitenschüsseln auf dem Dach«, beklagt sich eine Grundschullehrerin in Vraza. Ähnliche Vorurteile schlagen Sinti und Roma, die 3% der Bevölkerung ausmachen, oft entgegen: Die staatlichen Subventionen würden von den Minderheiten ausgenutzt, die allgemeine Entwicklung und Stabilisierung des Landes von ihnen boykottiert. Die Kluft zwischen den beiden Bevölkerungsgruppen ist deutlich sichtbar: Roma und Sinti leben vorwiegend in Randsiedlungen der Städte, verrichten schlecht bezahlte Arbeiten, treiben Kleinhandel oder betteln.

Türken

Die früher zahlreichen türkischstämmigen Bulgaren haben zum größten Teil das Land verlassen. Bereits zwischen 1950 und 1970 zogen mehr als 180 000 bulgarische Türken in die Türkei ›zurück‹. Nach 1980 verließen weitere 220 000 Türken aufgrund staatlicher Repressalien und Diskriminierungen das Land. Die verbliebenen 9% nimmt man im öffentlichen Leben kaum wahr – die Gemeinden halten sich im Hintergrund und ihre Mitglieder haben oft sogar ihre Namen dem Bulgarischen angepasst, um nicht aufzufallen.

Zu den weiteren Bevölkerungsgruppen des Landes gehören u.a. Mazedonier, Armenier, Pomaken und Gagausen. Während die beiden ersten Gruppen sprachlich und kulturell weitgehend in der bulgarischen Bevölkerung aufgegangen sind, spiegeln die beiden letzten Ethnien anschaulich die Zerrissenheit des Landes während der osmanischen Besatzung: die kleine Gruppe der Gagausen, die heute nur noch im Nordosten des Landes um Kavarna herum zu finden ist, besteht aus türkischsprachigen Bulgaren mit christlich-orthodoxem Glauben. Bei den Pomaken verhält es sich umgekehrt: Ihre Muttersprache ist Bulgarisch, doch wurden sie im 16 Jh. mit Zwang zum Islam bekehrt. Ihr Name, abgeleitet vom bulgarischen ›Pomagatschi‹ (Helfer), zeugt von ihrem Status. Als ›Helfershelfer‹ des osmanischen Feindes wurden sie von den nationalbewussten Bulgaren lange abgelehnt, zu den Türken gehörten sie aufgrund der Sprachbarriere ebenfalls nicht. Heute leben die verbliebenen Angehörigen dieser Gruppe in kleinen abgeschiedenen Dörfern in den Rhodopen.

Die orthodoxe Kirche

Obschon sich ein Fünftel der Bulgaren heute als religionslos bezeichnet, ist ein besonderes Merkmal des Landes die historisch tief verwurzelte Religiosität seiner Bewohner. 56 Prozent aller Bulgaren bekennen sich zum orthodoxen Glauben, und seit dadurch keine Nachteile mehr zu befürchten sind, lassen sich immer mehr Bulgaren taufen.

Die Geschichte der orthodoxen Kirche ist eng mit der bulgarischen verbunden. Beginnend mit der Einführung der kyrillischen Schrift und der Bewahrung der bulgarischen Schriftkultur in Mönchsgemeinschaften, dem Übertritt von Zar Boris zum Christentum (865) oder der erstmaligen Unabhängigkeit der bulgarischen Kirche von Byzanz (ab 919) hat die Kirchengeschichte tiefe Spuren im Lande hinterlassen. Insbesondere dieser Kampf um Existenz und Unabhängigkeit der orthodoxen Kirche hat während der 500 Jahre dauernden osmanischen Herrschaft den Nationalgedanken der Bulgaren aufrecht erhalten. Schließlich ging die Neugründung des bulgarischen Exarchates im Jahre 1870 der nationalen Befreiungsbewegung der folgenden Jahre voran. Auch während der kommunistischen Herrschaft, die ab 1953 wieder ein eigenständiges bulgarisches Patriarchat duldete, spielte die Kirche eine besondere Rolle.

Feste und Traditionen

Am Vorabend von Weihnachten ziehen Jungen und Mädchen mit einem reich verzierten Eichenstock (*koledarka*) von Haus zu Haus, um gegen einen Spruch Geschenke zu erbitten. Am Neujahrsmorgen wird dieses Spiel von kleinen Kindern wiederholt, diese schlagen allerdings nur mit Kirschruten (*survakniza*) auf die Rücken der Eltern und Nachbarn ein, um an ihre Süßigkeiten heranzukommen. Beide Rituale knüpfen an vorchristliche Naturbeschwörungen und -symbole an. Heiligabend werden traditionell sieben verschiedene vegetarische Speisen geboten –

Bei Volksfesten werden die kostbaren Trachten gezeigt

Symbol für Fruchtbarkeit und reiche Ernten im nächsten Jahr.

Ostern ist der höchste kirchliche Feiertag in Bulgarien und findet nach dem orthodoxen Kalender eine Woche später als in Westeuropa statt. Ein anderes christliches Fest wird nur noch in einigen Dörfern gefeiert: Am 6. Januar wird ein großes Kreuz – die Taufe Jesu Christi im Jordan symbolisierend – in einen Fluss geworfen, um von den Männern des Dorfes unter festlichen Tänzen wieder herausgefischt zu werden.

Dionysos lässt grüßen

Eine Reihe von Festen reicht bis auf den thrakischen Dionysos-Kult zurück. Sieben Wochen vor Ostern wird das so genannte Kukeri-Fest gefeiert, bei dem Maskentänzer die bösen Geister vertreiben, um Gesundheit und Fruchtbarkeit für die Felder und ihre Bevölkerung sicher zu stellen. Der Trifonstag am 14. Februar verfolgt ähnliche Absichten: Mit dem feierlichen Beschneiden der Rebstöcke zu früher Morgenstunde sollen Segen und gute Ernte beschworen werden. Auch die an der Küste mittlerweile zur Folklore gewordenen Feuertänze (nestinarki) waren ursprünglich heidnisch-mystische Rituale. Später wurde diese Tradition, bei der Frauen in Trance über glühende Kohlen tanzen, mit dem Namenstag der Heiligen Konstantin und Elena verbunden: Am 21. Mai wirbeln nun die Tänzerinnen mit einer Ikone des heilig gesprochenen römischen Kaisers Konstantin und seiner Mutter über das Feuer.

Festkalender

Martenzi (1. März): Zur Ankunft des Frühlings schenkt man sich kleine weißrote Bänder, Püppchen und Anhänger (s. S. 145).
Nationalfeiertag (3. März): Gefeiert wird die Befreiung vom osmanischen Joch. Türkische Delikatessen sind jedoch erlaubt.
Frauentag (8. März): An diesem Tag schenken die Männer den Frauen Blumen und Pralinen.
Georgstag (6. Mai): Abgesehen von den Namensfesten und den kirchlichen Riten, die für den Heiligen und alle anderen ›Georgis‹ veranstaltet werden, wird hier mit militärischen Paraden ein römische Offizier des Namens gewürdigt: Dieser ist am 23. April 306 als christlicher Märtyrer in die bulgarische Geschichte eingegangen.
Sonnwendfest (24. Juni): Auf den Dörfern werden in jedem Haus reichlich Speisen und Getränke vorbereitet, anschließend besucht man sich gegenseitig und isst alles auf.
Tag der Studenten (8. Dezember): Die Studenten feiern sich mit zahlreichen Partys und Wanderausflügen.

Feiertage

1. Mai: Internationaler Tag der Arbeit.
24. Mai: Tag der bulgarischen Kultur und des Slawischen Schrifttums
1. Juni: Tag des Kindes.
6. September: Tag der Wiedervereinigung.
22. September: Nationalfeiertag anlässlich der Unabhängigkeit 1908.

Musik und Tanz

Man darf Bulgarien als eine Wiege der abendländischen Kultur begreifen. Insbesondere Musik und Tanz haben entscheidende Impulse aus diesem Landstrich erfahren. So stammt der mythische Kulturheros und Sänger Orpheus aus den Rhodopen (s. S. 133), und auch der Kult um Dionysos entsprang hier, im antiken Gebiet der Thraker. Das Theater Athens aber nimmt seinen Anfang in den erst ländlichen, dann städtischen Dionysos-Feiern.

Kirchenmusik und Balkan-Folklore

Die ausgelassenen Volksfeste rund um Dionysos hatten erst 691 ein Ende, als sie von der Synode von Byzanz – den Kirchenoberen – verboten wurden. Doch auch die orthodoxe Kirchenmusik gelangte in Bulgarien zu besonderer Blüte. Der mehrstimmige Chorgesang zählt noch heute zu den großen musikalischen Leistungen aus Bulgarien. Herausragend sind der Mönchschor aus dem Rila-Kloster und der Chor der Alexander-Nevski-Kathedrale in Sofia.

Tanz- und Folklore-Festivals wie etwa in Albena bringen die aus so alten Quellen gespeiste Musik Bulgariens auch an die Küste. Wer es aber genauer wissen will, besucht etwa im August das Festival ›Pirin Sings‹ im Piringebirge, oder im September das Festival »Roshen sings« im Kloster Roschen.

Oder man nimmt, etwa in Pamporovo an sommerlichen Seminaren zur Balkan-Folklore teil, erlernt selbst Tanz und Musik des Balkans. Vor allem die Instrumente der bulgarischen Volksmusik haben es den Schülern angetan: etwa die Gaida, ein klassischer Balkan-Dudelsack, oder die einst von Pan den Hirten gestiftete Dojanka, die Doppelflöte; oder die Kaval, (Flöte), die einer Viola ähnliche Gadulka, ein zwei- bis fünfsaitiges, Streichinstrument, schließlich die Tambura (Laute). Wenn dann noch Tapan, Tarambuka und Akkordeon dazu kommen, gibt es keinen Grund mehr, auf eine festliche Tschalga-Musiksession, die früher zu Hochzeiten erklang, zu verzichten. Und auch Volkstänze wie Horo oder Ratscheniza können dann begonnen werden.

Zum Mittanzen sind die Rhythmen für die meisten Westeuropäer zu kompliziert. Anders als im abendländischen Europa sind die Takte asymmetrisch (5/8, 7/8) oder haben überlange Taktzeiten (10/8, 9/8). Jeder kann sich hingegen an den Darbietungen der Profis erfreuen, etwa am Thrakischen Tanzensemble Plovdiv, den Tanzensembles Rosna Kitka oder Aura aus Sofia oder dem Folklore-Ensemble Schumen.

Weit über Bulgarien hinaus bekannt sind das Trio Bulgarka und der Frauenchor The Bulgarian Voices Angelite aus Sofia, der 2002 sein fünfzigjähriges Bestehen feierte. Dass auch andere Ensembles mittlerweile aufgeholt haben, beweisen zahllose neue CD-Produktionen, die auf Sofias oder Varnas Straßen angeboten werden.

Im Internet kann man unter www.bulgarien-reise.de Hörproben in über dreißig Musikproduktionen vornehmen. Hitlisten findet man unter Balkanfolk.com

Zeitgenössische Musik

Bulgariens zeitgenössische Musikergeneration erfreut sich internationaler Anerkennung. Nicht nur die heimischen Opern- und Konzertveranstaltungen haben einen guten Ruf, viele bulgarische Künstler wirken heute in renommierten ausländischen Orchestern mit oder touren durch die Welt.

Dasselbe wie für die klassische Musik gilt auch für Jazz, Rock und Pop. Im Land selbst kann man bei Hochzeiten und anderen festlichen Anlässen immer wieder den sog. ›Tschalga‹ hören, eine kuriose Musikmischung aus Rap, Pop und Folkloreelementen, bei der die Bandmitglieder traditionelle Balkanrhythmen und -instrumente mit E-Gitarre, Klarinette und Synthesizer kombinieren. Viele bekannte Tschalga-Musiker sind Sinti und Roma.

Auch die experimentelle Musik und besonders der Jazz verbinden traditionelle und moderne Stilelemente, wie z.B. bei der Band Isisha oder bei dem Jazz-Flötisten Teodossi Spassov, der auf der Kaval-Flöte improvisiert.

In den Diskos werden neben internationalen Hits aus Rock und Pop derzeit besonders bulgarische Rapgruppen favorisiert. Vor allem den frechen Rappern von Mischo Schamara (»eine Ohrfeige für Mischa«) jubelt die Jugend zu – während ebendiese Band von der älteren Generation heftig kritisiert wird.

ARCHITEKTUR, KUNST UND KULTUR

Bulgarien ist reich an historischer Architektur und Kunst: gleich neun Orte erhielten den Titel eines UNESCO-Weltkulturerbes. Über Jahrtausende haben sich im Land Kunst- und Kulturtraditionen manifestiert, die seit der politischen Wende immer mehr in den Brennpunkt internationalen Forschungsinteresses gelangen. Ein ausgesprochenes Revival erlebten alle Einflüsse thrakischen, römischen und griechischen Ursprungs. Europa und damit auch das europäische Erbe ist wieder erheblich näher gerückt.

Thrakisches Erbe

Von den Thrakern zeugen in Bulgarien bis heute zahlreiche Metallfunde sowie die bis zu 165 Einzelstücke umfassenden Gold- und Silberschatzfunde aus unterschiedlichster Zeit. Vor allem aber sind es die ca. 10 000 über das ganze Land verteilten thrakischen Grabanlagen, die das hohe kulturelle Niveau der frühen Siedler beweisen. Dabei handelt es sich um Hügelgräber, von denen die meisten aus einer runden oder eckigen Grabkammer bestehen, die mit Bohlen überdeckt und einer hügelartigen Erdaufschüttung überdacht wurde. Daneben wurden in Bulgarien einige prachtvollere Varianten gefunden, z. B. mit Holz, Steinen oder gar Ziegeln ausgekleidete Kammern, an die sich ein oder gar zwei Vorzimmer anschließen. Ein Gang (Dromos) verbindet den Vorraum (oder die Kammer) mit der Außenwelt.

Im Süden des Landes entdeckte man monumentale Dolmen, die ebenfalls als thrakische Grabanlagen dienten und früher wohl auch mit einer Hügelaufschüttung versehen waren.

Die Grabanlagen in Sveschtari und Kasanlak gehören zum UNESCO-Weltkulturerbe. Sie entstanden zwischen dem 5. und 3. Jh. v. Chr. Reich geschmückte Grabanlagen mit wertvollen Beigaben, großen Kammern, Deckengewölben und dekorativen Malereien lassen auf einen Höhepunkt der thrakischen Kultur in dieser Zeit schließen.

Ein archäologischer Fund von Weltbedeutung gelang im Jahr 2000 nahe dem Dörfchen Starossel nordwestlich von Plovdiv. Die Ausgrabungen weisen auf den bisher größten, entdeckten thrakischen Kultkomplex hin, zu dem u. a. ein Tempel aus dem 5. und 4. Jh. v. Chr. sowie Dutzende Grabhügel und Mausoleen gehören.

Thrakische und griechische Religion und Götterwelten haben sich gegenseitig beeinflusst. So weisen viele der thrakischen Wandmalereien hellenistische Stilelemente auf, andererseits kennen wir aus griechischen Überlieferungen den thrakischen Helden Orpheus oder die ursprünglich thrakischen Gottheiten Dionysos und Heros.

Römische Kultur

Zahlreiche Zeugnisse der römischen Kultur, die auch das Lateinische bis an das Balkangebirge herantrug, sind in Bulgariens Museen ausgestellt. Der

Rila-Kloster: Malerei in der Kirchenkuppel

Bedeutung der römischen Badekultur ist in den von mindestens vier römischen Kaisern aufgesuchten Thermen von Kjustendil, den Thermen von Chisarja und von Varna nachzuspüren. In Plovdiv haben sich zwei Amphitheater erhalten.

Altbulgarischer Monumentalstil

Mit der Übernahme des Christentums hielt die christliche Basilika ihren Einzug in Bulgarien. Auch beim Bau der königlichen Palastanlagen orientierten sich die Architekten an dem Schema dieser oft dreischiffigen monumentalen Anlagen mit hohen Marmorsäulen und großen Vorhöfen. In der Baukunst scheinen damals alte byzantinische Vorbilder mit bekannten römischen Elementen verbunden worden zu sein, so dass z. B. Wasserleitungen, Heizsysteme und Straßenpflaster zum Nutzen der großen Stadtanlagen und Palastarchitektur eingebracht wurden. In den archäologischen Reservaten von Pliska und Preslav kann man die Überreste dieser einst prachtvollen Hauptstädte des ersten Bulgarenreiches bewundern. Modelle der ursprünglichen Architektur sowie Fundstücke aus Gold, Silber, Metall und Keramik zeugen von der hohen Kunstfertigkeit jener Kulturepoche, die u.a. auch mit der Entstehung des slawischen Schrifttums und dem Beginn der religiösen Literatur in Bulgarien verknüpft ist.

In dem unweit der ersten Hauptstädte gelegenen archäologischen Re-

Prächtiges Kaufmannshaus der Wiedergeburtszeit in Koprivschtiza

servat von Madara soll sich die Sommerresidenz der bulgarischen Khane befunden haben (7.–8. Jh.), die auf dem Felsplateau eine (römische) Festungsanlage umbauten und auf einer ehemals heidnischen Kultstätte eine dreischiffige Kirche errichten ließen. Zum UNESCO-Weltkulturerbe wurde auch das monumentale Felsrelief des ›Reiters von Madara‹ erklärt.

Burgen, Kirchen und Klöster

Veliko Tarnovo, Baba Vida oder Assenovgrad gelten zu Recht als beste Beispiele für die hochmittelalterliche Zeit der Trutzburgen. Ab dem 10. Jh. boten diese befestigten Orte auch die Möglichkeit zur Errichtung neuer Kirchen und Klöster. Ein frühes Beispiel ist der älteste Bau der Kirche von Sofia-Bojana, deren Fresken aus der Mitte des 13. Jh. (1256) heute ebenfalls zum UNESCO-Weltkulturerbe zählen. Zu den ältesten Klosteranlagen zählen die Eremitagen oberhalb des heutigen Rila-Klosters (810, UNESCO-Weltkulturerbe).

Es entwickelte nach und nach eine eigene bulgarische Bauform, die als ›malerischer Stil‹ in die Architekturgeschichte eingegangen ist. Charakteristisch sind Blendarkaden und Friese sowie die rotweiße Streifenmalerei.

Während die frühen Klöster zu Horten der orthodoxen Christenheit heranreiften, entwickelten die sich ins Rila- und Piringebirge zurückziehenden Bogomilen eine eigenständige Literatur, die in den folgenden Jahrhunderten halb Europa erreichte und beeinflusste. Überragendes Beispiel für die Zeit der Eremiten und asketischen Mönchsgemeinden sind die Felsenhöhlen von Ivanovo, 20 km südlich Russe (UNESCO-Weltkulturerbe). Einige der dort gefundenen Fresken, z. B. die Darstellung des Abendmahles oder der Fußwaschung, zählen in ihrer farbenprächtigen und doch schlichten Ikonographie zu den bedeutendsten spätmittelalterlichen Malereien Bulgariens. Besonderes Augenmerk verdienen auch die in manchen Klöstern aufzufindenden häretischen Malereien mit diabolischen und Bogomilen-Einflüssen.

Das osmanische Erbe

Trotz der nach der nationalen Wiedergeburt 1878/79 einsetzenden Zerstörungswelle, die Medresen (Schulen) und Moscheen, Derwischklöster, Bäder, Mausoleen und Markthallen umfasste, haben sich einige bedeutende Bauwerke aus den fünf Jahrhunderten islamischer Kunst- und Kulturprägung erhalten. Zu den besterhaltenen Moscheen ganz Europas zählt die kuppelreiche Tombul-Moschee von Schumen (1744). In Sofia sind die Banja Baschi-Moschee (ab 1576) und die ältere Bujuk-Moschee (1474) erhalten. In Plovdiv stehen die Dschumaja- und die Imaret-Moschee. Insbesondere in einigen ländlichen Gebieten der Rhodopen zeigen heute wieder neu gebaute Minarette gen Himmel.

Die Zeit der ›Wiedergeburt‹

Die mit dem Beginn des 19. Jh. einsetzende Phase der nationalen Wiedergeburt hat zu einer großen Bautätigkeit geführt. Kein Dorf, keine Stadt, die heute nicht eine oder mehrere restaurierte Häuserzeilen jener Zeit aufweist. Dieser ›Wiedergeburtsstil‹ gründete sich in erste Linie auf den insbesondere in den Provinzen neu entstehenden Reichtum von Bürgern und Kaufleuten. Ausgehend von Bansko und Arbanassi entstanden bald ganze Stadtviertel samt Bürgerhäusern, Schulen und gepflasterten Straßen. Symbol der neuen Zeit war der nunmehr in vielen Städten errichtete Uhrenturm.

Der ursprünglich allgemein relativ kleine Grundriss der Häuser mit den engen Wirtschaftsräumen des Untergeschosses vergrößerte sich und die Wohnräume des darüber liegenden leicht vorspringenden Obergeschosses wurden durch einen ›Salon‹ ergänzt. Geschnitzte Holzdecken, Türen, Fenster und Möbel sowie farbenfrohe und ornamentenreiche Wandmalereien und gewebte Stoffe schmückten die Zimmer und oft auch die zur Wohnung gehörige große Veranda (Tschardak). Ein begrünter Hof mit Brunnen und eine hohe Mauer mit wuchtigem Eingangstor umgaben das Wohnhaus.

Es bildete sich eine Vielfalt regionaltypischer Varianten dieses einheitlichen Grundschemas heraus. Vom Rhodopenhaus, Strandschahaus, Mittelbalkangebirgshaus übers ost- und westbulgarische Wohnhaus bis zum Schwarzmeerhaus oder zur Plovdiver Stadtvilla hat die Wiedergeburtsarchitektur unterschiedlichste Formen und Blüten hervorgebracht. Landesweit wiederum ist im Laufe des Jahrhunderts eine Auflockerung des traditionellen Schemas auch durch barocke Elemente bemerkbar. Vor allem im Plovdi-

KUNSTHANDWERK ALS SOUVENIR

Täglich bieten zahlreiche ältere Sofioterinnen im Schatten der Alexander-Nevski-Kathedrale und der benachbarten Baumallee ihre im feinsten Muster alter Zeiten gehäkelten und geklöppelten Tischdecken und Deckchen, Schals und Umhänge an. Heute wie gestern leben viele Bewohner Bulgariens vom Ertrag ihrer kunstvollen Produkte, in die sie nicht selten Tage investiert haben. Nur, dass heute mit jenen Erzeugnisse, die früher den nationalen Stolz und Reichtum des Landes bezeugten, nicht einmal das Existenzminimum zu erwirtschaften ist.

Charakteristisch für die bulgarische Volkskunst sind die Stick- und Webarbeiten der Frauen. Trachten, Decken und Teppiche werden seit Jahrhunderten mit den bunten, mitunter orientalisch anmutenden Mustern und Farben verziert. Vor allem die rote Farbe wird favorisiert. Selbst in der Architektur scheint sich das rotweiße Flechtmuster der Textilien zu spiegeln.

Als Männerdomänen galten die Berufe der Kunstschmiede und Holzschnitzer. Beides war u.a. im kirchlichen Bereich sehr gefragt. Während die Schmiede aus den Handwerksdörfern in die Klöster zogen, um fein ziselierte Buchdeckel oder Gold- und Silberabdeckungen für die Ikonenhände herzustellen, errichteten die Holzschnitzer im Kollektiv die in den orthodoxen Kirchen üblichen Ikonostasen: eine hölzerne Bilderwand, die Altar- und Gemeinderaum teilt. Auf einem Sockel wurden die durch schmale Holzsäulen voneinander getrennten Ikonen aufgestellt, die wiederum jeweils mit einem halbrunden Tympanon bekränzt sind. Über der Bilderreihe befindet sich bei den großen Ikonostasen ein Architrav und darüber abermals ein oder zwei Ikonenreihen. Den oberen Abschluss bildet in Bulgarien oft das der Gekreuzigte, von zwei Drachen flankiert. Mitunter findet man hier auch noch weitere Holzskulpturen, die Engel, Soldaten, Adler oder Taube darstellen. Trotz der starken Festlegung bei der Ikonostasengestaltung kann man durchaus verschiedenen Stilelemente einzelner Schulen, den Einfluss türkischer Ornamentik sowie europäische Stilelemente wie Barock, Renaissance und Rokoko erkennen. Außer Ikonostasen gehören reich verzierte Kanzeln, Lesepulte und Stühle zur kirchlichen Holzschnitzkunst. Doch auch für weltliche Bedürfnisse wurde geschnitzt: Die Holzarchitektur der Wohnhäuser mit ihren kunstvollen Säulen und Kapitellen, den Geländern und reichverzierten Zimmerdecken ist bis heute landesweit zu bewundern. Natürlich wurde auch der Hausrat traditionell aus Holz hergestellt und entsprechend verziert: Trinkgefäße, Kinderwiegen, Truhen, Schränke, Salzfässer usw. spiegeln im kleineren Maßstab das künstlerische Geschick der Holzmeister.

Heute findet man vor allem kleine Behältnisse, Erzeugnisse der Kupferschmiedekunst, Teppiche und Trachten in den zahlreichen, zumeist in Häuserensembles der Wiedergeburtszeit untergebrachten Vorführwerkstätten. Als besonders empfehlenswerter Ort zum Ankauf von Kunsthandwerk darf das Balkandörfchen Oreschak nahe dem ebenso sehr zu empfehlenden Kloster Trojan gelten.

ver Baustil bekommen die Dächer geschwungene Formen, die Fenster sind mitunter ellipsenförmig und farbige Flächen und Ornamente oder ein Portikus lockern die strengen Außenfassaden auf. Viele der schönsten Häuser sind heute in Museen umgewandelt.

Auch die lange vernachlässigten Klöster profitierten. Überragendes Beispiel jener Zeit ist der aus Spendengeldern errichtete Neubau des Rila-Klosters. Die stark von der Schule auf dem Mönchsberg Athos geprägte Ikonen- und Freskenmalerei erlebte eine (späte) Renaissance: Sachari Sograf (1810–1853) und Stanislav Dospevski (1823–1878) gelten als ihre bedeutendsten Exponenten, während unter den Architekten vor allem Usta (Meister) Nicola Fitschev (1800–1881) genannt wird.

Von der Gründerzeit zur Moderne

Nach der Befreiung von der osmanischen Fremdherrschaft wandte sich die Architektur erst einmal den Trends der westeuropäischen Architektur zu: In allen großen Städten entstanden Gebäude im Stil des Neobarock, der Neorenaissance, des Konstruktivismus sowie im Stil der Sezession und des nachempfundenen Klassizismus. Mit dem Sozialismus manifestierte sich eine neue Kunsttheorie – ganze Stadtviertel wurden im Sinne der politischen Ideologie neu erbaut oder umgestaltet. Die ›Kulturpaläste‹ und ›Parteihäuser‹ in den Großstädten, die (mittlerweile seltener gewordenen) alten Kurortkomplexe am Schwarzen Meer oder im Gebirge oder die marmorüberfrachtete Innenstadtgestaltung von Blagoevgrad sind Musterbeispiele jener Zeit und Kunstform. Skulpturen, Platzanlagen, Fußgängerzonen und Hochhaussiedlungen zeugen bis heute in ganz Bulgarien vom sozialistischen Erbe des 20 Jh. Bekanntester bulgarischer Künstler der Moderne ist Christo, der bereits 1956 emigrierte und als Verpackungskünstler (Pont Neuf in Paris, Reichstag in Berlin) weltweite Anerkennung genießt.

»Change«, »Wechsel«, nannte sich die Kunst- und Kulturausstellung in Sofias Kulturpalast, die im Juni 2002 erstmals als Teil des jährlichen Kunstsalons stattfand. Der Name ist Programm der neuen Zeit in Bulgarien: Mehr als 50 aktuelle bulgarische bildende Künstler stellten aus – und demonstrierten mit ihren Kunstwerken die Abwendung von der sozialistischen Periode und den Aufbruch zur internationalen Moderne. Die heutige, insbesondere in Sofia und Plovdiv agile Kunstszene versucht neue Leitbilder zu finden, ohne sich festzulegen. So entdeckt man in den vielen (Privat-)Galerien Bulgariens unzählige Varianten und Stilrichtungen – von Anklängen an Kandinsky und Chagall über Pop-Art und naiven Realismus bis hin zu volkstümlich motivierten Sujets oder Fotomontagen im Stil des ›magischen Realismus‹. Einen eigenen Ruf begründet haben bereits die ungegenständlichen Werke des Malers Koljo Karamfilov, die Skulpturen des in London lebenden Künstlers Assen Botev oder Zeichnungen von Slav Bakalov, der schon vor der Wende für seine Filmkunst in Cannes ausgezeichnet wurde.

ESSEN UND TRINKEN

Das bulgarische Essen ist mehr als ausgezeichnet, wenn man privat eingeladen wird, von mittlerer Qualität in vielen Restaurants und mäßig in den meisten Hotelküchen. Umgekehrt verhält es sich mit den Temperaturen der Speisen: Während es sich vor allem in den Hotels an der Schwarzmeerküste inzwischen herumgesprochen hat, dass ausländische Gäste heiße Speisen bevorzugen, und einige Restaurants sogar mit deutschen ›extra heiß‹-Sprüchen werben, würde die bulgarische Hausfrau ihren Gästen niemals den Mund verbrennen: Echtes bulgarisches Essen sollte warm, oder besser noch lau sein, wenn es auf den Tisch kommt.

Egal ob privat oder auswärts beginnt die Mahlzeit meist mit einer (kalten) Suppe oder Salaten. Weitere Vorspeisen aus diversen eingelegten, pürierten und gefüllten Gemüsen wechseln mit würzigen Fleisch-, Fisch- und Geflügelgerichten. Zu allem gibt es jederzeit Brot, aber auch Reis und Kartoffeln, wenn man das ›Zauberwort‹ kennt: Wer nicht ›s garnitura‹ bestellt, findet auf dem Teller unter Umständen nichts außer einem riesigen Schnitzel, einem halben Huhn oder einem ganzem Fisch...

Zum Nachtisch gibt es die ebenso klebrigen wie leckeren Süßigkeiten türkischen Ursprungs, die vermutlich während des osmanischen Joches als raffinierte Quälerei für alle Kalorienzähler eingeführt wurden. Allerdings können sich die bulgarischen Torten und Kuchen mit reichlich Creme und Sahneschichten in jeder Beziehung mit dem ›Feindeserbe‹ messen.

Nicht zu vergessen, allerdings auch kaum zu übersehen, sind die typisch bulgarischen Joghurt- und Käsespezialitäten. Während man den Joghurt, in Form von süßen oder salzigen Getränken (Ayran) und als Dessert mit Sirup oder Honig oft schon zum Frühstück zu sich nimmt, wird der Schafskäse in geriebener, geschmolzener oder gebackener Form jederzeit auf alles verteilt, was die Küche zu bieten hat. Selbst den Pommes frites bleibt der Käseschnee nicht erspart – es sei denn, man legt direkt bei der Bestellung ein Veto ein.

Auch wenn die Kosten für ein ausführliches Menü für westliche Touristen mehr als günstig sind, erspart einem die Kenntnis der bulgarischen Abrechnungsgepflogenheiten einige Leva: Nach jeder Bestellung legt der Kellner einen neuen Bon auf den Tisch, auf dem die **alte** und neue Rechnung addiert worden sind: Bezahlen muss man selbstverständlich nur den **letzten Bon** – viele Kellner stecken das großzügige ›Trinkgeld‹, das aus dem missverstandenen Zettelgewirr resultiert, sonst gerne ein.

Getränke

Im Gegensatz zu westeuropäischen Gepflogenheiten gehört der Schnaps in Bulgarien an den Anfang der Mahlzeit:

Gastfreundschaft hat in Bulgarien Tradition

Gemeinsam mit dem Salat wird der heimische Rakija, der aus Aprikosen, Pflaumen oder Weintrauben gewonnen wird, als magenöffnendes ›Vorab‹ gereicht. Selbstverständlich darf das grammweise ausgeschenkte Getränk auch während oder nach der Mahlzeit weitergetrunken werden.

Allerdings sollte man darüber nicht die guten bulgarischen Weine vergessen. Dionysos sei Dank gibt es davon eine reiche und erlesene Auswahl, die teilweise auf eine fast 500 Jahre alte Tradition zurückblicken kann: Aus der thrakischen Tiefebene rund um Sliven stammen die Rotweinsorten Cabernet Sauvignon und Merlot, weiter südlich bei Peruschtiza und Assenovgrad wird der ebenfalls rote Mavrud erzeugt. Ebenso beliebt wie edel sind die so genannten ›Melnikweine‹ aus dem bulgarischen Südwesten, doch auch die Weißweine aus Straldscha (Misket), Khan Krum (vor allem Dimiat) und Targovischte (Sauvignon blanc) können sich unbedingt dem internationalen Vergleich stellen.

An Bieren wird von Touristen meistens das Zagorka bevorzugt, ebenfalls beliebt sind Astika und Pleven.

Tipps für Ihren Urlaub

Beim ›Karneval der Kulturen‹ in Schumen

BULGARIEN ALS REISEZIEL

Pauschal oder individuell

Für Badegäste stellt sich die Frage nach der Buchungsart kaum: Fast alle Unterkünfte in den Seebädern sind bereits vorab pauschal vergeben, vor Ort finden sich Quartiere oft nur mit stark überhöhten Preisen und in den ›hinteren‹, lauten, unsanierten Reihen. Die pauschalen Reiseanbieter vermitteln hingegen komfortable Hotels, kümmern sich um Reiseformalitäten und Ausflüge, sodass man sich ganz auf die Erholung konzentrieren kann. Immer zahlreicher vertretenen sind All-inclusive-Anlagen: Hier ist beinahe alles im Preis inbegriffen – der Nachteil ist, dass man oft auch nichts anderes mehr zu Gesicht bekommt...

Eine Nacht im Kloster

Ob organisiert oder individuell, im Gebirge, umgeben von einsamer Natur, wird die innere und äußere Einkehr in eines der alten Klöster Bulgariens zum Erlebnis. Allerdings muss man auf authentische Bedingungen gefasst sein: Die Matratzen sind schmal und vielfach durchgelegen, die Toiletten ›ökologisch angepasst‹. Komfortabler ist die Übernachtung in einem der alten Wiedergeburtshäuser – in warmen Nächten auf der großen Holzveranda.

Im Hinterland lohnt sich die individuelle Suche: Während die organisierten Ausflügler meist in den alten großen Hotelkästen untergebracht werden, kann man als Einzelreisender schöne Familienhotels aufspüren – allen offiziellen Warnungen zum Trotz zu ebenso guten wie günstigen Konditionen.

Wellness und Kur

Schon Roms Kaiser schätzten die Heilbäder in ihrer Provinz Thracia. Das Land verfügt nicht allein über zahllose Heilquellen und exzellente Luft- und Wasserbedingungen: Der noch sehr preisgünstige Heil- und Bädertourismus wird entwickelt und modernisiert. Allen voran die Seebäder an der Schwarzmeerküste erhoffen sich dadurch ganzjährig Gäste. Zu den Klassikern an der Küste zählen die Seebäder Goldstrand und Sonnenstrand, aber auch Albena, Sveti Konstantin i Elena, Elenite und Djuni.

Unter den Mineralbädern sind Chissarja, Velingrad und Sandanski, Kjustendil, Devin oder Varschez, unter den zahlreichen Luft- und Höhenluftkurorten ist ganz besonders Bansko (930 m über NN) zu empfehlen. Es liegt nicht nur geographisch sehr günstig, sondern bietet mit einer gewachsenen, preiswerten und familienfreundlichen Infrastruktur sowie schönem Umland (Ausflüge in das Pirin- und Rilagebirge) beste Voraussetzungen – sogar für Wintersportfreunde. Borovez und Pamporovo warten derzeit mit der besten Hotelinfrastruktur und viel Sonne auf, müssen aber gerade in der Zeit der Hochsaison (Sommer wie Winter) besonders an Wocheneden der großen Besucherzahl Tribut zollen. Schöner und ruhiger ist es in den Nachbardörfern. Auch Samokov im Rilagebirge zählt zu den Top-Adressen.

Sport

Wandern

Landesweit gibt es zahlreiche markierte Routen in allen Längen- und Schwierigkeitsgraden, in den Hütten und Gebirgsorten findet man Wanderkarten und lokale Führer, die ausgezeichnet weiterhelfen. Von der Vereinigung für Rural and Ecological Tourismus (BARET, Tel. 02/ 971 34 85, baret@aster.net) wurden landesweit sieben verschiedene Routen ausgearbeitet (s. S. 52f.). Wer diesen gut markierten, mit Picknickplätzen und Aussichtspunkten versehenen Pfaden folgt, erlebt einige der schönsten Regionen Bulgariens, z. B. die zahlreichen Wasserfälle und malerischen Felskulissen bei Vraza, die Batscho-Kiro-Höhle bei Drjanovo, die Jemen-Schlucht bei Veliko Tarnovo und die romantische Rhodopenlandschaft bei Smoljan. Informationen zu den einzelnen Wegen erhält man auch jeweils in den örtlichen Informationsbüros.

Klettern

Die senkrechten Felswände bei Vraza, Belogradtschik und Bojana ziehen vor allem routinierte Alpinisten und Sportler an: Training und Touren können über den Alpinisten Club in Sofia, bul. Vassil Levski 54, Tel./Fax 02/87 17 89 oder über die zentralen Informationsbüros in Vraza und Veliko Tarnovo gebucht werden. Wer sich die Besteigung der drei höchsten Gipfel Bulgariens zum Ziel gesetzt hat, kann den Aufstieg zum Mussala (2915 m) durch den Lift bei Borovez verkürzen. Der Vichren (2915 m) wird am einfachsten von Bansko, der Botev (2376 m) von Trojan erstiegen.

Aktivtrips

Gutes Material, Informationen und Pauschalangebote für Wander-, Kletter- und Höhlentouren, Reiten und Radeln erhält man in Sofia: Vereinigung für alternativen Tourismus, bul. Al. Stambolijski 20 W, Tel. 02/ 989 05 38, Fax 02/980 32 00, baat_bg@hotmail.com bzw. unter der gleichen Adresse: Wander- und Studienreisen ›Odyssea In‹; odysseia@omega.bg, www.UniqueBulgaria.com.

Höhlentouren

Von den mehr als 2000 unterirdischen Labyrinthen Bulgariens sind bisher nur die Höhlen von Ledenika bei Vraza, Magura bei Belogradtschik, Jagodina in den Rhodopen und Saeva Dupka bei Brestniza allgemein zugänglich gemacht worden. Für alle weiteren unterirdischen Gänge braucht man eine solide Konstitution und Kletterfertigkeit sowie entsprechende Ausrüstung. Ohne gründliche Information vorab und gegebenenfalls eine organisierte Führung sollte man die Touren nicht wagen. Info und Touren bietet in Sofia Club Extreme (Tel./Fax 02 952 0633, www.clubextreme.org) .

Skilaufen

In den zahlreichen bulgarischen Skigebieten sind zwar Hotels, Lifte, und Serviceleistungen meist noch aus der ›alten Zeit‹, dafür gibt es jede Menge natürlichen Schnee (Saison von Anfang Dezember bis Mitte April), reizvolle Pisten und unberührte Landschaften. Nicht zuletzt sind die Preise – obwohl Ausländer mehr bezahlen müssen als Einheimische – mehr als günstig.

Das größte Problem des Skitourismus sind die ungünstigen Verkehrsverbindungen. Oft gibt es keine direkten Bahnverbindungen, die Anfahrt mit Autos oder Bussen ist lang und umständlich. Verkehrstechnisch machbar und zugleich besonders reizvoll sind die Skigebiete bei Bansko, Borovez und im Vitoschagebirge.

Radfahren

Auf Radtouren durch die bulgarischen Bergen erlebt man Landschaft und Natur unmittelbarer als beim ›Autowandern‹. Auch spontane Begegnungen mit Bulgaren ergeben sich dabei leicht. Organisierte Ein- oder Zweiwochen-Touren werden mittlerweile in Deutschland z. B. von Natours (Tel. 05473/922 90, www.natours.de) angeboten oder vor Ort von soliden bulgarischen Veranstaltern wie Lucky Tours (Plovdiv, Tel. 00359/32 68 08 29, www.lucky tours.hypermart.net/RadReisen). Zumeist sind Touren in die Berge U-förmig angelegt, mit steiler Anfahrt, dann aber auch rasanten Abfahrten. Vor Ort ist die Miete von Mountain-Bikes möglich. Schöner und sicherer als die viel befahrenen Transitstraßen sind die oft autofreien Nebenstrecken.

Weniger strapaziös sind Touren durch die Donautiefebene. Donaukreuzfahrtschiffe haben mittlerweile Fahrradausflüge in ihr Programm aufgenommen. In den Seebädern an der Schwarzmeerküste, aber mehr und mehr auch in Sofia und Plovdiv setzt sich der Trend zum Fahrrad durch.

Individuell reisende Radler sollten insbesondere bei Touren in die Rhodopen bedenken, dass nicht überall mit Läden und anderen Versorgungsmöglichkeiten zu rechnen ist. Werkstätten sind gar nicht zu erwarten, wohl aber oft großzügige und herzliche persönliche Hilfe.

Reiten

Zu den renommierten Gestüten von Albena und Goldstrand sind längst neue Ställe in Russalka, Djuni, Kiten und Sonnenstrand hinzugekommen. Hier, wie auch im Hinterland, z. B. in Arbanassi, Borovez und Pamporovo können Trainingsstunden und kurze Ausritte vereinbart werden. Längere Touren zu Pferde – z. B. 6 Tage durch das Vitoscha und Rilagebirge können teilweise ebenfalls an den genannten Stellen oder über diverse Veranstalter (s. Aktivtrips S. 49) gebucht werden.

Reiten am Sonnenstrand

Wassersport

Segeln, Paragliding, Surfen, Wasserski und Tretbootfahren gehören an jedem Strand zwischen Albena und Djuni zum Standardprogramm. Tauchen ist bei Russalka im felsigeren Teil der Küstenregion interessant, der Tauchclub des Seebades bietet Kurse, Tauchgänge und Informationsmaterial an.

Unterwegs mit Kindern

Fast alle Strände Bulgariens bieten schöne Spiel- und Spaßgelegenheiten für Kinder: Endlose Wasserrutschen und riesengroße Hüpfburgen bringen Spaß; der feine Sand und die schwache Brandung an den flach abfallenden Stränden gewähren ein ebenso ausgelassenes wie relativ gefahrloses Badevergnügen. Von vielen Hotels werden außerdem kleine ›Robinsonaden‹ auf abgelegene (Halb-)Inseln für Kinder angeboten oder Kostüm-, Mal- und Bastelwettbewerbe organisiert.

Um Varna herum kann man auch im Alleingang viele reizvolle Ausflüge unternehmen. Natürlich gehört ein Ausflug zum Delfinarium von Varna an die erste Stelle: die artistischen ›Free Willys‹ spritzen gegen geringes Eintrittsgeld alle Gäste in den ersten Reihen nass und führen virtuose Saltos vor. Übrigens können die Tiere auch vor oder nach der 40-minütigen Show (unentgeltlich) beim Spielen beobachtet werden.

Wer im September/Oktober Bulgarien besucht, sollte unbedingt eines der Puppenspiele besuchen. Auch wenn man die Sprache nicht versteht, sind

DIE ECO TRAILS

Auf sieben ausgewählten,so genannten ›Ökopfaden‹ wurden landschaftlich interessante Gebiete in bisher unerschlossenen Regionen für Wanderer zugänglich gemacht. Das Fällen von Bäumen oder Wegsprengen von Gesteinsbrocken wurde zugunsten von kleinen Umwegen vermieden, die Wege durch Natursteine und Holzbrücken befestigt, kleine Picknickstationen oder Aussichtsplattformen in die Landschaft eingepasst. Bei den Touren finden sich unterschiedliche Schwierigkeitsgrade und Längen – wer will, kann bei einer geführten Tour in den Rhodopen gar nur mit einem Gürtel, Haken und Rollen befestigt von einer Canyonseite zur anderen an einem Seil entlanggleiten. Für alle Touren benötigt man solides Schuhwerk, entsprechende Kleidung und gutes Kartenmaterial. Letzteres bekommt man bei den Informationsbüros oder den Buchhandlungen der größeren Städte in der Umgebung oder vorab über die Organisation BARET, ul. Tundja 50a, Sofia, Tel. 02/951 62 62milena-bg@mbox.digsys.bg.

1. Negovanka-eco trail: Diese Tour ist auch gut mit Kindern machbar. Sie beginnt bei der Ortschaft Emen (ca. 28 km nordwestlich von Veliko Tarnovo) und führt durch die enge malerische Schlucht des Negovanka-Flusses. Kondition verlangt eigentlich nur der erste steile Aufstieg – anschließend führt der Weg ohne viel Auf und Ab unterhalb der schroffen Felsen und am Fluss entlang. An zwei Stellen kann man das Gewässer auf kleinen Brücken auch überqueren – bis schließlich der Weg direkt an einem kleinen See unterhalb eines hohen Wasserfalls mit dem klangvollen Namen Momin Skok (Jungfrauen-Sprung) endet (Dauer etwa 2 Std.).

2. Kruschuna-eco trail: Etwa 28 km nordöstlich von Lovetsch am Ende der Ortschaft Kruschuna (an den Ruinen des alten Kurbades) schlängelt sich dieser Pfad durch die felsigen Berghänge an mehreren kleinen Seen vorbei bis zu einem 20 m hohen Wasserfall. Über die von Moos überwachsenen Felsen am Rande des Wasserfalls geht es weiter nach oben zu einer Höhle, die sich zwischen den Felsen und dichtem Grün versteckt. Die Höhle soll fast 2000 m lang sein, ist aber unbeleuchtet und nicht touristisch erschlossen (Dauer der Tour ca. 2–3 Stunden).

3. Vrazata-eco trail: Die Wanderung durch die felsenreiche Gebirgslandschaft bei Vraza gehört zu den schönsten, aber auch anspruchsvollsten Wandererlebnissen in Bulgarien. Etwa 700 Höhenmeter, steile Felsenstufen bzw. teilweise fast senkrecht übereinander angebrachte Sprossen und zahlreiche Holzbrücken muss man überwinden, bevor man von dem Ort Sgorigrad aus (südlich von Vraza im Levatal) die Schlucht durchquert hat und den malerischen Borov Kamak-Wasserfall erreicht. Vor allem nach starken Regenfällen kostet das Weitergehen mitunter Überwindung. Nicht nur dass der Fluss dann bedrohlich nah und mit starker Strömung unter den Brücken hindurchfließt – auch der weitere Weg vom Wasserfall bis zur Berghütte von Parschevita führt in diesem Fall unter den Kaskaden hindurch (Dauer: Minimum 3 Stunden).

4. Erma-eco trail: In den waldreichen Canyon des Ermaflusses unweit der serbischen Grenze kommen bisher noch selten ausländische Touristen, obwohl die gebirgige Region ein ideales Wandergebiet ist. Der Pfad beginnt südlich der Ortschaft Tran und schlängelt sich mit Hilfe von kleinen Holzbrücken abwechselnd an beiden Uferseiten des Flusses entlang, während links und rechts bis zu 150 m hohe Felswände emporragen. Einmal muss man durch einen ursprünglich für die Eisenbahn in die Felsen gesprengten Tunnel hindurch. In der Schlucht gibt es ein malerisch in die Landschaft eingebettetes kleines Restaurant. Ein Abstecher (ausgeschildert) führt über einen steilen Pfad auf der linken Seite der Schlucht zu dem Kloster Sveti Archangel Michail aus dem 14. Jh. empor (Dauer 2 Stunden).

5. Drjanovo-eco trail: Am Ende des Tales unweit von dem Drjanovo-Kloster führt der Weg in Serpetinen durch den Wald bis zur Batscho-Kiro-Höhle. Der Weg durch die Tropfsteinhöhle ist auf etwa 1200 m beleuchtet und zugänglich. Knochenfunde und Steinwerkzeuge beweisen, dass sie bereits in der Steinzeit von Menschen bewohnt wurde. Von der Höhle führt der Weg weiter durch Laub- und Nadelwälder und schließlich zum Kloster zurück (Dauer etwa 4 Stunden).

6. Rhodopen-eco trail: Die ›jüngste‹ Ökoroute wurde unweit von der Ortschaft Jagodina (fast an der griechischen Grenze) angelegt. Teilweise dem Bjunovska-Fluss folgend lässt sich die Wanderung durch dichtes Grün hervorragend mit der Besichtigung der (geöffneten) Jagodina- und Djavolska-Höhlen verbinden. Schon während des Weges durch die Schlucht, welche zur Jagodina-Höhle führt, ist man fasziniert von der einzigartigen Landschaft mit ihren hohen, teilweise überhängenden Felsen, die die Schlucht immer wieder verengen. Am Ende der zweiten Schlucht bei der Djavolska-Höhle stürzt ein gewaltiger Wasserfall in den Trichter der Karsthöhle. Wer ihm (durch einen anderen Eingang) folgen und die Höhle besichtigen möchte, sollte den warmen Pullover nicht vergessen. Selbst, wenn die Sonne draußen brennt, herrschen hier nur knapp 7° C (Dauer etwa 3 Stunden).

7. Kopilovska-eco trail: Mit der Tour bei Vraza und in den Rhodopen gehört die Wanderung entlang des Kopilovska-Flusses zu den anspruchsvolleren Routen im Hochgebirge. Der Pfad beginnt bei dem Dorf Kopilovska (etwa 35 km südwestlich von Montana und unweit von Tschiprovszi) und führt flussaufwärts in das Massiv des Kopren (1964 m) Richtung serbische Grenze. Über ca. 15 km wandert man durch malerische Schluchten und immer bergauf zu mehreren Wasserfällen, die zwischen den von Moos, Büschen und Kräutern überwachsenen Felsen herunterstürzen. Auf dem Weg liegt eine Berghütte (Dauer 4–5 Stunden).

die großen lebendig wirkenden Marionetten mit musikalischer Untermalung schön zu beobachten.

Wilder als in den märchenhaften Puppenspielen geht es bei nachgespielten historischen Szenen im Asparuch-Viertel von Varna zu: Unweit der der Asparuch-Brücke wurden die Reste der alten Wehrmauer aus dem 13. Jh. mit einer Nachbildung der alten Festungsanlagen und altbulgarischer Siedlungsstätten aus der Epoche Khan Krums ergänzt, in der sich nun während der Sommersaison viel kostümiertes Volk und kriegerische Schauspieler auf Pferden tummeln.

Rundreisen

Zahlreiche große Reiseveranstalter haben mittlerweile Bulgarien-Rundreisen in ihr Programm aufgenommen. Es lohnt sich, neben einem Badeaufenthalt an der Küste auch eine einwöchige Tour durch das bulgarische Hinterland zu unternehmen. Touristische Höhepunkte wie der Reiter von Madara, die Plovdiv, Veliko Tarnovo, Sofia, das Batschkowo- und/oder das Rila-Kloster stehen auf dem Programm organisierter Rundtrips. Interessant sind auch Donaukreuzfahrten mit Rundreise- und Tagesexkursionen ins bulgarische Hinterland.

Auch auf eigene Faust kann man sich getrost auf den Weg machen: das Tankstellennetz ist dicht, Hotels sind selten ausgebucht und die doppelte Verkehrsbeschilderung (kyrillische und lateinische Schriftzeichen) nimmt immer mehr zu.

Nachtleben

In den großen Schwarzmeer-Ferienorten wie Nessebar kann man die Nacht sprichwörtlich zum Tage machen. Musik und Ambiente sind hier meist den internationalen Trends angepasst. Anders geht es in den Diskotheken und Nachtclubs außerhalb des Einflussbereiches der Hotels zu. Fast alle dieser Unterhaltungslokale in den bulgarischen Küstenorten verlagern z. B. ihren Standpunkt im Sommer an einen zentralen Platz unweit vom Meer, wo dann quasi ein ganzes akustisch nicht zu verfehlendes Vergnügungszentrum entsteht. In den engen Gassen wetteifern die Animateure miteinander und gegen die Musik, um die Gäste in ihre Etablissements zu locken, die sich gegenseitig durch originelle Gestaltung, Ideen und Musiklautstärke zu übertreffen suchen. Angenehm ist, dass die meisten Tanz- und Esslokale nicht oder nur teilweise überdacht sind, so dass man trotz des begeisterten Publikums keine Platzangst fürchten muss.

In Städten wie Sofia und Plovdiv, Varna und Burgas hat sich mittlerweile eine kleine, aber hoch interessante Kulturszene gebildet, die derzeit mit Siebenmeilenstiefeln insbesondere die westliche Popkultur der letzten dreißig Jahre nachholt. Jüngere Bulgarienreisende werden hier viel Vertrautes, aber auch spezifisch Bulgarisches entdecken.

Infos zu Veranstaltungen findet man vor Ort meistens in den so genannten Kulturpalästen.

Diskothek in Sofia

Klima und Reisezeit

Das quer durch Bulgarien in West-Ost-Richtung verlaufende Balkangebirge bildet eine markante Wetterscheide. Während die Donautiefebene eher vom europäischen Kontinentalklima geprägt ist, herrscht südlich des Balkan-Gebirges über der Thrakischen Ebene und in den Rhodopen mediterranes Klima. Heiße Sommer mit Temperaturen von über 30° C sind an der Donau nicht ungewöhnlich, und im Winter können die Temperaturen auf bis zu –7° C abfallen. Südlich des Balkan-Gebirges erreichen die Sommertemperaturen mittlere 28° C.

Regenreichste Monate sind Mai, Oktober und November. Doch während in den Gebirgen die Niederschlagsmenge durchaus auch 1000 mm pro Jahr übersteigen kann, fällt in der Schwarzmeerküstenregion gerade ein Drittel dessen. Im Gegenzug ist diese Region sehr sonnenscheinsicher und erreicht deutlich über 2000 Sonnenstunden pro Jahr.

Bulgarien ist ein ganzjähriges Reiseziel. Während an der Schwarzmeerküste die Monate Mai bis Oktober bevorzugt werden, ziehen Kulturtouristen den milden Spätfrühling für Besuche im Hinterland vor. Die Hochsaison am Meer dauert von Juni bis August. Auch der Spätsommer und der farbenprächtige Herbst haben ihre Liebhaber, vor allem unter den Aktiv-Urlaubern (Mountain-Biker, Wanderer). Der Winter gehört in den Bergen den alpinen Sportarten. Allerdings kommt für Campingurlauber nur die Hochsaison in Frage, davor und danach sind viele Campingplätze geschlossen.

"TERRACES"

UNTERWEGS IN BULGARIEN

Ein Leitfaden für die Reise und viele Tipps für unterwegs.

Genaue Beschreibungen von Städten und Dörfern, Sehenswürdigkeiten und Stränden, Ausflugszielen und Reiserouten.

Bulgarien erleben: Ausgesuchte Hotels und Pensionen, Mechanas und Cafés, Wanderungen und Bootstouren.

Plovdiv

СЪЕДИНЕНИЕТО ПРАВИ СИЛАТА

Sofia und Umgebung

Alexander-
Nevski-
Kathedrale

Bulgarien-Atlas S. 232

SOFIA

Mode, Technik und Trends entsprechen in Sofia längst westeuropäischen Gepflogenheiten. Paläste und Kirchen der Altstadt heben sich mit frischen Farben vom blauen Himmel und den Bergmassiven der Umgebung ab. Auf dem löchrigen Asphalt der umliegenden Wohnviertel und Hochhaussiedlungen aber begegnet man mitunter noch einem Pferdefuhrwerk.

Bulgarien-Atlas S. 232, B 4
Unter dem Zentrumsplatz Sveta Nedelja, der jetzt vom Verkehr der sternförmig auf ihn zulaufenden Hauptverkehrsachsen umbraust wird, befand sich schon das geographische Zentrum des antiken römischen Serdica.

Nördlich grenzt der Fluss Vladaiska das Zentrum von den Außenvierteln und dem Hauptbahnhof ab, während südöstlich die Zaren-Chausse zum Flughafen führt. Im Süden ragt das mächtige Vitoschagebirge fast direkt hinter den letzten Häusern der Stadt (1,1 Mio. Einw.) empor.

Geschichte

Bereits im 7/8. Jh. v. Chr. schuf der thrakische Stamm der Serden in der von zahlreichen Flüssen durchzogenen Ebene des Sofioter Hochplateaus erste urbane Strukturen. Als Kaiser Trajan geweihte *Ulpia Serdica* wuchs ab 29 v. Chr. die Stadt samt Amphitheater, Tempeln und Thermen auf ca. 150 000 m^2 an und erlebte als Verwaltungszentrum und zeitweilige Hauptstadt des südlichen Teils der Provinz Dakien (heute Rumänien) im Römischen Reich eine Blüte. Kaiser Konstantin fügte dem Stadtbild großartige Kirchen und Paläste hinzu. Der byzantinische Kaiser Justinian I. ließ die Stadt im 6. Jh. mit mächtigen Befestigungsanlagen sichern. Khan Krum konnte die Stadt erst 809 n. Chr. für sein neues Donaubulgarische Reich erobern. Danach hieß die Stadt bis 1018 und wieder ab 1194 *Sredez*, ›die Mitte‹.

Die Stadtbezeichnung *Sofia* nach der erwählten Stadtpatronin erfolgte im Zweiten Bulgarischen Reich (14. Jh.). Die fünf Jahrhunderte der ottomanischen Herrschaft bescherten dem anfangs blühenden Marktplatz Sofia Moscheen, Bäder und neue Häuser. Dank der durch Sofia führenden Fernstraßen wurde die Stadt zum wichtigsten Umschlagplatz zwischen Europa und Byzanz. Plünderungen leiteten Sofias Niedergang im 18. und 19. Jh. ein, die Einwohnerzahl schrumpfte bis zum Unabhängigkeitstag für Sofia, dem 4. Januar 1878, auf 12 000.

Die Wahl Sofias zur neuen Hauptstadt im April 1879 bescherte Sofia einen nie erlebten Bau- und Zuzugsboom. Sofia wurde europäisch: Die Einwohnerzahl überschritt binnen kurzer Zeit 100 000, Straßen ersetzten Schlammpfade, Kanalisation, Regierungs- und Verwaltungsgebäude, Familienpaläste, Konzerthäuser und Kirchen wurden neu errichtet.

Die Zeit des Sozialismus brachte Sofia erneut Repräsentationsbauten in der Innenstadt. Zu den Palast- und Stadionneubauten gesellte sich das umfangreiche soziale Wohnungsbauprogramm für die über eine Million Stadtbürger. Seit Ende der Neunziger Jahre 1990 hat ein erneuter Architekturboom im Stadtbild eingesetzt. Anfang 2001 wurden die ersten sechs Stationen der neuen U-Bahn eröffnet.

Vom Kulturpalast zur Löwenbrücke

Vitoscha-Boulevard

Der **Nationale Kulturpalast,** kurz **NDK** 1, ist idealer Startpunkt für eine erste Bekanntschaft mit der Hauptstadt. Im Inneren des wuchtigen, heute von Werbeflächen umstellten Gebäudes befindet sich die Tourismusinformation für Sofia und Bulgarien. Ein Panorama-Café mit Freiterrasse im obersten Stockwerk erlaubt einen ersten guten Überblick über die Innenstadt von Sofia samt den umgebenden Trabantensiedlungen. Von hier kann man auch den Routenverlauf über die fast exakt von Süden nach Norden weisende Achse des Vitoscha- bzw. Maria Louisa-Boulevard gut überblicken.

Straßencafé am Vitoscha-Boulevard

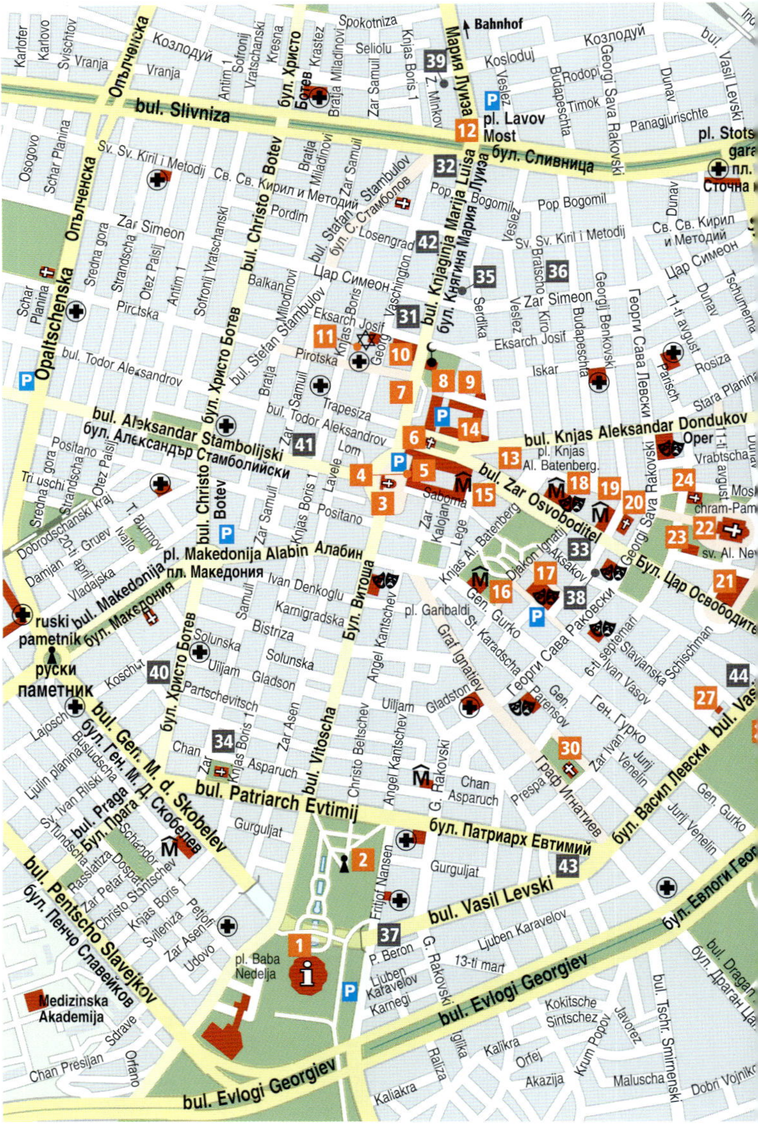
Bahnhof
bul. Slivniza
бул. Сливница
pl. Lavov Most
pl. Stotschna gara
Козлодуй
Kosloduj
Vranja
Karlofer
Karlovo
Svischtov
Spokotniza
Seliolu
Sofronij Vratschanski
Kresna
Krastez
Bratja Miladinovi
Zar Samuil
Knjas Boris 1
Z. Minkov
Veslez
Budapeschta
Rodopi
Timok
Georgi Sava Rakovski
Dunav
Panagjurischte
bul. Vasil Levski
Опълченска
Opaltschenska
Osogovo
Schar Planina
Sv. Sv. Kiril i Metodij
Св. Св. Кирил и Методий
бул. Христо Ботев
bul. Christo Botev
Pordim
Zar Simeon
Цар Симеон
Sredna gora
Strandscha
Otez Paisij
Antim 1
Pirotska
Balkan
bul. Stefan Stambolov
бул. С. Стамболов
Losengrad
Vaschington
bul. Knjaginja Marija Luisa
бул. Княгиня Мария Луиза
Мария Луиза
Pop Bogomil
Serdika
Bratscho
Kiro
Georgi Benkovski
Георги Сава Левски
11-ti avgust
Tschumerna
Rosiza
Stara Planina
Eksarch Josif
Iskar
Parisch
bul. Todor Aleksandrov
Trapesiza
Lom
bul. Aleksandar Stambolijski
бул. Александър Стамболийски
Positano
Tri uschi
Lavele
bul. Knjas Aleksandar Dondukov
Oper
pl. Knjas Al. Batenberg
Vrabtscha
bul. Zar Osvoboditel
Бул. Цар Освободител
chram-Pametnik
sv. Al. Nevski
Saborna
Kalojan
Lege
Knjas Al. Batenberg
Djakon Ignatij
Aksakov
Dobrodschanski kraj
Damjan Gruev
20-ti april
Vladajska
T. Burmov
Ivajlo
pl. Makedonija Alabin Алабин
пл. Македония
bul. Makedonija
бул. Македония
ruski pametnik
руски паметник
Ivan Denkoglu
Kamigradska
Bistriza
Solunska
Uiljam Gladson
Partschevitsch
Бул. Витоша
bul. Vitoscha
Angel Kantschev
pl. Garibaldi
Graf Ignatiev
Граф Игнатиев
Gen. Gurko
Ген. Гурко
St. Karadscha
Георги Сава Раковски
6-ti septemvri
Slavjanska
Ivan Vasov
Schischman
Gen. Parensov
Koschut
Lajosch
bul. Gen. M. d. Skobelev
бул. Ген. М. Д. Скобелев
Chan Asparuch
Zar Ivan Asen
Christo Beltschev
G. S. Rakovski
Prespa
Jurij Venelin
bul. Patriarch Evtimij
бул. Патриарх Евтимий
Gurguljat
bul. Praga
бул. Прага
Ljulin planina
Sv. Ivan Rilski
Tundscha
Rasslatiza
Dospat
Schandor Petjofi
Christo Smirnenski
Zar Petar
Knjas Boris 1
Svileniza
Zar Asen
Udovo
бул. Васил Левски
bul. Vasil Levski
Fritjof Nansen
pl. Baba Nedelja
bul. Pentscho Slavejkov
бул. Пенчо Славейков
Medizinska Akademija
Sdrave
Chan Presijan
Ortano
P. Beron
Ljuben Karavelov
13-ti mart
Karnegi
bul. Evlogi Georgiev
бул. Евлоги Георгиев
Kokitsche
Sintschez
Krum Popov
Javorez
Iglika
Kalikra
Orfej
Akazija
Raliza
Kaliakra
Maluscha
bul. Tschr. Smirnenski
Dobri Vojnikov
bul. Dragan Zankov
бул. Драган Цанков
Gen. Gurko
1
2
3
4
5
6
7
8
9
10
11
12
13
14
15
16
17
18
19
20
21
22
23
24
27
30
31
32
33
34
35
36
37
38
39
40
41
42
43
44

Sehenswürdigkeiten

1 Nationaler Kulturpalast (NDK)
2 Denkmal ›1300 Jahre Bulgarien‹
3 Sveta-Nedelja-Kirche
4 Sheraton Balkan Hotel Sofia
5 Sveti Georgi
6 Kirche Sveta Petka Samardschiska
7 Kaufhaus ZUM
8 Banja-Baschi-Moschee
9 Mineralbad
10 Markthalle
11 Synagoge
12 Löwenbrücke
13 Parteigebäude der KP
14 Amtssitz des Präsidenten
15 Archäologisches Museum
16 Städtische Kunstgalerie
17 Ivan-Vasov-Nationaltheater
18 Ethnographisches Museum/NationaleKunstgalerie
19 Naturwissenschaftl. Museum
20 Kirche Sveti Nikolai
21 Bulgarisches Parlament
22 Alexander-Nevski-Gedächtnis-Kathedrale
23 Heilige Synode
24 Kirche Sveta Sofia
25 Nationalgalerie für ausländische Kunst
26 Nationalbibliothek
27 Mausoleum Alex. v. Battenberg
28 Denkmal der Befreier
29 Levski-Stadion
30 Kirche Sveti Sedmochisletzni

Übernachten

31 Hotel Maria Luisa
32 Sun Hotel

33 Grand Hotel Bulgaria
34 Hotel Niky
35 Hotel Zentral

Essen & Trinken
36 Beyond the alley behind...
37 Café Rosenbruck
38 Chen
39 Tschevermeto
40 Ramayana
41 Stateside Americana
42 Atlantik
43 Uno Enoteca

Einkaufen
44 Galerie Mignon

Unterirdische Einkaufspassage, Restaurants und Cafés, das internationale Pressezentrum sowie 16 Konzert- und Veranstaltungssäle machen den 1981 fertig gestellten Palast bis heute zum wichtigsten Veranstaltungsort Sofias. Am Kulturpalast und dem monströsen, ebenfalls zu den Jubelfeiern 1981 errichteten **Denkmal ›1300 Jahre Bulgarien‹** 2 führt der nach Sofias Hausbergen benannte **Vitoscha-Boulevard** mit seinen prächtigen Bürgerhäusern aus den 30erJahren des vergangenen Jahrhunderts vorbei und bis zum Sveta-Nedelja-Platz im Stadtzentrum. Wer nicht auf dieser beliebten Einkaufsmeile an unzähligen Läden entlangflanieren möchte, kann die Strecke mit den Tramlinien 1 oder 7 abkürzen.

Café im Sheraton

Ausgerüstet mit englisch- und deutschsprachiger Literatur aus dem Hotelshop und Zeitungen von der Rezeption kann man im weinumrankten Innenhofcafé des Sheraton-Hotels die Ruhe genießen.

Sveta-Nedelja-Platz

Schräg gegenüber vom Sheraton Balkan Hotel Sofia sieht man die von zwei mächtigen steinernen Löwen flankierte, neoklassizistische Hauptfassade des **Justizministeriums** 3 von 1930.

Auf dem nach ihr benannten Platz steht die **Sveta Nedelja-Kirche** 4. Der wuchtige Bau verdankt sein Äußeres den architektonischen Veränderungen im 19. und 20. Jh. Die Kuppel wurde im April 1925 gesprengt, als in der Kirche eine Bombe explodierte, die von politischen Gegnern dem zufällig abwesenden Zaren Boris III. zugedacht war. Stattdessen starben 150 Menschen. Im Kircheninneren lohnen die Ikonen des bulgarischen Malers Stanislav Dospevski, einem der wichtigsten Vertreter der Schule von Samokov aus der bulgarischen Wiedergeburtsepoche. Bulgaren pilgern in diese Prinzipalkirche des Patriarchen von Sofia, um das Grab des Serbenkönigs Milotin Uros II. zu sehen. Sie nennen sie auch Sveti Kral, heilige Königskirche.

Das **Sheraton Balkan Hotel Sofia** 5 mit der sich anschließenden Konzerthalle wurde 1935–37 nach Plänen der Architekten Belkovski und Danchov als ›Staatsgästehaus‹ für Zarenbesucher errichtet. Ein Blick ins Innere des mittlerweile privatisierten Hotels lohnt dank der bis heute funktionierenden, zumeist

Das Sheraton, die Kirche Sveta Nedelja und der Engel von Sofia

elektrisch betriebenen technischen Finessen von damals. Gleich rechter Hand findet sich der einstige zaristische Telefon-Service mit zwei Original-Telefonständen. Vom Hotel lässt sich ein Innenhof betreten, in dem sich ein Ausgrabungsareal mit Ruinen des spätantiken Serdica, Fundamente zweier Wohnhäuser des 13./14. Jh. sowie die im 4. Jh. auf einer heidnischen römischen Kultstätte errichteten **Rotunde Sveti Georgi** 6 befinden. Im nur etwa 10 m langen Kirchenbau beeindrucken Kuppel und Fresken. Die ältesten der bis zu fünf Farbaufträge datieren ins 6. Jh. zurück. Für den Altaraufbau wurden antike Säulen verwendet.

Unabhängigkeitsplatz

Der Verkehr rund um den Unabhängigkeitsplatz (pl. Nesavisimost) mit dem hoch über den Stromleitungen der Trolley-Busse thronenden **Engel von Sofia** verdient alle Aufmerksamkeit. Die Statue zeigt die Stadtpatronin Sophia und würdigt die antike Göttin der Weisheit. Sie wurde anlässlich der Millenniumsfeiern 2000 von dem bulgarischen Bildhauer Georg Chapkunov entworfen.

Durch eine Unterführung kann man vom Sheraton-Hotel zum Kirchlein **Sveta Petka Samardschiska** 7 laufen. Das gerade 15 m x 7 m große, im 14. Jh. von der Sofioter Sattlerzunft gestiftete Kleinod besitzt Wandmalereien aus dem 16., 17. und 19. Jh. Für Bulgaren ist die Kirche bedeutsam, weil hier ihr Nationalheros Vassil Levski beerdigt wurde.

Gegenüber der Kirche lockt eine Reihe von Cafés und Läden in die sich anschließende Passage, über die man auch zur zentralen U-Bahn-Station Sofias gelangt. Treppauf wartet direkt das 1956 erbaute **Kaufhaus ZUM** [8]. 1956/57 auf sechs Etagen konzipiert, wird heute auf drei Etagen und im Souterrain (gut sortierter Supermarkt) verkauft. Die restlichen Stockwerke dienen dem bulgarischen Ministerrat.

Boulevard Maria Luisa

Eine Kioskzeile versperrt den Blick auf die nahe **Banja-Baschi-Moschee** [9]. 1576 vollendet, gilt sie als bedeutendstes Bauwerk der Stadt aus osmanischer Zeit und ist die einzige noch intakte Moschee in Sofia. Einst waren es fünfzig.

Um die nach dem einstigen großen Badehaus benannte Moschee mit ihrem charakteristischen Minarett und den Bleikuppeln gruppieren sich weitere bedeutende Bauten: Gen Osten öffnet sich das große Gelände des 1913 fertig gestellten Sofioter **Mineralbades** [10]. Seit 1997 ist die mit Keramikfliesen geschmückte Hauptfassade hinter hohen Bauzäunen versteckt. Im Park davor füllen die Sofioter das heilsame, 40–46°C heiße Mineralwasser aus Wasserhähnen in Kanister und Flaschen, während Kunstmaler im Park ihre Werke präsentieren.

Nördlich der Moschee finden sich Ruinen des einstigen römischen Militärforts Serdica.

Westlich der Moschee, am gegenüberliegenden Straßenrand des Boulevard Maria Luisa, steht die nach 12-jähriger Restaurierung im Sommer 2000 neu eröffnete **zentrale Markthalle** [11]. Cafés und Restaurants im oberen Stockwerk der Glas- und Eisenkonstruktion von 1912 laden zur Rast. Direkt am rückwärtigen Ausgang erhebt sich an der Exarch-Jossif-Straße die 1905–11 im Stil des Historismus erbaute **Synagoge** [12]. Architekt war der Wiener Friedrich Grünanger. Im Inneren der im Jahr 2000 komplett renovierten und wieder eröffneten Synagoge erinnert eine Ausstellung an das Schicksal der bulgarischen Juden zur Zeit des Zweiten Weltkriegs. Dank des engagierten Einsatzes und Protestes bulgarischer Kirchen- und Regierungsprominenz (u. a. des damaligen Justizministers Dimitar Peschev, der gezielt Deportationspläne vereitelte, des Metropoliten Stefan von Sofia, der den Oberrabbiner bei sich versteckte, oder des Metropoliten Kyrill von Plovdiv, der sich den Judenstern anheftete...) blieb den bulgarischen Juden die Auslieferung in Hitlers Todeslager erspart. Leider verhielten sich die bulgarischen Behörden in den besetzten Gebieten Mazedonien und Thrakien weniger mutig: Nur wenige Juden dieser Regionen haben die Zeit bis 1944 überlebt.

Gen Norden führt der Boulevard Maria-Luisa zum Hauptbahnhof. Am Weg liegt die von vier mächtigen Raubkatzen dominierte **Löwenbrücke** (Luvov most) über den Fluss Vladaiska.

Zur Alexander-Nevski-Gedächtnis-Kathedrale

Rund um den Alexander-Battenberg-Platz

Paläste, Museen und Kirchen auf Schritt und Tritt, aber auch schöne Grünanlagen mit reizvollen Cafés und Bars gehören zur Innenstadt von Sofia. Startpunkt ist der **Fürst-Alexander-Battenberg-Platz.** Zentraler Blickfang ist das 69 m hohe einstige **Parteigebäude der bulgarischen KP** 13 von 1957, nach Moskauer Vorbild im stalinistischen Zuckerbäckerstil. Es wird derzeit für Abgeordnetenbüros des bulgarischen Parlaments umgebaut. Während der Ministerrat im ZUM-Komplex untergebracht ist, erreicht man am Ende des Sheraton-Balkan-Hotel-Sofia-Karrées den **Amtssitz des Staatspräsidenten** 14. Am Hauptzugang erfolgt zur vollen Stunde der Wachtwechsel des in traditioneller, roter bzw. weißer Offiziersuniform gewandeten Wachtregiments – eine Touristenattraktion. Durch die Unterführung in Richtung Parteihochhaus kommt man auf römischem Pflaster durch das antike Osttor von Serdica.

Gegenüber dem Präsidentensitz erheben sich die Kuppeln der Bujuk Dschamija. In der ehemaligen Moschee ist nun das **Archäologische Nationalmuseum** 15 untergebracht. Zu den Ausstellungsobjekten gehören neolithische und Bronzefunde aus Kranovo und Esero, thrakischer Schmuck (u. a. der Schatz von Valtschitran) sowie ein römisches Bodenmosaik (4. Jh.) aus der Sveta-Sofia-Kirche (ul. Saborna 2, Sommer Di–So 10–17, Winter 10.30–16.30 Uhr).

Links schließt sich das restaurierte Gebäude der **Bulgarischen Nationalbank** an, während rechts zwei große Straßencafés in den Schatten ihrer Sonnenschirme locken.

Am Eingang zum **Stadtgarten** von Sofia findet sich eine in den 90er Jahren errichtete **Statue Ronald Reagans**. Die zweisprachige Inschrift erinnert an Reagans Credo, wonach jede Generation sich die Freiheit stets aufs Neue erkämpfen müsse. Das Zentrum des Parks bilden Wasserspiele, mit einer tanzenden Nymphe inmitten der Fontänen. Kinder und Liebespaare sitzen gern auf der niedrigen Mauereinfassung und blicken durch den schillernden Tropfenregen. Am südlichen Ende des Parks ragt das Gebäude der **Städtischen Kunstgalerie** 16 auf, in der Gemälde und Plastiken bulgarischer Künstler aus der Zeit von 1870 bis 1995 ausgestellt sind. (Ecke ul. General-Gurko 1, Di–So 10–19 Uhr).

Ivan-Vasov-Nationaltheater

Das **Ivan-Vasov-Nationaltheater** 17 ist ein Wahrzeichen Sofias. Der Musentempel im Stil des deutschen Klassizismus von 1907 wurde nach einem verheerenden Brand 1923 vom Dresdner Architekten Dülfer neu gestaltet und in den 1970er Jahren erneut restauriert. Das Innere ist prachtvoll ausgestattet, vielfach mit Anklängen an den Jugendstil. Vor dem Theater bieten heute zwei Parkcafés Gelegenheit zur Muße.

In der dem Stadtgarten gegenüberliegenden ehemaligen städtischen Zarenresidenz des Hauses Sachsen-Coburg-Gotha sind heute das **Ethnographische Museum** sowie die **Nationale Kunstgalerie** 18 untergebracht sind. 1873 noch als Osmanenresidenz errichtet, erhielt das spätere Königsschloss sein heutiges Aussehen unter der Regentschaft Fürst Battenbergs. Die Wiener Architekten Grünanger und Rumpelmeyer veränderten das Äußere zu einem neobarocken Prachtbau. Das Ethnographische Museum bietet bulgarische Kunst und Kunsthandwerk aus drei Jahrhunderten auf 700 m^2 Fläche (u. a. Kukeri-Masken!). Die nationale Kunstgalerie zeigt eine Auswahl aus 12 000 Werken der alten und modernen bulgarischen Kunst. Beachtung verdienen die Sonderausstellungen (pl. Alexander-Battenberg 1, im Sommer Di–So 10–17.30 Uhr, Führungen in Englisch).

Boulevard Zar-Osvoboditel

Die breite Allee des Boulevard Zar-Osvoboditel (Zarenbefreier-Boulevard) wurde 1907–10 angelegt und wird von Schatten spendenden Kastanienbäumen gesäumt. Das Kalksteinpflaster des Boulevards sowie die umgebenden Straßen und Plätze bleiben am Wochenende den Fußgängern vorbehalten. Am nordöstlichen Parkende des Stadtgartens steht das 1935 errichtete **Grand Hotel Bulgaria** dem nationalen **Naturwissenschaftlichen Museum** 19 gegenüber. Die in über 100 Jahren zusammengetragene Sammlung präparierter Tiere im Museum beinhaltet z. B. über 1000 Vogelarten (bul. Zar Osvoboditel 1, tgl. 10–18 Uhr).

Das Kreuz und die goldenen Kuppeln der russischen **Kirche Sveti Nikolai** 20 wurden 1912–14 mit Spenden russischer Emigranten und des russischen Zarenhofs finanziert. Die Glocken stiftete der letzte Zar Nikolaus II. Der Bau zitiert den russischen Kirchenbaustil des 16./17. Jh. und beherbergt einige wundertätige Ikonen, z. B. des hl. Nikolaus.

Vorbei an der italienischen und österreichischen Botschaft gelangt man zum **Platz der Nationalversammlung** (pl. Narodno Sabranie) mit der Akademie der Wissenschaften und dem SAS Radisson Hotel. Der Platz wird dominiert von der vom italienischen Bildhauer Arnaldo Zocci 1903 geschaffenen Statue zu Ehren des russischen Zaren Alexander II. Gegenüber steht das **Bulgarische Parlament,** dessen Bau 1884 begonnen wurde 21.

Kaum 150 Schritte sind es von hier zum Alexander-Nevski-Platz und zur **Alexander-Nevski-Gedächtnis-Kathedrale** 22, dem bedeutendsten Wahrzeichen Sofias. Die Mittel für den 1892-1912 errichteten, nach dem heilig gesprochenen russischen Nationalhelden des 13. Jh. benannten, monumentalen

Sakralbau wurden ausschließlich durch Spenden zusammengetragen. Über 50 m ragt die goldene Hauptkuppel samt Kreuz in den Himmel. Der Architekt Pomeranzov scheint von der Hagia Sophia in Istanbul inspiriert gewesen zu sein, doch auch Stilelemente russischer Kirchenkunst sind unverkennbar. 45 Meisterbetriebe sind bei der Ausgestaltung der Kreuzkuppelkirche beteiligt gewesen. In der Krypta ist eine außergewöhnliche Ikonensammlung zu sehen. (Sommer: Mi–Mo 10–18, Winter 10.30–18.30 Uhr).

Vom Alexander-Nevski-Platz bis zum Stadion

Neben den kulturhistorischen Sehenswürdigkeiten bietet diese Route Einblicke in ruhige Viertel und das Leben hinter den touristischen Kulissen.

Alexander Nevski Platz

Rund um die Alexander-Nevski-Gedächtnis-Kathedrale bieten Händlerinnen im Schatten der Bäume ihre Ware feil. Durch die Fußgängerzone spaziert man zum Flohmarkt vor dem Areal der **Heiligen Synode** 23. Der 1910 fertiggestellte Sitz des Patriarchen von Sofia imponiert mit seinen byzanthinisch anmutenden Giebelmosaiken.

Gegenüber steht hinter der ewigen Flamme für das Grabmal des unbekannten Soldaten das Kirchlein **Sveta Sofia** 24. Der auf dem antiken Friedhof von Serdica errichtete Bau mit Fundamenten aus dem 4.–6. Jh. war im 14. Jh. Namengeberin der bulgarischen Hauptstadt. Hinter der Kirche liegen das Grab von Ivan Vasov (1850–1921) sowie das Denkmal für den Mönchen Paissij, der 1762 die erste slavobulgarische Chronik verfasste.

Am anderen Ende des Alexander-Nevski-Platzes verbirgt sich hinter der Hausnummer 1 die 1887 errichtete **Nationalgalerie für ausländische Kunst** 25 (Mi–Mo 11–18.30 Uhr). Vor dem Museum hat sich ein einladendes Terassen-Café etabliert. Die Sammlung soll großteils von der Schivkov-Tochter Ljudmila zusammengetragen worden sein, dokumentiert neben dem persönlichen Geschmack jedoch auch mit der Auswahl westeuropäischer Meister Bulgariens Öffnung gen Westen zu Zeiten des Eisernen Vorhangs. Neben Werken von Delacroix, van Dyck, Goya, Rodin, Renoir, Moore, Picasso oder Dalí finden sich indische Tempelplastiken, japanische Drucke und afrikanische Skulpturen.

Boulevard Vassil-Levski

Der Boulevard Vassil-Levski verbindet Sofias Güterbahnhof mit dem Nationalen Kulturpalast. Früher in der städti-

Konzert in der Kathedrale

Ein Konzert des Chores in der Alexander-Nevski-Gedächtnis-Kathedrale sollte man nicht versäumen: Konzerte und Aufnahmen zählen zum Bedeutendsten im aktuellen bulgarischen Musikschaffen.

schen Peripherie, ist der Boulevard heute eine pulsierende Straße der bulgarischen Metropole. Der **Obelisk für Vassil Levski** am gleichnamigen Platz wurde an jener Stelle errichtet, an der Nationalheld Levski 1873 gehängt wurde.

An der Ecke zur Oborischte Straße schließt sich das Gebäude der **Akademie der Schönen Künste** (1886) an, ehe gegenüber die **Nationalbibliothek Sv. Kiril i Metodij** 26 mit Säulenfassade und einem Denkmal für die beiden Begründer des kyrillischen Alphabets auftaucht. Hinter der Bibliothek tut sich der so genannte **Doktorgarten** auf, um den sich in zahlreichen kleinen Restaurants und Cafés ringsum die studentische Szene Sofias versammelt. Das mit Namen übersäte **Doktor-Denkmal** wurde zur Erinnerung an gefallene russische Ärzte und Krankenschwestern während des bulgarischen Befreiungskrieges errichtet.

Vorbei an der **St. Kliment von Ochrid-Universität** kann man durch die Fußgängerunterführung an der Kreuzung Osvoboditel-bul./Levski-bul. die andere Straßenseite und das **Mausoleum Alexander Battenberg** 27 erreichen. Es wurde 1897 von dem schweizerischen Architekten Mayer im Barockstil errichtet, um den letzten Willen des im Exil Verstorbenen (1857–93) zu erfüllen.

Gegenüber öffnen sich die weitläufigen Parkanlagen des **Zar-Boris-Park.** Den besten Zugang hat man aber, wenn man in der Unterführung dem Aufgang linker Hand zum Osvoboditel bul. hinauf und 200 m weiter zur **Adler-Brücke** geht. An den vier hoch oben thronenden Bronzeadlern bittet Sofias Bürgermeister Gäste zum Fototermin. Vor dem gigantischen, der Sowjetarmee gewidmeten **Denkmal der Befreier** 28 am Eingang zum Park zeigen Sofias Kids heute Skateboard-Kunststücke in diversen Halfpipes. Den Park besuchen Jogger und Flaneure, Liebespaare und ältere Damen. Man trifft sich an den Kiosken und Cafés. Am anderen Ende des Parks ragt die martialische Fassade des **Levski-Stadions** 29 empor. Vorbei an der **Statue des Popen Euthimius**, die von den Sofiotern nur ›Popa‹ genannt wird, kann man zurück zum Nationalen Kulturpalast laufen.

Ein Abstecher lohnt zur den Sieben Alphabets-Heiligen gewidmeten **Kirche Sveti Sedmochisletnizi** 30 aus dem 16. Jh. (ul. Graf Ignatiev). Sie wurde – ein Sonderfall – von der Moschee zur Kirche umgewandelt.

Tourismus-Informationszentrum für Sofia und Bulgarien: pl. Bulgaria, Tel. 02/983 23 71, Fax 989 69 39, info@bulgariatravel.org
Bulgarische Assoziation für alternativen Tourismus BAAT: bul. Stamboliski 20 B, Tel. 02/989 05 38, baat@ hotmail. com sowie odysseia@omega.bg
Zeitschriften: Der englischsprachige »Sofia City Guide« erscheint monatlich, ebenso wie das Magazin »SPOT ON«. Unentbehrlich ist die englischsprachige Sofioter Wochenzeitung »Sofia Echo« für Touristen mit der Beilage »Culture Shock«.
Im Internet: www.sofiacityguide.com , www.tourbg.net

Sheraton Balkan Hotel Sofia 4**:** pl. Sveta Nedelja 5, Tel. 02/981 65

41, Fax 980 64 64, sofia.sheraton@luxurycollection.com. Jeglicher Komfort und freundlicher Service sowie zentrale Lage gehören zum Standard des 188-Zimmer-Hotels mit fünf Sternen. Ein Tipp ist das Restaurant Balkan mit Familienbrunch. Zimmer ca. 140–230 €.

Hotel Maria Luisa 31: bul. Maria Luisa 29, Tel. 02/910 44, Fax 980 33 55, mluisa@mail.bol.bg. Schmuckes, kleines Innenstadthotel mit vier Sternen, zentral, aber ruhig gelegen, in einem Haus aus dem 19. Jh. Restaurant, Bar, Café und Parkmöglichkeiten. DZ 93 $.

Sun Hotel 32: bul. Maria Luisa 89, Tel. 02/983 36 70, Fax 983 53 89, sunhotels@techno-link.com., www.techno-link.com/clients/sunhotel/hotels1.htm. Kleines, gut geführtes Drei-Sterne-Hotel im nördlichen Innenstadtbereich in einem Gründerzeit-Gebäude. DZ 85 $

Grand Hotel Bulgaria 33: bul. Zar Osvoboditel 4, Tel. 02/987 19 77, Fax 988 41 77, 988 44 77; bulgaria@mail.technolink.com, www.balkantourist.bg. Das Traditionshotel mit drei Sternen liegt perfekt und schont den Geldbeutel. DZ 45 $.

Hotel Niky 34: Neofit Rilski 16, Tel. 02/951 19 15, Fax 951 60 91, niky-92@internet-bg.net. Zentral gelegenes, preiswertes Zwei-Sterne-Hotel. DZ ab 25 €.

Hotel Zentral 35: ul. Serdika 19, Tel. 02/983 73 32. Kleine und freundliche geführte Pension im Stadtzentrum. Die Zimmer sind sauber mit TV und Ventilator, allerdings ohne Bad. DZ ab 33 Lv.

Privatquatiere: Die Reise-Agenturen am Hauptbahnhof und am Flughafen vermitteln Übernachtungsmöglichkeiten ab ca. 25 Lv. pro Person.

Beyond the alley behind the cupboard 36: ul. Budapeschta 31, Tel. 02/983 55 45. Internationale Spitzenküche für Sofias Jeunesse dorée. Geschmackvolles Interieur, Sommergarten.

Café Rosenbruck 37: bul. Vassil Levski 17. Angenehmes Café mit Terrasse, gute Adresse für das Mittagessen.

Chen 38: ul. Rakovski 86, Tel. 02/986 33 71. Tgl. 12.30–23.30 Uhr. Eines der vielen, beliebten ›chinesischen‹ Restaurants.

Tschevermeto 39: bul. Maria Luisa 106, Tel. 02/931 06 56, tgl. 19–1 Uhr. Bulgarische Spezialitäten vor allem vom Grill und eine gute Auswahl an Salaten und Vorspeisen. Abends Live Musik.

Preslav 40: Tel. 02/981 65 41, im Sheraton Balkan Hotel Sofia. Exquisite französische Küche, die allerdings auch ihren Preis hat.

Ramayana 41: ul. Christo Botev 32, Tel. 088/89 25 33; tgl. 12–15, 18–24 Uhr. Sehr gute indische Curry-Gerichte zu günstigen Preisen. Im Sommer kann man auf der abgeschirmten ruhigen Terrasse sitzen.

Rio Brazilian 42: pl. Bulgaria 1 (im NDK), Tel. 02/916 677, 952 21 98 (tgl. 12–24 Uhr). Brasilianische und lateinamerikanische Speisen, gut zubereitet vom brasilianischen Koch. Große Weinauswahl.

Stateside Americana 43: bul. Stamboliski 34, Tel. 02/986 79 83. Amerikanisches von Burger bis Texmex.

Atlantik 44: bul. Maria Luisa 63. Schon zum Frühstück ist das Lokal gut besucht. Neben Sandwichs und Snacks gibt es mittags diverse Nudelgerichte sowie Kuchen und hausgemachtes Eis.

UNO Enoteca 45: bul.Vassil Levski 45, Tel. 02/981 43 72. Tgl. 12–24 Uhr. Italienische Küche mit sehr guter Weinauswahl. Einer der vielen guten Italiener in der Stadt. Außer-Haus-Lieferservice.

Galerie Mignon: bul. Vassil Levski 84, Tel. 02/981 55 30. Wundervolle Repliken berühmter bulgarischer Ikonen. Der **Schenski-Basar** (Frauenmarkt), ul. Stambolov, lohnt allein wegen der lebhaften Marktatmosphäre den Besuch.

Das Veranstaltungsprogramm findet man ind der englischsprachigen Zeitschrift »Sofia-Echo« in der Beilage »Culture shock«.

Bars und Diskotheken: Im Trend sind das **Biblioteka** (bul. Vassil Levski, im Erdgeschoss der National-Bibliothek) mit Karaoke-Bar und Live-Musik sowie das **Bourbon Street** (bul. Vassil Levski Nr. 114) mit Musik von Jazz bis Rock. Latino-Klänge hört man im **Caramba** (bul. Zar Osvoboditel 7), während im **Schveijk** (bul. Vitoscha 1) gutes tschechisches Bier getrunken und nur am Wochenende getanzt wird. U. a. im **Irish harp** (ul. Sveta Sofia 7) kann man der ausgedehnten irischen Pub-Szene von Sofia nachspüren.

Kino: In den etwa zwei Dutzend Kinos laufen meist englischsprachige Produktionen mit bulgarischen Untertiteln. Populäre und komfortable Kinosäle sind das **Moderne Theater** (bul. Maria Luisa 26) und das **Cinema** im Untergeschoss der NDK.

Theater/Konzerte: Während klassisches Ballett und Opern im imposanten Gebäude der **Nationalen Oper** (Vrabtscha 1, Tel. 02/987 70 11) gegeben werden, finden moderne Musical-Inszenierungen im **Musiktheater Stefan Makedonski** (bul. Vassil Levski 100, Tel. 02/44 23 21) statt.

Das hoch angesehenen **Philharmonische Orchester** spielt in der Bulgaria Hall (ul. Aksakov 1, Tel. 02/887 76 56).

Festivals: Internationale Sofioter Filmfesttage (März), Sofioter Musikwochen (Mai/Juni), Folklorefestival Vitoscha (August)

Schwimmen: Hallenbad des Bulgarischen Sportverbandes: bul. Vasil Levski 75, Tel. 02/930 05 02, Mo–Fr 6.30–20 Uhr.

Gorna Banja Diplomatic Club: ul. Nikola Petkov 51, Tel. 02/57 46 00. Freiluftbecken, Sauna, Restaurant, Tennisplätze.

Der **Flughafen** (Tel. 02/72 06 72, 12 km südöstlich vom Zentrum) ist mit den Bussen 84 und 30 vom bul. Zar Osvoboditel zu erreichen. Ein Taxifahrt vom Zentrum kostet höchstens 10 Lv.

Zug: Vom Hauptbahnhof (Tel. 02/931 11 11) am nördlichen Ende des bul. Maria Luisa verkehren alle internationalen und nationalen Züge. Auf der großen Computertafel in der Haupthalle sind An- und Abfahrtszeiten der Züge auch in englischer Sprache aufgeführt. Vom pl. Sv. Nedelja fahren Tram 1, 2 und 7 hierhin. Tickets (auch ins Ausland) kann man am Bahnhofsschalter und bei einem der ›Rila Bureaus‹ (z. B. in der NDK) erwerben.

Stadtverkehr: Außer in den Minibussen (1 Lv.) zahlt man in allen öffentlichen Transportmitteln pro Fahrt 0,40 Lv. Tickets bekommt man beim Fahrer, in Buchläden oder an Kiosken. Verkehrszeiten sind von 5–24 Uhr.

Die **Überland-Busse** fahren von den ringförmig um die Stadt verteilten Busbahnhöfen Sever (›Nord‹, am Ende des bul. Maria Luisa), Sapad (›West‹, bul. Zar Osvoboditel), Jug (›Süd‹, bul. Dragan Zankov) und Istok (›Ost‹, auch Podanije genannt, am bul. Vasov) in die jeweiligen Himmelsrichtungen. Eine Fahrt mit dem Bus bis ans Schwarze Meer kostet ca. 15 Lv. (Sofia–Varna) und dauert 6–8 Stunden.

Mietwagen: Neben den internationalen Ketten **Hertz** (Tel. 02/980 04 61), **Europcar** (City Tel. 981 03 14, Airport Tel. 02/945 90 27) oder **AVIS** (Tel. 02/981 10 82, 02/73 80 23) bieten lokale Anbieter ihren (oft günstigeren) Service an, z. B.: **Tany Rent a car**: ul. Karnak 9, Tel. 02/66 54 44, Tel./Fax 02/963 25 88, mobil 087/566 566, 088/566 566, tanytours@bulinfo.net; tgl. 8.30–20 Uhr. Zwischen 10 und 30 $ pro Tag, ohne Kilometerbegrenzung.

Taxi: Tel. 02/973 21 21, Fahrt normalerweise 2–8 Lv. im Stadtgebiet.

AUSFLÜGE RUND UM SOFIA

Sofia wird von einem Riegel von Gebirgszügen gen Süden und Südwesten geschützt. Es sind herrliche Ausflugsgebiete für die wanderlustigen Einwohner von Sofia. Agenturen in Sofia bieten Tagestouren an.

Vitoschagebirge

Das Vitoschagebirge ist Teil der Plana-Saval-Gruppe, die sich südlich und südwestlich von Sofia und entlang der bulgarisch-serbischen Grenze hinzieht. Einen weiteren Teil bildet das Ljulin-Gebirge.13 oft ins frühe Mittelalter zurück reichende Klosteranlagen machen diese Berge zu ›Heiligen Gebirgen‹.

Bojana

Bulgarien-Atlas S. 232, B 4
Zwei Stunden Zeit sollte einplanen, wer die einzigartigen prähistorischen Goldschätze, die Vitrinen mit den Thrakerschätzen (Obergeschoss) oder die überdimensionale Metallrüstung Kaiser Trajans im **Nationalhistorischen Museum** entdecken möchte. Das Museum befindet sich im ehemaligen Palast von Schivkov. Die Kaiserrüstung wurde einem einst noch martialischerem Cäsarendenkmal abgenommen. Heute liegt sie flach auf dem Museumsboden. Tempora mutantur, für Kaiser, Zaren und KP. Da die Objekte derzeit nur in Kyrillisch beschriftet sind, empfiehlt sich die Teilnahme an einer Führung in Deutsch oder Englisch (bul. Okolovrusten Pat, tgl. 9.30–18 Uhr).

Am Ende des Vorortes, direkt an den Hängen des Vitoschagebirges liegt die zum UNESCO-Weltkulturerbe zählende **Kirche von Bojana**. Durch einen Park führt der Weg zu dem in drei Etappen errichtete Gotteshäuschen. Mächtige, über 150 Jahre alte Mammut-Bäume umstehen die Apsis. Ihr Wurzelwerk bedroht heute die Kirchenfundamente. Für den Kirchenbau sollen ursprünglich auch Steine eines etwa acht Kilometer entfernt liegenden, antiken römischen Forts verwendet worden sein. Im hinteren, ältesten Kirchenteil haben Konservatoren bisher 240 Darstellungen sowie etliche Übermalungen registriert, die ältesten Fresken werden in das Jahr 1259 zurückdatiert. Ein ›Letztes Abendmahl‹ ist ebenso zu entdecken wie – Tribut an die Kreuzzugzeit des 13. Jh. – Soldaten in Kettenhemden beim Einzug Christi in Jerusalem. Links sieht man Bildnisse der Stifter, u.a. den um 1259 regierenden bulgarischen Zaren Konstantin Assen mit Gattin Irina. (10 km von Sofia, ul. Bojansko Esero 3, Bojana, Di–So 9–17 Uhr).

Wer dem Lauf des Flusses Bojana aufwärts folgt, kann vorbei an einem Wasserfall bis zu den **Slatnite Mostove,** den Goldenen Brücken, gelangen.

Proviant gibt es auf dem Markt in Sofia

So wird ein mit urzeitlichen Riesenfelsen ausgestatteten Flussbett im Vitoschagebirge bezeichnet, das vermutlich nach der letzten Eiszeit entstanden und ein beliebter Ausflugs- und Picknickplatz ist. Hier genießt man ein sagenhaftes Panorama, Waldbäume, Büsche und Farne in vielfältigen Grüntönen und absolute Ruhe oberhalb der lebhaften Stadt...

Zur Einkehr empfehlen sich das 300 m entfernte Restaurant **Zum hungrigen Kojoten** oder das **Tschepischev** (ul. Ivaniza Dantschev 27, Tel. 02/959 10 10).

Dragalevzi-Kloster

Bulgarien-Atlas S. 232, B 4

Die Bedeutung des Klosters erkennt man schon am Beinamen ›Kleiner Berg Athos‹. Bereits 1469 tauchte Dragalevzi als königliches Kloster in Dekreten und Annalen auf, nicht zuletzt der Hl. Jungfrau des Vitoschagebirges wegen, die hier verehrt wurde. Die Geburtsstunde soll sogar auf 1345 und Zar Ivan Alexander zurückdatieren. Einer der größten Stifter des Klosters, Rostislav Mavar, wurde 1476 mit Gattin Vida und Söhnen an den Klostermauern porträtiert. Klosterküche und Gästeflügel (Übernachtungen möglich) werden von Nonnen bewirtschaftet. Wichtigster Klosterfeiertag ist der 27. 12. (St. Stephans-Tag) mit Prozession, Festen und alten Bräuchen. Wanderfreunde können vom Kloster zurück zum Sessellift (ausgeschildert) und von hier mit Umsteigen hinauf zum Gipfel Vrach schaukeln. Von dort kann man verschiedene markierte Wanderwege einschlagen, z.B. zur Gondelbahn nach Simonovo (ca. 45 Min.), zu den Goldenen Brücken (ca. 2 Std.), zum Gipfel des Mt. Tscherni Vrach (2290 m, ca. 2 Std.) oder unterhalb des Sesselliftes zurück nach Dragalevzi. Gutes Kartenmaterial (z. B. ›Vitoscha Turistitscheskaja karta‹) bekommt man in den Buchläden von Sofia, an den Liftstationen oder an der Berghütte Aleko. Die Lifte sind in den Sommermonaten von Freitag bis Sonntag in Betrieb. Im Winter verkehren sie häufiger.

Von Sofia bis zum Ort Dragalevzi sind es ca. 10 km; die **Busse** 64, 93 fahren bis ins Dorf, Bus 66 führt hinauf zum Kloster.

Dreifaltigkeitskloster bei Etropole

Bulgarien-Atlas S. 232, D 4
6 km vom hübschen Dorf **Etropole**, einem beliebten Ausflugsziel der Sofioter, liegt das ehrwürdige, 1158 erstmals erwähnte **Dreifaltigkeitskloster** (Sveti Troizi manastir). Das Klosterensemble aus der ersten Hälfte des 19. Jh. mit seinen Kontrasten aus weißem Putz und Fachwerkmustern inmitten der grünen Landschaft beeindruckt ebenso wie die reich dekorierte Klosterkirche (1858). Das Kloster galt dank seiner literarischen Kopistenschule, aber auch der Malerei wegen im 16./17. Jh. als spirituelles Zentrum Bulgariens. Einige Werke sind in der Klosterkirche ausgestellt, z.B. die alttestamentarische Patronatsikone von Sograf Nedjalko aus Lovetsch von 1598.

Kjustendil

Bulgarien-Atlas S. 236, A 2
90 km von Sofia und knapp 30 km von der mazedonischen Grenze entfernt, liegt Kjustendil in perfekter landschaftlicher Umgebung entlang des Bantiza- und des Struma-Flusses. Neben seinem Ruf als ›Obstgarten Bulgariens‹ darf Kjustendil stolz auf die seit alters her berühmten heißen Quellen verweisen, die die Stadt zu einem beliebten Kurbad mit Zukunft machen.

Abgesehen von den weitläufigen Heilanlagen, die bereits von Thrakern angelegt und unter den Römern durch das riesige **Bad** (3500 m^2 Fläche) zu Füßen des Hügelparks Chissarlaka erweitert wurden, hat die Stadt zahlreiche Restaurants, Cafés, Läden und Museen zu bieten. Eine Attraktion für Kunstliebhaber ist die moderne, nach dem in Kjustendil geborenen *Maistera* (Meister) benannte **Vladimir-Dimitrov-Kunstgalerie**, (bul. Patriarch Evtimij 20, Di–So 9.30–11.45, 14–17.45 Uhr). Hier ist neben der permanenten ›Meisterleistung‹ (200 Bilder Dimitrovs und weitere Künstler) auch die örtlicher Kunstschule untergebracht.

Tourismusverein Osogovo-Gebirge und Bergsteigerverein Kjustendil: ul. Zar Michail 5, Tel. 078/221 54, 242 32. **Zentrale Zimmervermittlung:** Tel. 078/220 90.

Hotel Velbaschd: bul. Bulgaria 46, Tel. 078/202 46, Fax 242 46. Dreisterne-Hochhaus mit nüchternem Komfort in Bahnhofs- und Busbahnhofsnähe. Die besseren Zimmer sind den Aufpreis wert. Zum Hotel gehört ein gutes Restaurant mit Bar. DZ ab 55 Lv.

Kjustendil ist via Bahn und Bus mit Sofia und Pernik sowie Mazedonien verbunden.

VON SOFIA AN DIE DONAU

Eine Panoramatour entlang dem Iskardurchbruch mit Wasserfällen, Höhlen, Felsriffen und einem Kloster mit Bahnhof. Kultur in beschaulichen Dörfern und in den Kleinstädten Vraza und Belogradtschik. Spaziergang an der Donaupromenade in Vidin.

Iskar-Durchbruch

Bulgarien-Atlas S. 232, B 3–C 3
Von Sofias Vorort Novij Iskar verkehren stündlich Züge und Busse Richtung Mesdra, Vraza und Vidin. Die Bahngleise schlängeln sich parallel zum Lauf des Iskarflusses durch eine tiefe Schlucht, die den nordwestlichen Balkan auf ca. 63 km durchschneidet. Die Autostraße passt sich auf etwas höherem Niveau dem Wasserlauf an – auf der gut geteerten Strecke muss man ca. 100 km und noch mehr Kurven einkalkulieren, bevor man bei Mesdra die Donauhochebene und die gerade Rennstrecke der E 179 erreicht. Doch die Fahrt durch das malerische Tal, an dessen Hängen kleine Holzhäuschen emporklettern, Ginster- und Heckenrosenbüsche blühen oder Tannenwälder grünen, lohnt das Kurven. Die Felsabhänge schimmern mal rötlich, mal blaugrünlich oder gelblich, oder sie ragen als weiße steile Zähne in den Himmel.

Skaklija-Wasserfall

Bulgarien-Atlas S. 232, B 3
Hinter der Ortschaft **Bov** führt ein kleiner Weg zum **Skaklija-Wasserfall**. Zu Fuß erreicht man nach etwa einer Dreiviertelstunde die Felswand, über die sich in mehreren Kaskaden der über 100 m hohe Wasserfall hinabstürzt. Selbst, wenn im heißen Hochsommer aus dem gewaltigen Rauschen ein leises Rinnen geworden ist – das Panorama und die Umgebung oberhalb und unterhalb des Felsen sind die kleine Wanderung wert.

Wer nicht schon eine Panoramapause im Gartenlokal Peschkrata bei der Ortschaft **Lakatnik** einlegen möchte, kann von hier einen Abstecher (zu Fuß vom Lokal, oder per Auto über die Straße nach Milanovo) zum **Ehrenmal der Gefallenen des Septemberaufstandes 1923** machen. Das Denkmal steht auf einem Felsvorsprung, von dem sich ein ebenso herrlicher wie Schwindel erregender Ausblick über die Schlucht und auf die umliegenden Gebirgszüge eröffnet.

Tscherepisch-Kloster

Bulgarien-Atlas S. 232, C 3
Weiter auf der Landstraße erreicht man nach ca. 32 km **Ljutbrod**. Das kurz vor der Ortschaft im Flusstal gelegene Kloster ist allein schon durch seine Lage

ungewöhnlich: Nur ein paar Schritte entfernt befindet sich eine kleine Bahnstation, an der in regelmäßigen Abständen der Zug vorbeirumpelt, während oberhalb des Klosters die Autos entlangfahren. Dennoch wird die kleine Ausfahrt zum Kloster von der Landstraße leicht übersehen, da das Kloster von kleinen steilen Felsen und Bäumen umgeben und dadurch inmitten der Verkehrswege angenehm ruhig und abgeschirmt wirkt. Die Klosteranlage im Wiedergeburtsstil ist erst kürzlich vollkommen restauriert worden und wird von drei Mönchen und fünf ›zivilen‹ Angestellten liebevoll gepflegt. In der dazugehörigen Akademie, deren verfallenes überwuchertes Gemäuer gegenüber der Bahnstation zu sehen ist, arbeiteten über Jahrhunderte hinweg Kalligraphen und Gelehrte an einer der bedeutendsten Bibliotheken des Landes.

Der reich verzierte hölzerne Bischofsstuhls und die hohe vierteilige Altarwand in der Klosterkirche wurden nach der Tradition der Schule von Trjavna gestaltet (s. S. 83). Von den alten Wandmalereien konnten leider nicht alle rekonstruiert werden, da das aus dem 14. Jh. stammende Kloster im Lauf der Geschichte mehrmals zerstört wurde.

Übernachtung ist im Kloster unter einfachen Bedingungen möglich. Im März 2002 ließ sich eine Delegation des Vatikan in den Gästezimmern nieder und war es zufrieden. Tel. 09121/20 25. Etwa 3–5 Lv. pro Person.

Hoch über der Iskar-Schlucht: Tscherepisch-Kloster

Vraza

Bulgarien-Atlas S. 232, C 3
Über Mesdra erreicht man auf der Fernstraße oder mit der Eisenbahn die kleine Stadt Vraza. Wie so oft in Bulgarien wird der erste Eindruck von der Stadt durch die Silhouette alter Industrieanlagen und heruntergekommener Hochhausviertel verdorben. Doch der Anblick der malerischen Felskulisse im Hintergrund des Ortes und die schöne, gepflegte Innenstadt an den Ufern des Leva-Flüsschens trösten schon bald über die erste Enttäuschung hinweg.

Ausflugslokal im Grünen

Eine gute Gelegenheit, (Ess-)Kultur, Panoramablick und Bewegung miteinander zu verbinden, bietet das **Christo-Botev-Touristenhaus** (täglich 8.30–24.30, im Winter bis 16 Uhr) auf dem Kaleto-Hügel im Süden der Stadt. Vom Botev-Platz führen unzählige Stufen bis zu dem Restaurant bzw. dem davor stehenden Denkmal des »Boten der Freiheit«. Von diesem Platz trompetete am 9. November 1877 der Kosake Petlack das Ende der Türkenherrschaft heraus. Sein auf den Sockel gehobenes Ebenbild ist in genau dieser Geste erstarrt und allsonntäglich schallt das Hornsignal noch einmal ins Tal hinunter. Von hier aus führt ein markierten Wanderweg bis zum Skaklija-Wasserfall.

Bäume und Blumen säumen die Straßen, hinter den neoklassizistischen Fassaden der Häuser findet man Cafés, Restaurants und Läden. Museen, Kirchen, Wehrtürme und Stadtvillen lassen noch ein wenig von der Atmosphäre erahnen, die einstmals in dem Handelsstädtchen herrschte. Vraza hatte sich seit seiner Entstehung im 13. Jh. trotz zahlreicher Verwüstungen immer wieder zu einem wirtschaftlichen und kulturellen Zentrum aufgerappelt.

Heute versucht man, mit den alpinen Kletter- und Wandermöglichkeiten in der Umgebung den Tourismus und die Wirtschaft anzukurbeln.

Rundgang

Alle Sehenswürdigkeiten befinden sich relativ nah beieinander im Zentrum.

In dem Ensemble von Wiedergeburtshäusern, Kirche und alter Schule, genannt **Sveti Sofronij Vraschanski,** sind Schnitzereien, Instrumente, Kleidung und eine von Ford gesponserte Kutschenausstellung zu besichtigen (ul. General Leonov, Tel. 202 09, Di–So 8–12 und 14–18 Uhr).

Durch die Fußgängerzone spaziert man entlang verführerischer Gartenlokale zum großen, weiß gepflasterten Christo-Botev-Platz. Neben zahlreichen Gebäuden aus sozialistischer Zeit und einer überdimensionalen Botev-Statue findet sich hier das **Historische Museum**. Es beeindruckt mit seinem thrakischen Silberschatz, Goldschmuck aus alten, städtischen Werkstätten und leider nur bulgarisch untertitelten Fotos und Dokumenten zur

Stadtgeschichte bzw. dem Leben des revolutionären Dichterhelden Christo Botev (pl. Christo Botev, Di–So 9–12 u. 14–18 Uhr). Direkt hinter dem Historischen Museum befindet sich einer der alten **Wehrtürme** (Kurtpaschovi-Turm), etwa 150 m weiter steht ein zweiter Turm (Meschtschite-Turm), beide stammen aus dem 17. Jh.

Einen Blick wert ist die Kirche Sveti Nikolaj mit Ikonen des bulgarischen Meisters der Wiedergeburtszeit Stanislav Dospevski auf demselben Platz.

Dom na Tourista: ul. Ivanka Boteva 1, PK 241, Tel. 092/603 18 oder 331 49, infocenter@vratsa.net. Im ›Haus des Touristen‹ gibt es Auskunft über die örtlichen Sehenswürdigkeiten, Übernachtungsmöglichkeiten, Höhlentouren, Kletter- und Wandertouren in die Umgebung, z.B. zu den Ritlite-Felsen bei Ljutbrod.
Infos auch im **Tourist-Hotel** am südlichen Stadtrand.

Tourist Hotel: ul. reka leva, Tel. 092/61 528. Das Hotel befindet sich ca. 250 m hinter dem Historischen Museum auf der Strecke zur Ledenika-Höhle. Alle Zimmer sind komfortabel und schön eingerichtet, einige allerdings durch den Straßenverkehr etwas laut. DZ 40 Lv. mit Bad.
Hotel Alpinski Dom: Tel. 092/242 87, an der Panoramastraße durch die Vrazata-Schlucht. Das Hotel wurde 2002 umgebaut. Durch seine schöne Lage direkt unterhalb der Kletterwände am Fluss ist es für all diejenigen ideal, die nicht – wie viele andere – auf den Wiesen nebenan campen wollen.

Restaurant Pintata: ul. Sofroni 17 . Mit schattigem Hof und traditionellen bulgarischen Speisen.

Die schönsten **Altstadtcafés** befinden sich auf der ul. Targovska unweit des Wiedergeburtskomplexes.

Regelmäßiger **Busverkehr** vom Busbahnhof (Tel. 092/225 58) unweit des Bahnhofs (Tel. 092/244 15) nach Sofia, Montana, Kosloduij, Orchjachovo und Mesdra, sowie zu den kleineren Orten der Umgebung.
Eisenbahn Richtung Vidin und Mesdra.

Vrazata-Schlucht

Bulgarien-Atlas S. 232, C 3
Die Schlucht ist *die* Attraktion für alle Klettertouristen: Bis zu 350 m hohe Karstfelsen steigen rechts und links des Leva-Flusses empor, der sich hier tief in die Hänge des Vorbalkans eingegraben hat. Die steilen Wände bieten alle Formen und Schwierigkeitsgrade von Fußangel/Hangelgelegenheiten. Mitten durch die Schlucht führt die Panoramastraße entlang dem Leva-Flüsschen, am gegenüberliegenden

Höhlen-Konzerte

Die Konzerte in den Ledenika-Höhlen im Sommer sind ein Ereignis, denn die Akustik ist herrlich. Die Konzerte dauern nur eine halbe Stunde, weil nach Ablauf dieser Zeit das Verstimmen der Instrumente im feuchten Höhlenklima deutlich vernehmbar wird. Karten und Programmvorschau zu den Höhlenkonzerten erhält man im Informationszentrum oder bei der Höhlenaufsicht, Tel. 092/615 28.

Tschiprovzi-Kloster

Ufer warten das Restaurant Tschaika, ein Campingplatz und das Hotel Alpinski dom auf die ermatteten Sportsfreunde. Von der Schlucht aus gibt es zahlreiche Wander- und Kletterrouten (Auskunft im ›Dom na Tourista – Haus des Touristen‹ in Vraza, s. S. 79). Regelmäßige Touren mit einheimischen Führern z. B. über den Eco trail (s. S. 52) werden im Mai und Juni organisiert.

Ledenika-Höhlen

Bulgarien-Atlas S. 232, C 3
Die Straße durch die Vrazata-Schlucht führt nach etwa 14 km zu den 2 Mio. Jahre alten, 230 m langen Ledenika-Tropfsteinhöhlen südwestlich von Vraza. Während der Saison fahren regelmäßig Busse bis zum so genannten ›Ledenika-Komplex‹, wo man im Sommer Snacks und Getränke kaufen kann. Winters trifft man aber nur den Höhlenwächter und seinen Hund an. Wanderer nehmen die markierte Route (ca. 3 Std. Fußmarsch) von Vraza-Stadt aus durch die Berge.

Öffnungszeiten: Sommer 8.30–12.30 u. 13.30–18 Uhr. Winter 8.30–16 Uhr. Tel. 092/615 28 oder 088/939 156. Winters wie sommers gilt: Die Höhle öffnet ihre Pforten erst bei Gruppen von mindestens 10 Personen, von denen jeder Ausländer 6 Lv. zu zahlen hat.

Tschiprovzi und Tschiprovzi-Kloster

Bulgarien-Atlas S. 232, C 3
Das idyllische Örtchen Tschiprovzi bietet schöne Ausflugsmöglichkeiten auf die umliegenden Gipfel, zu einem Wasserfall und einigen Höhlen.

Die alte thrakische Siedlung wurde schon unter römischer Besatzung wegen ihrer Goldvorkommen geschätzt und galt im Mittelalter als bedeutendes Zentrum der Goldschmiedekunst. Die eigenwilligen Bürger probten während der osmanischen Besatzung immer wieder den Aufstand mit dem Ergebnis, dass fast zwei Drittel der Bevölkerung von den Türken getötet und die Stadt mehrmals vollkommen zerstört wurde. Vielleicht brachte dieses Trauma die verbliebenen Einwohner im 19. Jh. vom Klopfen zum Knüpfen: Jedenfalls versorgten die Teppichhersteller des Ortes bald jeden bulgarischen Haushalt mit ihren ornamentreichen bunten Wollprodukten und verlegten ihre Widerstandsaktivitäten vorwiegend auf die Teilnahme an dem Aufstand in Vidin 1850.

Vom **Kulturhaus** im Zentrum führen Treppenstufen zu dem historischen Hügel, wo sich das **Museum** (8–17 Uhr, Wochenende 10–12 u. 13–17 Uhr), eine Kirche aus dem 14. Jh. und Reste der katholischen Kirche St. Maria befinden. Rings um das Museum gruppieren sich einige Wiedergeburtshäuser.

Das **Kloster** (6 km nordöstlich von Tschiprovzi, etwas oberhalb der Landstraße), das der Legende nach schon zur Zeit der Christianisierung Bulgariens von Schülern Kyrills und Methods gegründet wurde, brannte im Laufe der Zeit mindestens sechs Mal vollkommen ab und ist 2002 im traditionellen Wiedergeburtstil erneut fertig gestellt worden. Neben den ebenso wirkungsvollen wie schönen Ikonen der Klosterkirche ist es vor allem der hiesige Igumen (Pope), der Gläubige aus ganz Bulgarien anzieht. Der charismatische Priester soll heilende Kräfte besitzen und plant derzeit, ein eigenes kleines Klostersanatorium für seine Hilfe suchenden Gäste zu bauen.

Tourismus-Zentrum: ul. Vitoscha 2, Tel. 095/54 21 68.

Punkovata kaschta: In der Hoteletage des Wiedergeburtshauses unweit des Historischen Museums sind zwei Räume im folkloristischen Stil eingerichtet worden. Anmeldung im Tourismus-Zentrum. DZ 14 Lv.
Die besten **Cafés** befinden sich an der Treppe zum Historischen Hügel.

Beim **Folklore-Sängerwettbewerb** im Mai werden auch die traditionellen Goldschmiede- und Webarbeiten auf einer Verkaufsausstellung angeboten.

Busverkehr nach Montana (morgens und abends) sowie zu den kleineren Orten der Umgebung.

Belogradtschik

Bulgarien-Atlas S. 232, A 2
Im Westen der kleinen Ortschaft Belogradtschik zeichnen sich bizarre Felsgebilde wie riesige Gestalten in einem Schattentheater vor dem klaren Himmel ab. Zahlreiche Figuren wie z. B. die »Madonna mit Kind«, die »Mönche« sowie Adler, Löwe und überdimensionale Pilze lassen sich leicht erkennen und werden von der Bevölkerung mit fantasievollen Legenden beschrieben. Inmitten der Felsenwelt etwa 2 km oberhalb des Zentrums be-

WUNDER ÜBER WUNDER – IKONEN

Anders als westeuropäische Heiligenbilder gelten Ikonen als ebenbildliche Urbilder der Heiligen, als Vermittler zwischen irdischer und geistiger Welt. Die Ikone ist Teil des Kultus und besitzt eine eigene Wirkungskraft, an die sich die Gläubigen im Gebet wenden können.

Vor diesem Hintergrund war die Gestaltung der Ikone an strenge Regeln gebunden. Die Maler sollten keinerlei eigene Talente zur Schau stellen, sondern sich den traditionellen Gesetzen unterwerfen, bei denen nicht nur die dargestellten Motive (Heiligenporträts, Szenen und Personen aus dem neuen Testament), sondern auch die Art und Weise des Hintergrundaufbaus, der Darstellung in Farben und Gesten genau festgelegt waren. Oft teilten sich mehrere Personen die Arbeit, sodass jeder nur ein Detail in das Bildnis einfügte. Gleichwohl haben sich in den verschiedenen Ländern und Regionen mit orthodoxem Glauben unterschiedliche Malstile und Techniken entwickelt, sodass die Ikonen im Lauf der Zeit auch mehr über den Künstler und über das jeweilige Land preisgaben. Schon die älteste bulgarische Ikone, die in der Gegend von Preslav gefunden wurde und vermutlich aus dem 9/10.Jh. stammt, zeugt von bulgarischen Eigenarten. Dieses Bildnis des asketisch wirkenden Heiligen Theodoros wurde nämlich aus vielen bemalten Keramikplättchen zusammengefügt – obwohl die einfache Linienführung und die starke Stilisierung der Gesichtszüge dabei auf byzantinische Vorbilder hinweisen, ist die Herstellung einer Keramikikone eine Besonderheit. Später allerdings wurden die Ikonen auch in Bulgarien auf Holztafeln gemalt, wobei meist dünne Linden- oder Zypressenholzbretter verwendet wurden. Diese wurden mit einer aus Leim, Alabaster und Stoff bestehenden Grundierung beklebt, bevor mit der eigentlichen Bemalung mittels in Ei gelöster Naturfarben, Leinöl und Harzen begonnen wurde. Doch auch die Auswahl der Personen und Szenen hat in Bulgarien spezifische Ausprägungen erfahren. So gibt es zwar landesweit viele Muttergottes-Ikonen, aber auch viele Ikonen von nationalen Heiligen, wie z.B. Ivan Rilski oder Kyrill und Method. Die aus der Zeit des Zweiten Bulgarenreiches (12.–14.Jh.) erhaltenen Ikonen zeigen außerdem bereits deutlich lebendigere Züge als die byzantinischen Vorbilder. Eine Vorliebe für kämpferische Heilige (Georg, Demetrius) und dramatisch-moralische Sujets (das Rad des Lebens, das Jüngste Gericht) ist ebenfalls für die bulgarische Ikonenmalerei charakteristisch.

Die meisten heute noch erhaltenen Ikonen Bulgariens stammen aus dem 18./19 Jh., wo die Maltechnik während der Wiedergeburtszeit ihren Höhepunkt erreichte. In Trjavna, Samokov und Bansko entwickelten sich Schulen, in denen einzelne Malerfamilien ihre Kunstfertigkeit von Familie zu Familie weitergaben und vervollkommneten. Die Vertreter dieser Schulen reisten durch das ganze Land, um Fresken und Ikonen für die Kirchen anzufertigen – u.a. im Rila-Kloster finden sich Beispiele aller Schulen.

Als älteste gilt dabei die Schule von **Trjavna**, zu der die Familien der Vitanovs und Sarachievs zählen. Sie gelten einerseits als Vertreter des traditionellen Stils, andererseits zeigt sich auch hier im 18/19.Jh. eine deutliche Hinwendung zu realistischeren Darstellung der Personen und eine persönliche Konnotation der Maler. So tragen die Gestalten des Christus mit dem Heiligen Nikolaus auf einer von Vitan und Simeon Vitanov signierten Ikone prächtige Kleidungsstücke, auf anderen Ikonen kommt das nationale Bewusstsein des Künstlers durch Darstellung bulgarischer Regionen und Trachten zum Ausdruck.

Einer der wichtigsten Vertreter der **Bansko-Schule**, Toma Vischanov, absolvierte einen Teil seiner Ausbildung in Wien. Er soll sich mit wienerischer Aussprache des Wortes ›Maler‹ als ›Moler‹ bezeichnet haben, weswegen man die gesamte Familie später als ›Molerovs‹ bezeichnete. Der erste Molerov brachte genaue anatomische Kenntnisse bei der Körperdarstellung in seine Malschule ein, auch wenn er bei den Gesichtszügen oft fast karikaturartige Vergröberungen einsetzte.

Viele Werke der Wiedergeburtszeit stammen aus der Schule von **Samakov**, deren Stil sich in leuchtenden Farben sowie der realistischen Darstellungsweise und dem Interesse am volkstümlichen Leben und nationalem Bewusstsein ausdrückte. Der Begründer dieser Schule, Christo Dimitrov, soll einerseits in den Athosklöstern, andererseits in Wien Erfahrungen gesammelt haben. Seine beiden Söhne, die sich nach dem bulgarischen Wort für ›Maler‹, ›Sograf‹, Dimiter Sograf und Sachari Sograf nannten, gelten bis heute als *die* Repräsentanten der Wiedergeburtsepoche. Sie brachten die Elemente des Stilllebens und der monumentalen Malerei in ihre Schule ein und betonten immer wieder das nationale Moment. Viele Arbeiten wurden von der Familie gemeinsam ausgeführt, so dass sich heute nicht immer genau sagen lässt, welches Detail von wem stammt. Nur der jüngere Bruder Sachari tendierte zur Selbstdarstellung – z.B. im Rila-Kloster, wo er die Inschrift hinterließ: »Die große mittlere Kuppel samt den vier kleinen auf den Säulen, die sie umgeben, und die rechte Seite des Chors schmückte mit seiner ikonographischen Kunst der Sograf Sachari Christophitsch aus Samokov 1844«.

Trotz der hohen künstlerischen Qualität setzte mit der Hinwendung zur Eigen- und weltlichen Darstellung das Ende der produktiven Ikonenmalerei ein. Doch die alten Bildnisse sind unverändert erhalten geblieben und – will man den zahlreichen Legenden glauben – zeigen nicht selten außer ihren kunstvollen und wundertätigen, auch höchst eigenwillige Qualitäten. So nahm z. B. die vom russischen Prinzen Glosh im 13. Jh. mitsamt einem Kloster nach Gloschene gespendete Ikone des heiligen Georg immer wieder Reißaus und verschwand kurzerhand in die Berge. Nachdem man den wanderlustigen Heiligen mehrmals an derselben Stelle – nämlich auf einer hohen Felsenklippe oberhalb des Ortes – wieder eingefangen hatte, wurde schließlich das Kloster dorthin verlegt – noch heute kann man den schönen Bau hoch in den Bergen bewundern. Leider allerdings nicht die Ikone – Sankt Georg wurde mittlerweile in ein Museum in Lovetsch gebracht und scheint diesmal mit dem Umzug sogar einverstanden zu sein...

findet sich die alte **Festung Kaleto**, die ursprünglich von den Römern errichtet und im Laufe der Geschichte von byzantinischen, bulgarischen und osmanischen Herrschern übernommen und umgestaltet wurde. Von hier bietet sich ein wunderbarer Ausblick über die Stadt und die umgebenden Gipfel (tägl. 8–11.30 und 13.30–17.30, im Sommer bis 20 Uhr, Führung in deutscher Sprache gegen geringen Aufpreis).

Unterhalb der Festungsanlage erstreckt die Kleinstadt, die mit Hilfe des Beautiful-Bulgaria-Projektes allmählich zu einem attraktiven Tourismusziel werden soll.

Tourist-Informationcenter: Am Zentrumsplatz, ul. Paruchik Dvorjanov 5, Tel./ Fax: 0936/45 84 sowie im Hotel Madonna.

Hotel Madonna: ul. Christo Botev 26, Tel. 0936/55 46 oder mobil 088 94 94 50. Das kleine Privathotel ist eine Alternative zu den Hochhäusern im Zentrum. In dem im traditionellen Stil eingerichteten Haus wird ausgezeichnet gekocht und informiert, es werden Wander- und Angeltouren sowie Ausflüge zur Magura-Höhle organisiert und, falls notwendig, zusätzliche Übernachtungsquartiere vermittelt. Alle Zimmer mit Bad und WC. DZ 40 Lv.
Restaurant Elit: ul. Jurij Gagarin 2, Tel. 0936/45 58. Gute traditionelle Küche, stilvolles Ambiente und ein schöner Blick über den Ort.

Vom **Busbahnhof** (Tel. 0936/34 27) bestehen morgens und abends Busverbindungen mit Vraza, Montana, Sofia.

Magura-Höhle und Rabischa-See

Bulgarien-Atlas S. 232, A 2
Eine der interessantesten Höhlen Bulgariens ist die etwa 30 km nordwestlich von Belogradtschik bei dem Dorf Rabischa gelegene **Magura-Höhle** mit großen unterirdischen Gewölben, alten Wandzeichnungen aus der Jungsteinzeit, einem Weinlager und eindrucksvollen Tropfsteinformationen. Ab Sommer 2003 soll die Höhle geöffnet sein.

Der blau glitzernde **Rabischa-See** am Fuße des Hügels unweit der Magura-Höhle gehört mit beinahe 8 km^2 zu den größten Süßwasserreservoirs von Bulgarien. Noch weniger kann man der Verlockung des reinen, klaren Badewassers widerstehen, das von Karstquellen gespeist und von vielen Fisch- und Vogelarten bevölkert wird.

Tel. 093/29 203, bei der Touristinformation von Belogradtschik oder im Restaurant am Höhleneingang.

Vidin

Bulgarien-Atlas S. 232, B 1
Vidin (ca. 60 000 Ew.) gehört zu den ältesten Orten Bulgariens und ist reich an architektonischen und historischen Sehenswürdigkeiten. Die Stadt wirkt wie eine Spiegelung ihres eigenen Grenztrödels: eine wilde Mischung von Architekturstilen reiht sich nahtlos aneinander, die melancholisch-romantische Atmosphäre an der Donaupromenade geht abrupt über in betriebsame Geschäftigkeit am

Bahnhofs- und Anlegeplatz, im Winter herrschen hier die tiefsten, im Sommer die höchsten Temperaturen Bulgariens. Trotzdem wird die Donauhafenstadt oftmals nur auf dem Wege nach Rumänien durchquert. Selbst die Einwohner ziehen scharenweise weg, um anderswo Arbeit zu finden – die geografische Lage und der Krieg im ehemaligen Jugoslawien haben Vidin auch ins wirtschaftliche Abseits befördert.

Doch hat die von den Kelten im 3. Jh. gegründete und später von Römern, Bulgaren und Byzantinern befestigte Ortschaft auch schon bessere Zeiten erlebt: Im zweiten Bulgarischen Reich wurde die Grenz- und Handelsstadt von Ivan Srazimir zur Hauptstadt des Nordwestens ernannt und die Festung Baba Vida ausgebaut. Festung und Stadtausbau gediehen auch während der anschließenden osmanischen Besatzung – Vidin galt im 16. Jh. als größte Stadt Bulgariens mit dem wichtigsten Donauhafen. Und obwohl sich in der Stadt immer wieder der Widerstand gegen die türkischen Besatzer formierte, sollte ausgerechnet ein Türke entscheidend für ihr Aufblühen im 18. Jh. werden: Pascha Osman Pasvantoglu lehnte sich gegen den Sultan auf und gründete 1794 ein eigenes Imperium im Nordwesten mit Vidin als Zentrum. In der Folge entstanden Straßen, Häuser, Moscheen und Schulen nach orientalischen und europäischen Vorbildern. Nach der nationalen Befreiung 1877 und den folgenden Kämpfen des Serbisch-Bulgarischen Krieges wurden viele orientalische Gebäude zerstört.

Am Donauufer

Am nördlichen Ende des schmalen schattigen Parks am Donauufer erhebt sich die quadratische Festung **Baba Vida** (tägl. 8.30–16.30, an Feiertagen 10–16.30 Uhr), die ursprünglich von den Römern angelegt und in mehreren Perioden aus- und umgestaltet wurde.

Die Burg ist umgeben von einem tiefen Graben, Reste des äußeren Walls blieben am Donauufer und Richtung Stadtzentrum erhalten: Die bräunlichen Fluten am städtischen Badestrand auf der einen Seite des Walls sind jedoch wenig verlockend, lohnender ist das ›Abtauchen‹ in die Gewölbe des alten Getreidehauses auf der anderen Seite, wo sich ein kleines Kellerlokal befindet.

Die Straße parallel zum Park führt südlich an dem heruntergekommenen Bau der ehemaligen **Synagoge** und dem ehemaligen Militärclub (nun städtische Kunstgalerie) vorbei bis zu einer Straßenkreuzung, an der sich die **Moschee Pasvantoglus** (ul. Baba Vida 4) und die **Kirche Sveti Nikolai** (ul. Pasvantoglu) gegenüberstehen. Die Kirche und das dazugehörige Mausoleum des ersten bulgarischen Eksarchen Antim I. sind erst jüngeren Datums und glänzen noch in frischen Farben, während an dem kleinen Gebäude der Moschee noch viel zu sanieren ist. Interessant sind aber die schönen geschnitzten Holztüren der Moschee und das Minarett, das Pasvantoglu als Zeichen seiner Unabhängigkeit vom Sultan Anfang des 19 Jh. mit einem herzförmigen Symbol anstelle des Halbmondes verzieren ließ.

Der Park und die Parallelstraße werden im Süden von einem Ensemble malerisch verfallener alter Stadtvillen begrenzt. Unweit des völlig zerstörten Stadtbades befindet sich das Hotel Bononia an einem Platz, der an der Flussseite von der **Kunstgalerie**, mehreren Cafés und dem städtischen Theater flankiert wird. Etwas weiter folgen die Anlagen des Flusshafens und nach einigen Kilometern die **Fähre nach Kalafat**.

Im Stadtzentrum

Der riesige **Platz Bdinzi** (westlich vom Theater an der ul. Simeon Veliki) mit einem Denkmal zum Bulgarisch-Serbischen Krieg wurde zu sozialistischen Zeiten so umgestaltet, dass er aus der Vogelperspektive wie ein Schiff aussieht. Nun bilden die alten neoklassizistischen Bürgerhäuser, das gedrungene Stadttor aus der türkischen Periode und die monumentale Fassade des ehemaligen Parteihochhaus ein bizarres Architekturgemisch. Vom Platz ist der Weg nicht weit zum **Historischen Museum** in dem pagodenähnlichen Gebäude des ehemaligen türkischen Konak (ul. Simeon Veliki 12, Di–So 9–12 und 14–18 Uhr). Die **volkskundliche Abteilung** des Museums befindet sich in nordöstlich davon in der Krustata Kasarma (Kreuzkaserne),

ul. Knjas Boris I., gegenüber der mit Wandmalereien aus dem 17. Jh. dekorierten Kirche **Sveta Petka** (1633).

Die mächtige **Kathedrale Sveti Dimitar** (ul. Simeon Veliki) aus dem 19. Jh. beeindruckt ebenso durch ihre prächtige Außenfassade mit den hohen Zwiebeltürmen wie durch die bläulichen Wandmalereien und die Ikonenwand im Inneren.

Es gibt keine Touristeninformation, doch in den Hotels hilft man kompetent und fremdsprachig weiter.

Hotel Ninov: ul. Dunavska 28, Tel. 094/600 475, Fax 600 408. Nagelneues Hotel am Donauufer mit Restaurant, Nachtbar und schönem Panorama-Café im obersten Stockwerk. DZ 44 €.
Hotel Bononia: ul. Brin 2, Tel. 094/23 031 oder 23 032, Fax 35 390. Das große Hotel gilt von Standard und Lage als beste Übernachtungsmöglichkeit. DZ 60 Lv.
Hotel Dunav: ul. Edelvais 3, Tel./Fax 094/224 448. Das teilrenovierte Hotel ist trotz seiner Lage am Flusshafen ruhig und ordentlich. DZ 40 Lv.

In den Stadttoren am ploschtad Bdintsi, im südlichen Park und in den Bootrestaurants am Flussterminal werden in kleinen Cafés Snacks und Getränke angeboten.
Pizzeria Napoli: ul. Zar Alexander II. Gut und preiswert.

Auf dem großen **Flohmarkt** im Wohnviertel Vassilevski (auf dem Weg zur Fähre) gibt es für wenig Leva alles, was man sich nur denken kann: z. B. Tiere, Kleidung, elektronische Ersatzteile, aber auch Armeezelte, Kutschen und Schnapsbrenngeräte. Lärm und Handeln gehören dazu!

Vom **Busbahnhof,** ul. Schelesnicharsk, unweit des Bahnhofes, fahren private und öffentliche Busse ca. stündlich über Vraza und Montana nach Sofia.
Vom **Bahnhof**, ul. Saedenenie (am Flusshafen), bestehen täglich Verbindungen nach Sofia über Vraza.
5 km südlich von Vidin befindet sich die **Fährstation nach Kalafat** in Rumänien. Obwohl die Fähre (12, 50 $/Auto) Tag und Nacht stündlich den Hafen verlassen soll, kommt es doch immer wieder zu Wartezeiten. Verlässlicher ist das Passagierschiff am Flusshafen in Vidin (3 $/ Person), das um 8 Uhr, 10.30 Uhr und 18 Uhr Richtung Kalafat ablegt.

An der Donau

Der Balkan

Veliko Tarnovo

Bulgarien-Atlas S. 233, 234, 237, 238

DIE NÖRDLICHE BALKANROUTE

Kloster Gloschene scheint über den Wolken zu schweben, kleine Handwerksorte, unzählige Flüsschen und Seen sind auf der Fahrt nach Lovetsch zu entdecken. Das Kunsthandwerkszentrum Trojan lädt zum Kauf von Holz- und Webarbeiten ein. Schwindelfreie Reisende wagen den Rückweg über den Trojanpass und werden mit herrlichen Aussichten belohnt.

Gloschene

Bulgarien-Atlas S. 233, D 3
Die Autobahn von Sofia führt bis **Jablaniza.** Von hier führen schmale Straßen tiefer in den Balkan hinein. Zum Kloster Gloschene oberhalb des gleichnamigen Dorfes führt über Novi Isvor schließlich nur noch ein Lehmweg. Die Schwindel erregende Lage des auf einen Felsvorsprung gelegenen Klosters soll der Legende nach der wundertätigen Ikone des heiligen Georg zu verdanken sein, die sich diesen Platz erwählte, aber inzwischen nicht mehr im Besitz des Klosters ist. Revolutionär Vassil Levski fand hier vorübergehend Zuflucht, heute gewährt das Kloster jedermann für ein paar Leva Asyl. Die herrliche Umgebung entschädigt für die sehr einfachen Bedingungen: Bei gutem Wetter kann man auf dem Berggipfel oberhalb des Klosters bis zur Donau sehen!

Teteven

Bulgarien-Atlas S. 233, D 3
Etwa 20 km weiter auf der Landstraße erreicht man das Bergstädtchen Teteven. Vassil Levski soll hier ausgerufen haben, dass erst Teteven ihn zum Kind von Mutter Bulgarien gemacht habe. Auch als Tourist wird man sich in dem malerisch zwischen hohen Bergen und dem Fluss Beli Vit eingebetteten Örtchen mit reicher Revolutionsgeschichte wohl fühlen: Der Pflaumenschnaps ist berühmt, und die Luft ist rein.

Die lange Geschichte des Ortes wird im **Historischen Museum** anhand von beinahe 40 000 archäologischen und volkskundlichen Ausstellungsstücken erläutert (pl. Sava Mladenov , tägl. 9–12 und 14–17 Uhr). Unter den alte Kirchen aus der Wiedergeburtszeit ist vor allem die **Allerheiligen-Kirche** (ul. Simeon Komanov) im Zentrum wegen ihrer hervorragenden Holzschnitzereien im Inneren sehenswert ist.

Tourismusbüro: pl. Sava Mladenov, Tel./Fax 0678/4217, Mo–Fr 9–12 und 13.30–17.30 Uhr. Fahrradverleih (15 Lv./Tag), Tourenplanung und Zimmervermittlung.

Hotel Green Residence: ul. Ivan Vasov 90, Tel. 0678/36

11. Zimmer mit Dusche oder Badewanne und ein gutes Restaurant bietet dieses 3-Sterne-Hotel. DZ ab 50 Lv.
Hotel Harmonia: ul. Varschets 30, Tel. 0678/55 52. Einfache, aber ordentlich Zimmer mit Bad. DZ ab 30 Lv.
Die besten Cafés und Restaurants befinden sich um den pl. Sava Mladenov und in den Fußgängerzonen.

Bahnhof und Busbahnhof befinden sich ca. 250 m vom Zentrum auf der anderen Flussseite. Anschlüsse bestehen Richtung Sofia, Pleven, Lovetsch und Veliko Tarnovo.

Lovetsch

Bulgarien-Atlas S. 233, E 3
Die Stadt etwas abseits der nördlichen Hauptroute durch den Balkan wird von Touristen oft übersehen, dabei verbindet sie aufs angenehmste Balkan-Historie mit kleinstädtischem Balkan-Flair. Dank der strategischen Lage auf Terrassen zu beiden Seiten des Ossam-Flusses galt die Stadt schon seit thrakischen Zeiten als wichtige Wegstation. Während des nationalen Widerstandes gegen die Osmanen befand sich hier der Sitz des ersten Revolutionskomitees.

Vom Hotel Lovetsch führt die einzige überdachte **Brücke** Bulgariens zum Zentrum auf der anderen Seite des Flusses. 1872 war der von zahlreichen Handwerksläden gesäumte Übergang von dem berühmten Baumeister Koljo Fitscheto ganz aus reich verzierten Holzbalken gestaltet worden. 1925 ging das hölzerne Kunstwerk in Flammen auf – die heutige Brücke ist ein Nachbau des Originals, aber teilweise aus Beton. Die vielen kleinen Handwerksräume im Inneren sind heute zu funkelnden Glas-Boutiquen und Souvenirshops avanciert.

Vorbei am Hotel Orbita gelangt man zur ul. Vassil Levski und dem Beginn der Altstadt. Eine kopfsteingepflasterte Straße zieht sich steil den Berg hinauf. Rechts und links säumen schöne Wiedergeburtshäuser (teilweise als Kunst- und Hausmuseen zu besichtigen) die Straße. Das **Volkskunde-Museum** lockt nicht nur mit reich verzierten Holzmöbeln, diversen Trachten und Schmuckgegenständen aus dem 18./19 Jh. – im dämmrigen Keller ist eine Ausstellung rund um die Weinproduktion untergebracht (ul. Christo Ivanov Golemija, Mo–Sa 8–17 Uhr).

Immer mit Blick auf das hoch oben in den Himmel ragende **Levski-Denkmal** kommt man zu dem von Marmorsäulen flankierten, marmorverzierten **Museum Vassil Levski** (tägl. 8–12 und 13–18 Uhr). Oben auf dem Hügel erstreckt sich der so genannte **Park Stradesch** mit der monumentalen Statue des Revolutionärs, einem Zoo und den Überresten der großen **Festungsanlage** (tägl. 8–18 Uhr).

Es gibt kein offizielles Informationsbüro, im Hotel Orbita hilft der Besitzer Gencho Lazarov aber auf englisch weiter.

Hotel Orbita: am Zentrumsplatz, Tel. 068/238 13, Fax 449 17, tsarina@mbox.digsys.bg). Schöner Altbau im traditionellen Stil, Zimmer mit ordentlichem Standard und freundlicher Service. DZ 90 Lv.

DIE VIER GROßEN HELDEN DER BULGARISCHEN REVOLUTION

Adlerhorst für den Revolutionär: Vassil Ivan Levski hielt sich auch im Kloster Gloschene versteckt

Wer Bulgarien bereist, wird den vier Namen von **Rakovski, Karavelov, Levski und Botev** auf Schritt und Tritt begegnen. Nicht nur Museen, Straßen und Plätze, sondern auch zahlreiche Büsten und sogar zwei Berge sind diesen zu Helden verklärten Männern der Widerstandsbewegung gewidmet. Dabei hat der 1821 in Kotel geborene **Georgi Stoijkov Rakovski** sozusagen die ›Vaterrolle‹ übernommen. Der Intellektuelle mit klassisch-griechischer Ausbildung erkannte frühzeitig, dass die Befreiung von der osmanischen Herrschaft nur durch Koordinierung der chaotischen Einzelaktionen, die von den im Balkan agierenden Heiduckenscharen ausgeführt wurden, und mit gründlicher Vorbereitung verwirklicht werden könnte. Bereits 1858 hatte Rakovski in Odessa einen entsprechenden Plan veröffentlicht, der 1861 durch eine zweite bis ins Detail durchdachte Version ersetzt wurde. Dennoch scheiterten die ersten Aktionen – die von außerhalb nach Bulgarien eindringenden Vojvoden Panajot Chitov, Hadschi

Dimitar und Stefan Karadscha wurden mit ihren Truppen 1868 von den Türken überwältigt, Rakovski selbst starb schon 1867. Doch der Keim der revolutionären Bewegung war gelegt.

Als Nachfolger Rakovskis trat der 1837 in Koprivschtiza geborene Poet **Ljuben Karavelov** auf den Plan, der mehr noch als Rakovski von der Idee durchdrungen war, dass Bulgarien sich selbst befreien müsse. Innerhalb des Landes begann er mit dem Aufbau im Untergrund agierender Komitees, die durch so genannte ›Apostel‹ organisiert und verbreitet wurden. Als einer der wirkungsvollsten ›Apostel‹ sollte der charismatische Diakon **Vassil Ivanov Kunchev (Levski)** (1837–1873) werden, der in jahrelanger ruheloser Arbeit das revolutionäre Ideengut im Lande verbreitete. Seine Abstammung von armen Handwerkern, seine priesterliche Laufbahn als Diakon sowie kämpferische Erfahrungen durch die Teilnahme am Belgrader Aufstand von 1862 machten den jungen Mann bei allen Schichten Bulgariens beliebt und führten zu seinem Beinamen ›der Löwe‹. Dennoch starb gerade Levski durch Verrat aus den eigenen Reihen: Ein Pope aus Lovetsch gab sein Versteck an türkische Behörden weiter, die ihn 1873 ergriffen und nach langen, qualvollen Verhören in Sofia zum Tod durch den Galgen verurteilten.

Durch diese Katastrophe entmutigt, zog auch Ljuben Karavelov sich aus den Aktionen zurück, doch die Bewegung wurde durch einen neuen Führer weitergetrieben: Der Poet **Christo Botev** (1847–1876) hatte seinen Aufenthalt in Odessa vorwiegend dem Studium der russischen revolutionären Bewegung gewidmet und versuchte nun seine idealistischen Ideen durch einen bewaffneten Volksaufstand in Bulgarien zu realisieren. Doch seine ebenso radikale wie glühende Begeisterung wurde ihm zum Verhängnis. In Unkenntnis dessen, dass die Revolution im Donautal noch nicht genügend vorbereitet war, bestieg Botev während des Aprilaufstandes mit einer als Gärtner verkleideten Truppe das österreichische Schiff ›Radetzki‹ und zwang den Kapitän bei Kosloduj anzulegen. Ganz Gentleman und Dichter soll der Revolutionär sich damals bei den Passagieren entschuldigt und seine Rede mit den Worten: »Es lebe Bulgarien! Es lebe Franz Josef! Es lebe Graf Andrassy! Es lebe das christliche Europa! Vojvode Christo Botev« beendet haben. Bei seinem anschließenden Marsch Richtung Vraza wurden die 205 Mitglieder seiner Tscheta (Gruppe) vernichtend geschlagen, Botev selbst fiel durch die Kugel eines Scharfschützen. Die grausame Verstümmelung seines Leichnams und die Brutalität bei den Vergeltungsmaßnahmen, die auf den Aufstand folgten, wurden nicht nur in Bulgarien, sondern in ganz Europa mit Entsetzen registriert.

So wurde trotz der schrecklichen Einzelschicksale eines der revolutionären Anliegen einen Schritt weitergebracht: Bulgarien stand nun im Zentrum der weltweiten Aufmerksamkeit und man begann über diplomatische Lösungen nachzudenken.

Hotel-Restaurant Varoscha: im Zentrum neben der Brücke, Tel. 068/259 51. Komfortable, wenngleich durch die angrenzenden Cafés laute Zimmer im alten Teil der Stadt. DZ 40 Lv.

Hotel Oasis: ul. Ivan Drasov 17, Tel. 068/262 39. Das Familien-Hotel liegt in einem frisch sanierten Wohnhaus am Flussufer unweit der Brücke (ausgeschildert). Im Gegensatz zu den Quartieren im Zentrum ist es hier nachts angenehm ruhig. Alle Zimmer sind komfortabel mit Bad, Fernsehen und Kühlschrank. DZ 50 Lv.

Im Zentrum und in den Gassen der Altstadt finden sich zahlreiche angenehme Cafés und Snackbars.

Das **Kafe Varoscha** neben dem Volkskunde-Museum unterhält seine Gäste mitunter mit Folklore-Darbietungen. Das Essen ist gut.

Der **Blumentag** eine Woche vor Ostern wird in Lovetsch mit einem riesigen Markt begangen. Außer Blumen und Pflanzen sind schöne traditionelle Handarbeiten im Angebot.

Vom **(Bus-)Bahnhof** (Tel. 068/232 04, 249 35) im südwestlichen Teil der Stadt sind es ca. 30 Minuten Fußmarsch bis zur Brücke. Zahlreiche Busse und Züge nach Pleven und Trojan, bis zu drei Verbindungen täglich nach Burgas, Sliven, Teteven und Veliko Tarnovo.

Trojan

Bulgarien-Atlas S. 233, E 3

Entlang dem Fluss Ossam führt die Straße wieder hinauf in die Balkanberge und schließ ich nach Trojan. Der Name leitet sich von der römischen Heerstraße Via Trajana ab, die quer über den heutigen Trojan-Pass die Verbindung vom römischen Misia nach Thrakien und zur Ägäis herstellte. Im 15. Jh. siedelten sich bulgarische Handwerker auf der Flucht vor der türkischen Besatzung in dem schwer zugänglichen, waldreichen Gebiet an.

Die Arbeiten der Töpfer und Kunstschmiede aus Trojan waren – ebenso wie der Trojanschnaps – bald in aller Munde, und selbst die zweimalige Zerstörung des Städtchens (1800 und 1877) durch türkische Soldaten konnte die künstlerische und ›geistige‹ Produktion nicht aufhalten. Stattdessen solidarisierten sich die Einwohner und die Mönche des nahen Klosters alsbald mit dem Widerstand und eilten im August 1877 dem russischen General Karzov bei seiner Überquerung des Trojan-Passes zu Hilfe.

Bis heute zeugen mehr als 13 größere Betriebe, die Ausstellungshallen bei Oreschak, zwei **Museen für Heimatkunst und Handwerk** (tägl. 9–12 und 13–18 Uhr) und die **Paraskeva-Kirche** (1835) von der Epoche der nationalen Wiedergeburt und vonbeharrlichem Schaffen.

Trojan-Kloster

Bulgarien-Atlas S. 233, E 3

Die Klosteranlage aus dem späten 15. Jh. befindet sich ca. 10 km südöstlich direkt an der Straße von Trojan nach Oreschak. Während der türkischen Besatzung ist das Kloster weitgehend zerstört worden, das heutige Aussehen der Anlage stammt vorwiegend aus dem 19. Jh. Mehrere Innenhöfe mit zwei- bis dreistöckigen Klostergebäuden im Stil der nationalen Wiedergeburt passen sich dem Hang an. Am äußersten (und höchstgelegenen) Ende hat man von dem verwilderten Klostergarten einen schönen Blick über das Ensemble. Herausragend sind die Wandmalereien des Samakover Meisters Sachari Sograf über dem Eingang und im Innern der Klosterkirche und die reich ornamentierte, holzgeschnitzte Altarwand der Künstler Petar und Nikola in der **Klosterkirche**. Einmal im Jahr, während der traditionellen Prozession am 15. August, wird die wundertätige Ikone der ›dreihändigen Gottesmutter‹ aus der Kirche hinaus und zu einer unweit gelegenen kleinen Kapelle getragen.

Im 19. Jh. war das Kloster ein kulturelles und nationales Zentrum, u. a. weilte natürlich auch Vassil Levski hier. An den Revolutionär erinnert ein kleines Museum im dritten Stock der Klosteranlage.

Das Kloster wird oft und gern besucht, unzählige Souvenirläden vor dem Eingang und die gemütliche ›Klosterbar‹ am Fluss (an der gegenüberliegenden Straßenseite) bedienen die Besucherscharen.

Trojan-Pass

Bulgarien-Atlas S. 233, E 4
Die Landstraße zum 1540 m hohen Trojan-pass führt über fast 50 km steil empor. Oft ist der Pass weit bis in den März hinein und schon im Herbst gesperrt, da Unwetter und Schnee die Strecke zu gefährlich machen. Wer im Sommer die Passage nutzt, wird mit einem gemütlichen Aufenthalt in der kleinen Siedlung Beklemeto und einem herrlichen Blick in das jenseitige Rosental belohnt.

Handwerksausstellung bei Oreschak

In sieben Bungalows bei Oreschak sind Keramiken, Teppiche, Stickereien, Holz- und Kunstschmiedearbeiten ausgestellt, ein achter Pavillon dient dem Verkauf. Rakija aus Pflaumen gehört ebenfalls zum Angebot – Ende September werden Frucht und Schnaps mit einem mehrtägigen Festival gewürdigt (sommers Mo–Fr. 9–17 Uhr)

Tourist-Informationcenter: ul. Vassil Levski 133, Tel./Fax 0670/350 64, info_troyan@tr.bia-bg.com, tgl. 8–20 Uhr. Fachkundige Auskunft für Stadt und Umland, Vermittlung von Zimmern und Apartments, Autos (35 Lv. pro Tag), geführte Wanderungen und Reitausflüge z. B. über die Eko-Pfade zwischen Trojan, Aprilzi, Drjanovo.

Hotel Nunki: ul. Minko Radkovski, Tel. 0670/221 60. An der Straße zum Trojan-Kloster ist das Hotel eine der schönsten und teuersten Adressen im Ort: große, im traditionellen Stil geschmackvoll eingerichtete Räume mit komfortablen Bädern und ein ausgezeichnetes Restaurant gehören dazu. DZ 100 Lv.
Hotel Kapina: im Park Kapintscho oberhalb der Stadt, Tel. 0670/229 30 oder 263 31. Äußerlich nicht hübsch, ist dieses Hotel wegen seiner ruhigen Lage, der ordentlichen Zimmer mit Bad und dem

freundlichen Service empfehlenswert. DZ ab 41 Lv.

Trojan-Kloster: Oreschak, Tel. 06952/28 66. Im Gästehaus der Klosteranlage kann man für 24 Lv. pro Person unter einfachen Bedingungen übernachten.

Vom **Busbahnhof** (Tel. 0670/221 72) tägl. 3 Busse nach Sofia, Veliko Tarnovo und Plovdiv. Stündl. Bus nach Lovetsch und zum Trojan-Kloster.

Über den Schipka-Pass nach Gabrovo

Bulgarien-Atlas S. 233, F 4

Seit Jahrhunderten bildet die steile Straße, die sich von Kasanlak über den hohen **Schipka-Pass** und durch den Balkan schlängelt, eine ebenso wichtige wie umkämpfte Handelsroute. Schon im Altertum bekannt, wurde die

Bauerngarten in einem Balkandorf

Straße von den Römern ausgebaut und schließlich von den Türken erweitert. Während des Russisch-Türkischen Krieges sollte hier der bulgarische Befreiungskampf 1877 unter dramatischen Umständen entschieden werden: 6000 Soldaten des Generals Stoletov kämpften gegen die Übermacht der 30 000 Mann starken türkischen Armee, die der bei Pleven eingeschlossen Armee von Osman Pascha zur Hilfe eilen wollte. Dem Andenken der gefallenen Soldaten wurde unterhalb des Passes bei der Ortschaft **Schipka** eine große **Kirche im russischen Stil** gewidmet. Die goldenen Kuppeln des hohen Gotteshauses leuchten weithin sichtbar zwischen den Birken am Hügelrand oberhalb der Ortschaft, wenn die 17 Glocken geläutet werden, ist dies über Kilometer hinweg zu hören. Die schönen Ikonen in der Kirche und der Blick von hier über das Rosental sind einen Abstecher wert.

Nach vielen Serpentinen erreicht man den 1200 m hohen Bergpass. Hier ragt auf dem Stoletovberg das 32 m hohe **Freiheitsdenkmal** von 1934 wie eine alte Festung empor, Mahnmal an den dramatischen Kampf von 1877. Über 895 Treppenstufen klimmt man zum Denkmal empor, wo zahlreiche Gedenktafeln und Waffen von dem Freiheitskampf zeugen und sich eine überwältigende Aussicht bietet.

Dorfmuseum Etara

Bulgarien-Atlas S. 233, F 4
In einer engen Schlucht, etwa 17 km vom Schipkapass entfernt, wurden 1964 die Gebäude einer alten Siedlung im Stil der nationalen Wiedergeburt wieder aufgebaut bzw. andere Häuser aus der Umgebung von Gabrovo hierher verlegt. In dem lebendigen Freilichtmuseum kann man entlang dem kleinen Bergbach Bäckern, Schmieden, Webern, Holzarbeitern und Müllern bei der

Arbeit zusehen. An der Ladenstraße am linken Ufer können die Produkte gleich nach ihrer Entstehung gekauft werden, in dem auf alt gemachten Caféhaus und einem Restaurant gibt es diverse Leckereien und nationale Spezialitäten. Mo–Fr 9–18 Uhr, Sa/So 9–17.30 Uhr

Touristeninformation: Tel. 066/420 23, www.tourinfo.bg/etar

Hotel Perla: ul. Deroshinski 116 a, Tel. 066/427 84. Das Hotel überzeugt mit großen, komfortablen Zimmern mit Balkon und angenehm modernen Badezimmern. Das Restaurant ist empfehlenswert. Apartment 38 Lv.

Drei **Stadtbusse** von Gabrovo (1, 7, 8) und die Verbindungslinien (stündlich) zwischen Kasanlak und Gabrovo halten in Etara.

Gabrovo

Bulgarien-Atlas S. 233, F 4
Es darf gelacht werden: Gabrovo (ca. 75 000 Einw.), eingezwängt an den Ufern der Jantra und zwischen zwei hohen Bergkämmen, gilt als Hauptstadt des Humors in Bulgarien.

Dabei hat die gewitzte Handwerksbevölkerung offensichtlich einfach den Spieß umgedreht: Nachdem über Jahrhunderte hinweg die Bürger von Gabrovo als geizige Schlitzohren bewitzelt wurden, eröffnete die Stadt am 1. April 1972 ein ›Internationales Zentrum des Humors‹ – zum Paten des Projekts und der Stadt wurde (wie auch anders) das schottische Aberdeen erkoren.

Vor allem während der Festspiele und Karnevalsumzüge ist das unweit

Etara

von Busbahnhof und Sportzentrum gelegene **Museum des Humors** heftig umlagert: Gerne posiert man vor dem Haus bei den Skulpturen des bulgarischen Eulenspiegels ›Petar‹, der auf seinem klapperdürren Esel reitet, vor Don Quijote oder Charlie Chaplin. Im Inneren sind auf vier Etagen Karikaturen, Fotos und Plastiken ausgestellt (ul. Brjanska 68, im Norden der Stadt, Tel. 066/272 28, www.humorhouse.org tägl. 9–18 Uhr).

Vom Museum gelangt man flussaufwärts entlang der Jantra ins Zentrum. Die **Skulptur des Stadtgründers Ratscho der Schmied** weist an der Brücke den Weg zum östlichen Innenstadtbereich: Schmale Gassen mit einigen **Wiedergeburtshäusern,** ein Uhrturm und die zwei Kirchen Sveta Troiza und Sveta Bogorodiza sind hier leicht zu entdecken und ebenso einfach mit dem örtlichen Entspannungsprogramm zu verbinden: Rings um die Kirchen gibt es einige Lokale und Cafés sowie Läden und Boutiquen. Der mächtige Bau der **Sveta-Troiza-Kirche**, der 1865 von dem Baumeister Gentscho Kunev im Stil der Wiedergeburtszeit entworfen wurde, wird zu den eindrucksvollsten Architekturdenkmälern dieser Periode gezählt. Leider ist der Eingang der Kirche oft verschlossen, so dass nur selten der Blick auf die reich verzierte geschnitzte Altarwand, die Ikonen und Wandmalereien im Stil der Schule von Trjavna im Inneren möglich ist. Am jenseitigen Flussufer finden sich die imposanteren städtischen Gebäude: Direkt an der südlichen Brücke kann man z.B. die alte Schule von 1838, die ebenfalls auf die Kunstfertigkeit von Gentscho Kunev zurückgeht, besichtigen.

Tourist-Information-Center: pl. Vasraschdanie, Tel./Fax 066/284 83, Mo–Fr 9–17 Uhr. Neben Informationen zur Stadt (Unterkunft und Festivals) erhält man hier kompetente Hilfe bei der Organisation von Rad- und Wandertouren in die Umgebung.

Hotel Gabrovo: bul. Hemus 4, Tel. 066/460 05, Fax 560 25. Das familiengeführte Hotel am südlichen Stadtausgang (Richtung Etara) hat schöne und komfortable Zimmer, einen bewachten Parkplatz und ein gutes Restaurant. Es ist das einzige empfehlenswerte Hotel am Ort. DZ ab 50 Lv.
In der Altstadt ebenso wie auf der westlichen Flussseite bzw. unweit der Fußgängerbrücke finden sich zahlreiche Restaurants mit westlicher und bulgarischer Küche. Beliebt ist das **Café Ratscho Kovatscha** mit Balkon- und Aussichtsplätzen auf das Schmied-Denkmal am Fluss.

Festivals: Im Mai herrscht internationaler Humoristenandrang, während der Mai-Kulturtage und des Satire-Festivals. Im August finden das **Balkan Jugend-Festival** statt, zu dem sich Jugendorganisationen der verschiedenen Balkanländer treffen, um Ideen und Projekte zu diskutieren bzw. darzustellen. Zum Zuge kommen alle ›Balkantonarten‹ – von Volksmusik bis modernen Rhythmen. Im September treffen sich Musiker aus ganz Bulgarien zu den **Kammermusiktagen** mit einem klassischen Programm.

Regelmäßiger als die Züge vom Bahnhof (Tel. 066/271 27) verkehren die Buslinien vom Busbahnhof (Tel. 066/232 77) im Nordwesten der Stadt.

Drei Linien fahren täglich nach Varna, Sliven, Burgas und Plovdiv. Weit öfter werden die Städte Sofia, Pleven, Trjavna und Veliko Tarnovo angefahren.

Trjavna

Bulgarien-Atlas S. 233, F 4
Nur wenige, aber entscheidende Kilometer trennen Gabrovo von dem altehrwürdigen Holzschnitzerdorf Trjavna. Hier weht ein ganz anderer Wind: Wird den Bürgern von Gabrovo seit jeher Spaß und geschäftstüchtige Schlitzohrigkeit nachgesagt, so sind den ernsthaften Meistern von Trjavna die strengen und stolzen Maximen ihrer Handwerkerzunft über Jahrhunderte in Fleisch und Blut übergegangen. Heute kann sich ihr Ort rühmen, einer der schönsten und rechtschaffensten in ganz Bulgarien zu sein – statt Kriminalität gibt es hier das erste bulgarische SOS Kinderdorf und ein Kindersanatorium für Lungenleiden.

Die **Altstadt** von Trjavna ist ein Gesamtkunstwerk aus kopfsteingepflasterten Gassen, blumengeschmückten Häusern und Höfen, alten Brunnen und malerische Brückchen. Unzählige Maler- und Holzschnitzer der Wiedergeburtszeit haben die verschiedenen oft blumenreichen Dekors erarbeitet, die nun Häuser, Kirchen und Plätze zieren.

Der schönste und älteste Platz ist der pl. Kapitan Djado Nikola mit einem **Uhrturm** von 1844, der kleinen Kirche **Sveti Archangel-Michail** und dem alten **Schulgebäude** der Stadt. In dem Schulgebäude sind neben den ständigen Ausstellungen lokaler, alter Maler wechselnde Ausstellungen zeitgenössischer Talente zu sehen. Überwältigend ist das Innere der Kirche, die 1819 als eine der ersten gewölbten Kirchen der Wiedergeburtszeit entstand: Die reich verzierte Ikonostase mit ihren kunstvoll durchbrochenen Holzschnitzereien und der Bischofsthron werden durch ein mit zwölf Bibelszenen verziertes Holzkreuz ergänzt (tägl. 8–16.30 Uhr).

Vom Platz kommt man über eine kleine Brücke zur Slavejkovstraße und zum **Daskalov-Hausmuseum.** In dem großen Wiedergeburtshaus inmitten eines herrlichen Gartens haben einst zwei Trjavnaer Meister im Wettkampf ihr Messer gezückt. Als Ergebnis sind zwei kunstvoll bearbeitete Zimmerdecken mit dem Sonnenmotiv in der Mitte entstanden. Zum Museum gehört eine sehenswerte **Ausstellung der Holzschnitzkunst und Ikonenmalerei** (tägl. 8–12 und 13–17 Uhr). Auch die Hausmuseen **Petko und Pencho Slaveijkov** (Di–So 8–12 und 13–18 Uhr), **Ivan Kolev** (Mo–Fr 9–13 und 14–18 Uhr) und **Kalintschov** (tägl. 8–22 Uhr) auf derselben Straße besitzen sehenswerte holzgeschnitzte Interieurs.

Café im Hofgarten

Die langen Öffnungszeiten des Hausmuseums Kalintschov stehen in angenehmer Verbindung mit dem schönen Café im Hofgarten des Museums. Hier werden unter alten Bäumen bis 22 Uhr Joghurt mit Honig, Kaffee und herzhafte Snacks serviert.

In dem unweit der Slavejkovstraße gelegenen **Ikonen-Museum** werden mehr als 160 Ikonen der so genannten Trjavnaer Schule ausgestellt und erläutert (ul. Bresa 1, tägl.8–16.30 Uhr.).

Tourist-Information-Center: ul. Angel Kantschev 22, Tel./Fax 0677/22 47, smile@mbox.digsys.bg, smile@triavna. nat.bg. Mo–Fr 9–12 und 14–17 Uhr. Zimmer, Stadtpläne, Tickets und Ausflüge in die Umgebung werden gut organisiert.

Privatunterkünfte: Diverse Agenturen und das Informationszentrum vermitteln Privatquartiere ab 18 Lv pro Person.
Hotel Raliza: ul. Kaleto, Tel. 0677/22 62. Das Hotel auf einem Hügel im Süden der Stadt bietet einen herrlichen Blick in die umgebende Landschaft. Die komfortable Ausstattung der großen Räume und ein hervorragendes Restaurant sorgen für zahlreiche Gäste. DZ ab 100 Lv.
Restaurant Starata Losa: ul. Slaveijkov 44. Gegenüber dem Daskalov-Hausmuseum serviert dieses gemütliche Restaurant trotz zahlreicher durchreisender Touristengruppen ebenso gute wie preiswerte Gerichte.

Drjanovo-Kloster

Bulgarien-Atlas S. 233, F 4
Ein schmaler Abzweig führt von der E 85 zum malerischen Felsental von Drjanovo. Ein Fluss windet sich durch die gleichnamige Ortschaft, etwa 3 km dahinter kommt man zu der großen Klosteranlage. Das im 12. Jahrhundert gegründeten Kloster soll ursprünglich etwas weiter nordöstlich gelegen haben, wurde aber bereits im 14. Jh. durch die osmanischen Besatzer vollkommen zerstört. Im 19. Jh. entstand das mittlerweile restaurierte Wiedergeburtsensemble, wobei die ältere **Kirche Sveti Archangel Michail** bereits 1876 wieder zerstört wurde. Ursache war die aktive Beteilung der Mönche an dem Aprilaufstand, die sich gemeinsam mit den revolutionären Widerstandskämpfern hinter den Klostermauern verschanzten. Nach neuntägigem Widerstand wurde die religiös-revolutionäre Gruppe von den Osmanen gefangen genommen und erhängt. Ein Mausoleum und einige alte Eisenhaken an den Felsen oberhalb des Kloster erinnern an ihr Schicksal. Die neuere Klosterkirche – ein dreischiffiger Hallenbau mit Glockenturm – wurde Ende des 19 Jh. von Koljo Fitscheto erbaut.

Etwas weiter östlich führt der **Eco-Trail** (s. S. 53) u. a. zu der **Batscho-Kiro-Höhle**, in der neben malerischen Tropfsteingebilden zahlreiche Funde aus der Steinzeit entdeckt wurden.

Schnitzen lernen

Über das Touristenzentrum oder direkt bei der alten Schule werden 1–3-tägige Schnitz-Kurse vermittelt, die mit den Anfängen und den Traditionen des Kunsthandwerks vertraut machen.

Im Kloster oder in dem Hotel gegenüber kann man für ca. 15 Lv. pro Person übernachten. Das ebenso schön gelegene wie gute Restaurant **Me-**

chana Mecha Dupka findet sich etwa 100 m vom Kloster am Flussufer.

Die meisten **Busse** von Veliko Tarnovo nach Gabrovo halten ca. 1, 5 km entfernt am Abzweig von der Landstraße zum Kloster.

Veliko Tarnovo

Bulgarien-Atlas S. 234, A 3
Besucher überbieten sich seit jeher mit bewundernden Attributen, wenn es darum geht, die ehemalige Zarenstadt im Balkangebirge zu beschreiben: Als goldene, ruhmreiche und gar als die zweitschönste Stadt nach Konstantinopel wird sie in den Chroniken gepriesen. Zeitgenössischen Gästen gefällt vor allem die malerische Lage des Ortes auf mehreren Terrassen, durch die sich der gewundene Lauf der Jantra zieht, sowie das bunte Künstler- und Handwerkstreiben in der Altstadt – Veliko Tarnovo ist nämlich auch noch die Stadt der Maler und Kunsthandwerker. Heute sind es ca. 75 000 Einwohner, die ständig in der Stadt leben, viele bulgarische Künstler und Studenten mieten sich zusätzlich vorübergehend in der lebhaften Stadt ein.

Geschichte

Die ältesten Zeugnisse wurden auf dem Trapesiza-Hügel im Nordosten der Stadt gefunden und stammen noch aus 3. Jh. v. Chr. Damals siedelten Thraker und später Römer in dieser Gegend, denen im 5./6. Jh. die Byzantiner und schließlich die Slawen folgten. Im Jahr 1187 wurde der erfolgreiche Aufstand der Brüder Assen und Peter gegen die Byzantiner mit dem Beginn des zweiten Bulgarischen Reiches gekrönt, wobei Tarnovo zur Hauptstadt des ausgedehnten Reiches avancierte. Während der nächsten 200 Jahre wurde die Metropole glanzvoll ausgebaut und befestigt. Adel, Kaufmannsschicht und Handwerksvolk wurden in drei sorgfältig voneinander getrennten Bereichen ansässig. Erst nach dreimonatiger Belagerung ergab sich die mächtige Stadt im Jahr 1393 dem osmanischen Ansturm: Festungsanlage und Stadtbezirke versanken in Schutt und Asche, und es sollten Jahrhunderte vergehen, bis sich die Stadt von diesem Schlag erholt hatte.

Vom Zentrum in die Altstadt

Zwischen dem gewundenen Lauf des Jantraflusses zieht sich an den steilen Uferstraßen die Innenstadt von Veliko Tarnovo hin. Viele Häuser im Stil der nationalen Wiedergeburt wurden hier vom berühmten bulgarischen Baumeister Koljo Fitscheto errichtet.

Einen Eindruck quer durch die Architekturgeschichte bekommt, wer vom pl. Maika Bulgaria über die ul. Nesavisimost dem Altstadtviertel ›Varoscha‹ zustrebt: Ist es hier die etwas überdimensionierte ›Mutter Bulgariens‹ im Stil des sozialistischen Realismus, die in Gedenken an die Gefallenen der Kriege zwischen 1877 bis 1918 von ihrem hohen Sockel auf teils modern, teils klassisch gestaltete Gebäudeensembles niederblickt, so dominiert den Eingang des steilen Altstadtviertels mit

Das Hotel-Mechana Gurko in der Altstadt von Veliko Tarnovo

seinen vielen Gassen und Treppchen das pyramidenförmige Denkmal der Hingerichteten des Italieners Giovanni Mussutti von 1883. Dritte im Bunde und im geographischen Dreieck sind die Reiter des riesigen Assendenkmales (von K. Damianov) auf der Nase des gegenüberliegenden Jantraufers, wo sich auch das staatliche **Kunstmuseum** 1 befindet. Auch wenn das massige Gebäude in der Jantraschlaufe äußerlich nicht gerade für Kunstgeschmack wirbt, lohnt die große, weit gefächerte Gemäldeausstellung durchaus den Besuch (Di–So 10–18 Uhr).

Rund um den **alten Markt** 2 des Varoschaviertels ist die Handwerksszenerie von damals wieder auferstanden. Kleine Läden säumen die Gassen, Bäcker, Töpfer und Weber lassen sich gern bei der Arbeit zusehen und noch lieber etwas abkaufen. Das zweistöckige von vielen Arkaden gesäumte **Gasthaus Hadschi Nikoli** 3 unweit des Marktes wurde von Koljo Fitscheto gebaut und passt sich mit seinen zwei parallelen Bauten der aufwärtsführenden Straße an. Während es unten noch dreigeschossig ist, verjüngt es sich im oberen Straßenabschnitt zu nur einem Stockwerk, so dass ein interessanter architektonischer Effekt entsteht. Auch die beiden Kirchen **Kiril i Metodij** 4 und **Sveti Nikola** 5 sind Werke von Koljo Fitscheto: Trotz des geschäftigen Treibens ringsherum wirken sie angenehm ruhig und abgeschirmt im Nordosten des Viertels.

Die schönsten **Wiedergeburtshäuser** findet man in der schmalen **Gurkostraße**, wo die reich verzierten Kaufmannshäuser zu kleinen Haus-

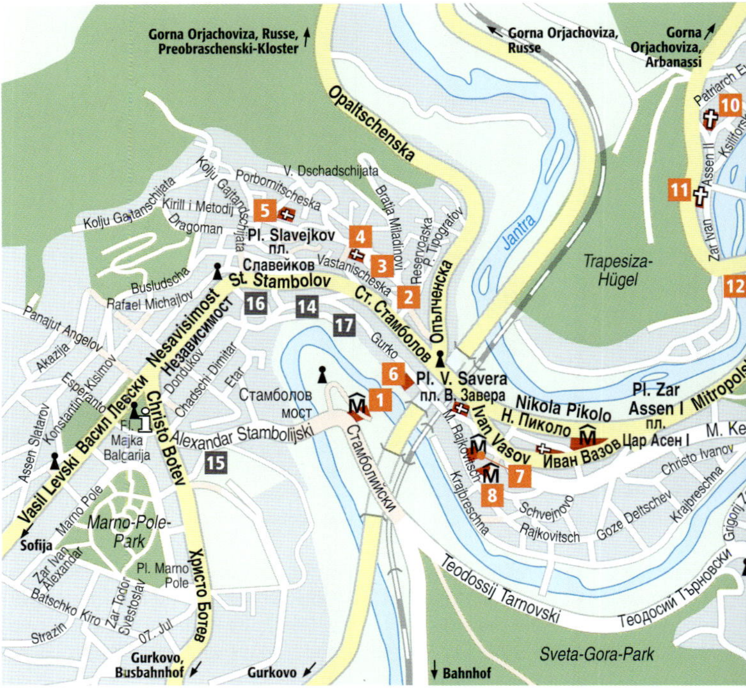

museen umfunktioniert wurden. Jedes Haus ist anders gestaltet: Hier sind es hübsche Erker oder reich verzierte Fassaden, dort kleine Figuren und Ornamente an den Dachsimsen, die Blick und Kamera auf sich ziehen. Das Haus des türkischen Kaufmanns **Sarafkina** [6] wirkt von außen eher schlicht, doch ein Blick auf das herrschaftliche Innere mit seinen gewundenen Holztreppen, Galerien und Holzintarsien überzeugt vom Gegenteil.

In dem Museum im Sarafkin-Haus wird auf zwei Etagen eine Ausstellung zum Leben im 19. Jh. mit Möbeln, Teppichen, farbenfrohen Trachten und Schmuckstücken gezeigt (Mo–Fr 8–12 und 13–17 Uhr).

Unweit des Sarafkin-Hauses befindet sich auf der ul. Ivan Vasov das **Archäologische Museum** [7]. In dem großen Gebäudekomplex sind die Schätze der Stadt von der Frühzeit bis zum Mittelalter zu besichtigen (Di–So 8–12 und 13–17 Uhr).

In unmittelbarer Nähe des Archäologischen Museums befindet sich das **Museum zu Wiedergeburt und zur konstituierenden Versammlung** [8]. Das elegante, lang gestreckte Haus mit

Sehenswürdigkeiten
1 Kunstmuseum
2 Alter Markt
3 Gasthaus Hadschi Nikoli
4 Kirche Sv. Sv. Kiril i Metodij
5 Kirche Sveti Nikola
6 Sarafkin-Haus
7 Archäologisches Museum
8 Museum zur Wiedergeburt
9 Zarevez-Hügel
10 Kirche Sveti Dimitar Solunski
11 Kirche Sveti Georgi
12 Kirche Sv. Sv. Petar i Pavel
13 Kirche der 40 Märtyrer

Unterkunft
14 Hotel-Mechana Gurko
15 Hotel Etar
16 Hotel Trapesiza

Essen & Trinken
17 Restaurant Ritsch

seinen schmalen hohen Fenstern und Säulen wurde 1872 von Koljo Fitscheto für den damaligen Bürgermeister erbaut und erlangte durch die hier beschlossenen politischen Richtlinien nach 1879 nationale Bedeutung. Bei den Versammlungen wurden in diesem Haus u. a. die Wahl Alexander von Battenbergs und die Annexion Ost-Rumeliens beschlossen. Zur Ausstellung gehören Kostüme sowie Fotos und Gemälde zur Stadtgeschichte im 18./19.Jh. und eine kleine Ikonensammlung (Mi–Mo 9–12 und 13–17 Uhr).

Zarevez-Hügel

Fast vollkommen umschlossen von der Jantra liegt die alte Festungsanlage auf einem Hügel im Nordosten der Stadt. Die Festung auf dem **Zarevez-Hügel** 9 wurde auf den Fundamenten thrakischer und römischer Siedlungen erbaut und erreichte ihren architektonischen Höhepunkt während des Zweiten Bulgarischen Reiches. Wer über den schmalen, von Mauern gesäumten Weg von der Altstadt durch die verschiedenen Tore geschritten ist, kann links bis zu einem kleinen **Aussichts-**

turm mit Blick auf das Assenviertel gelangen. Im **Balduin-Turm** am südöstlichen Ende der Festungsanlage verbrachte der oströmische Kaiser Balduin in von Flandern den Rest seines Lebens, nachdem er von Zar Kalojan 1205 gefangen genommen worden war.

Wer den mittleren Weg durch die Anlage nimmt, hat zwar den steilsten Anstieg zu bewältigen, wird dafür aber mit einem Café am Wege und den gewaltigen, alten Mauerresten des ehemaligen **Zarenpalastes**, dessen Ausmaße fast 6000 m^2 eingenommen haben sollen, belohnt. Die Gebäude des Palastes, in dem immerhin 22 Herrscher residiert haben, sollen vormals mit Plastiken, Fresken und Mosaiken reich verziert gewesen sein. Marmorsäulen und Marmorplatten aus römischen Bestand wurden in das Architekturensemble kunstvoll eingearbeitet.

Der rekonstruierte Kreuzkuppelbau der **Patriarchenkathedrale** (ursprünglich aus dem 13. Jh.) befindet sich auf dem höchsten Punkt des Hügels und wirkt mit seinen starken Außenmauern, den Pfeilern und dem hohen Glockenturm fast selbst wie eine Festung. Innen sind einige – allerdings moderne – Keramiken und Wandmalereien mit geschichtlichen Motiven zu besichtigen. Von den Stufen vor dem Eingang bietet sich ein herrlicher Ausblick über die Stadt.

Auf der anderen Seite des ehemaligen Palastes führt der Weg entlang zahlreicher **Kloster- und Kirchenruinen** aus dem 12. und 13. Jh. bis zu dem so genannten **Hinrichtungsfelsen** am nördlichsten Ende. Hier wurden die unbequemen Straftäter kurzerhand von einem steilen Felsen in die Jantra geworfen. Besuchern bleibt ein ähnliches, unfreiwilliges Schicksal durch gute Absicherung erspart (tägl. 8–19 Uhr).

Kirchen im Assenviertel

Unterhalb des Zarenhügels breitet sich am Jantraufer das so genannte Assenviertel aus. Zahlreiche uralte Kirchen haben in dem stillen und bislang noch wenig restauriertem Viertel Platz gefunden. Die kleine, aus dem 12. Jh. stammende **Kirche Sveti Dimitar Solunski** 10 mit vielen Dächern und kunstvoll gemusterten rotweißen Ziegeln ist sicherlich eine der schönsten und hervorragend restauriert. Die mittelalterliche **Kirche Sveti Georgi** 11 ganz in der Nähe besitzt schöne Wandmalereien und Ikonen aus dem 17. Jh.

Auf dem anderen Ufer der Jantra gelangt man zur **Kirche Sv. Sv. Petar i Pavel** 12 aus dem 13. Jh. Im Inneren hat man Wandmalereien aus drei verschiedenen Jahrhunderten freigelegt. Die Malschichten aus dem 16 Jh., auf denen Festszenen und Heilige dargestellt sind, lassen einen deutlichen Wechsel im traditionellen Stil erkennen. Die Kirche gehört zu den wenigen Ausnahmen, die auch während des osmanischen Reichs aktiv war.

Die **Kirche der 40 Märtyrer** 13 unweit der zweiten Jantrabrücke stammt aus dem 12. Jh. Sie wurde im Laufe der Geschichte als Mausoleum und sogar als Moschee genutzt und ist ausgezeichnet restauriert worden. Im Inneren kann man zwei alte mit Inschriften bedeckte Memorialsäulen zu Ehren Khan Krums und Zars Ivan Assen II. sowie zahlreiche Ikonen und kostbare Grabbeigaben aus Gold und Silber besichtigen. Alle Kirchen des Assenviertels sind tägl. 9–12 und 13–18 Uhr geöffnet.

Tourist-Information-Center: ul. Christo Botev 13a, Tel. 062/221 48 oder 80 57, dtour@vali.bg, Mo–Sa 8.30–17 Uhr. Englischsprachige Unterstützung bei Zimmersuche und Ausflugsgestaltung.

Hotel-Mechana Gurko 14: ul. Gurko 33, Tel. 062/627 838. Schöne Lage in der Altstadt und ein gutes Restaurant. Alle Zimmer mit Bad, Klimaanlage und Fernseher. DZ ab 120 Lv.
Hotel Etar 15: ul. Ivailo 2, Tel. 062/621 838, Fax 621 890. Von dem 14- stöckigen Hotel kann man kostenlos an der Sound- und Lichtshow teilnehmen. Die Zimmer sind eher schlicht, aber ordentlich und sauber. DZ ab 56 Lv.
Hotel Trapesiza 16: ul. Stefan Stambolov 79, Tel. 062/220 61, Fax 621 593. Im Stadtzentrum und daher etwas laut, aber guter Standard und sauber. DZ ab 30 Lv.
Restaurant Ritsch 17: ul. Stefan Stambolov. Das Restaurant in der Altstadt bietet einen schönen Blick von der Terrasse und leckere bulgarische Spezialitäten.
Weitere bulgarische Restaurants und Imbisse findet man in der Altstadt, internationale Küche um den pl. Maika Bulgaria.

Das größte Ereignis ist im Sommer die **Sound & Light-Show**, bei der die alte Festungsanlage ab 19.30 Uhr durch ein eindrucksvolles Lichtspektakel untermalt wird. Die Show findet jedoch nur statt, wenn mindestens 25 Leute ihre 12 Leva bezahlt haben oder 300 Leva zusammengekommen sind.
Weitere Veranstaltungen sind das **Internationale Folklorefestival** im Juni/Juli und das **Volksfest des Balkans** im Mai mit Gesang und Tanz.

Im **Kino** (ul. Christo Botev) laufen alle Filme im Original mit Untertiteln, so dass man gute Chancen hat, ein englischsprachiges Programm zu sehen – amerikanische Produktionen beherrschen die Leinwand.

Ausflüge zu Pferd, zu Rad oder zu Fuß in die Umgebung der Stadt werden über das Info-Büro kompetent organisiert.

Der **Bahnhof** (Tel. 062/620 065)im Westen der Stadt kann mit den Linien 10, 12, 14 oder den Trolleybussen 1 und 2 erreicht werden. Von hier verkehren direkte Züge Richtung Plovdiv (über Stara Sagora), nach Gabrovo und Gorna Orchjachovo.
Am **Busbahnhof** (Tel. 062/409 08, etwa 4 km vom Stadtzentrum, ul. Nikola Gabrovski) halten alle Busse, Richtung Sofia oder Varna, zusätzlich finden sich Anschlüsse nach Kasanlak, Pleven, Plovdiv und Russe.

Arbanassi

Bulgarien-Atlas S. 234, A 3
Das Museumsdorf Arbanassi grenzt nordöstlich an Veliko Tarnovo an, hier hat sich die einstige und heutige Elite des Landes ein kleines Paradies geschaffen. Neben den Wiedergeburtshäusern des ›Freilichtmuseums‹ sind in letzter Zeit mehr als 100 Villen der ›neuen Bulgaren‹ entstanden. Im historischen Teil, der ursprünglich auf die unter den Türken hierhin umgesiedelten Albanern zurückgeht, findet man neben zahlreichen Hausmuseen, Läden und Hofgärten mehr als ein halbes Dutzend Kirchen – ursprünglich sollen es einmal fast 90 Gotteshäuser gewesen sein.

Am Eingangskiosk des Komplexes bei der Bushaltestelle erhält man Pläne sowie kompetente Vermittlungshilfe (tägl. 9.30–12 und 13–20 Uhr). In vielen Wiedergeburts-Häusern sind Restaurants und Hotels eingerichtet worden.

Preobraschenski-Kloster

Bulgarien-Atlas S. 234, A 3

In der Umgebung von Veliko Tarnovo finden sich mehr als ein Dutzend der schönsten Klöster Bulgariens. Am nächsten gelegen sind die beiden ungleichen ›Kloster-Geschwister‹ von **Preobraschenski** und **Sveta Troiza**. Sie liegen sich an den Berghängen der Jantraschlucht nördlich von Veliko Tarnovo gegenüber und sind über schlaglochreiche Wege per Auto oder nach einer 1–2-stündigen Wanderung zu erreichen. Von beiden hoch gelegenen Klöstern bietet sich ein überwältigendes Panorama. An der Außenwand der Klosterkirche von Preobraschenski hat Meister Sachari Sograf unmissverständlich seine Weltauffassung dargestellt: Eine reiche Städterin sitzt in der Mitte des durch die vier Jahreszeiten versinnbildlichten Lebensrades und hält den ›Becher der Freuden‹ empor. Damit jeder weiß, was sie symbolisieren soll, steht um ihr Haupt »die eitle, trügerische Welt« geschrieben. Im äußeren Ring werden die verschiedenen Phasen des Lebens gezeigt, zwei Engel drehen an den Seilen des Lebensrades. Einige Ikonen in der Kapelle des Klosters stammen von Sografs Sohn Stanislav Dospenski.

Das **Nonnenkloster** gegenüber schmückt sich mit einem akkuraten Klostergarten, renovierten Fassaden und einem malerischen Glockenturm.

Preobraschenski-Kloster

DIE SÜDLICHE BALKANROUTE

Von Sofia aus windet sich die Schnellstraße E6 am südlichen Balkanrand buchstäblich durch Rausch und Rosen: Weinstöcke und Rosenfelder säumen den Weg, sobald man bei Pirdop von der waldigen Bergstraße in die lang gestreckte Hochebene kommt.

Koprivschtiza

Bulgarien-Atlas S. 237, D 1

Ein hoch gelegenes Tal, von Berggipfeln überragt, grüne Wiesen und Wälder, ein kleiner rauschender Fluss mit Steinbrücken und dazwischen sorgfältig restaurierte und geschmückte Wiedergeburtshäuser, Kirchlein und eine alte Schule – nichts spricht in dem Museumsdorf von den Alltagssorgen heutiger und einstiger Bewohner.

Das Örtchen hat seinen Ruhm während der nationalen Befreiungsbewegung begründet: Am 20. April 1876 wurde hier das Startsignal zum landesweiten Aufstand gegen die Türken gegeben. Nach der blutigen Niederschlagung des Aufstandes blieb Koprivschtiza dank eines hohen Lösegeldes seiner reichen Bewohner von zerstörerischen Vergeltungsmaßnahmen verschont. 1952 wurde die Ortschaft zum Dorfmuseum erklärt und in den letzten zwei Jahrzehnten sorgfältig restauriert.

Tourist Information Center: pl. 20. April, Tel./Fax 07184/2191, koprivshtitsa@hotmail.com, tägl. 9–13 und 13.30–18 Uhr. Freundliche und kompetente Beratung, Führungen (deutsch/englisch), Übernachtungsquartiere (ca. 20 Lv. pro Person), Bücher und Ortspläne.

Hotel Kalina: ul. Hadschi Nentscho Palavejev 35, Tel. 07184/20 32. Das Drei-Sterne-Hotel im Zentrum ist komfortabel und dekorativ ausgestattet und hat einen schönen Garten. DZ ab 24 $.

Hotel Panorama: ul. Georgi Benkovski 40, Tel. 07184/20 35. Unweit des Benkovski-Hausmuseum, allerdings etwas abseits vom Zentrum, erinnert das Hotel an Schwarzwald und Alpenland. Neben dem gutem Service und Komfort genießt man hier einen schönen Blick. DZ ab 20 $.

Nationalitätenrestaurant 20. April: pl. 20. April. Das Restaurant wird von vielen Touristenbussen angesteuert, ist aber in Preis und Leistung gut geblieben. Spezialität ist das Eintopfgericht ›kavarma‹.

Tschtschura: ul. Hadschi Nentscho Palavejev 66. Unweit der Bushaltestelle befindet sich dieses Wiedergeburtshaus mit schöner Terrasse und offenem Holzfeuer.

Im Handwerksviertel nahe der ›Schuss-Brücke‹ kann man den Teppichwebern bei der Arbeit zusehen. In dem nahe gelegenen Handwerksladen an der ul. Dimtscho Debelajanov gibt es Textil- und Stickarbeiten zu kaufen. Auch einige der Hausmuseen und viele kleine Lä-

ROSEN

Es soll die Liebe gewesen sein, die zur Verbreitung der zarten Blume über die ganze Welt geführt hat. Doch an kaum einer anderen Stelle scheint die Liebesbotschaft auf so fruchtbaren Boden getroffen zu sein wie in der Region um Kasanlak in Bulgarien. Denn das milde geschützte Klima des lang gestreckten Tales zwischen Balkan und Sredna Gora-Gebirge erwies sich als wie geschaffen für die ursprünglich in Persien und im heutigem Indien beheimatete Rose Damascena, sodass sich die als ›Rosental‹ bekannt gewordene Region im Laufe der letzten 400 Jahre zum wichtigsten Anbaugebiet des Gewächses entwickeln konnte. Allerdings ging es bald schon nicht mehr nur um die Liebe – aus den kleinen Blüten der bulgarischen Rose wurde nun das ebenso duftige wie kostbare Öl gewonnen, das mittlerweile etwa 70% des weltweiten Bedarfes abdeckt. Noch vor 300 Jahren wurde das Öl mit der sechsfachen Menge Gold aufgewogen – heute sind es noch immer mehr als 3000 Euro, die man für das Kilo zu zahlen hat. Kein Wunder, wenn man bedenkt, welcher Aufwand mit der Gewinnung des ätherischen Duftes verbunden ist: 1400 Blüten werden benötigt, um nur 1g der Essenz zu gewinnen – um ein ganzes Kilo zu erhalten, müssen die fleißigen Pflückerinnen schon mindestens 3 Tonnen der Blütenpracht eingesammelt haben. Wer Menge und Qualität zusammenbekommen will, muss zur Ernte früh aufstehen: Bereits um 4 Uhr früh beginnt während der Saison im Juni/Juli das tägliche Blätterzupfen, denn nur, wenn die Rosen noch vom Tau benetzt sind, bewahren sie ihr volles Aroma. So ist der Arbeitstag schon um 10 Uhr morgens wieder beendet. Wenn die Sonne zu brennen beginnt, kommen die Erntehelfer nach Hause und die gepflückten Erträge in die Destillationsgeräte, wo sie drei Stunden mit 120° C erhitzt werden, um ihnen das essenzielle Öl und das so genannte Rosenwasser zu entziehen. Letzteres ist nicht ganz so teuer, aber ebenfalls sehr aromatisch und wird mittlerweile von vielen Kosmetikfirmen als Hautreinigungsmittel empfohlen.

Wenn im Rosental Mitte Mai der Duft immer schwerer wird und sich überall die Blüten öffnen, beginnt man in Kasanlak und Karlovo trotz aller bevorstehenden Mühen mit eifrigen Festvorbereitungen. Die Erntezeit ist seit jeher mit rituellen Feierlichkeiten verbunden, zu denen sich heute noch touristische Attraktionen (z.B. die Wahl der Rosenprinzessin, Konzerte, Blumenbasare und Karnevalsumzüge) gesellen. Am ersten Erntetag ziehen Frauen, Mädchen und junge Männer in bunten Trachten mit Tanz und Musik in die Felder, um sich dort nach alter Tradition die erste Blüte ins Haar zu stecken.

In Kasanlak kann man sich bei einem Besuch des Rosenmuseums über alte und neue Methoden der Gewinnung und über die verschiedenen Züchtungen informieren. Hier wie auch in fast jedem Laden kann man natürlich auch die aromatischen Fläschchen mit Rosenwasser und Öl erwerben (ul. Osvoboschdenie, sommers tägl. 9–17 Uhr).

den rund um den 20. April-Platz bieten die bunten Teppiche oder Trachten zum Verkauf.
Köstliche Mitbringsel vom Markt sind die selbst gemachten Walderdbeermarmeladen oder Honig von Kiefernzapfen.

Im Ort wird noch der Jordan-Tag festlich begangen. Am 1. Mai wird des Aprilaufstandes gedacht. Das größte Ereignis ist aber das Mitte August veranstaltete Volksfest von Koprivschtiza, mit vielen festlichen Umzügen und Folkloredarbietungen.

Vom Ort aus fährt am frühen Morgen je ein **Bus** nach Sofia und nach Plovdiv. Stündlich fahren Minibusse nach Pirdop (an der E6, Umsteigemöglichkeit) und zur Bahnstation (9 km vor Koprivschtiza).

Durch das Rosental

Bulgarien-Atlas S. 237, D 1/E 1
Über **Sopot** führt die Straße weiter entlang von Rosenfeldern, Weinstöcken, Tabakplantagen und Obstbäumen, während im Hintergrund das gewaltige Levski-Massiv emporragt. Der heute ca. 12 000 Einwohner zählende Ort selbst war vormals ein betriebsames Handwerksstädtchen und die Geburtsstätte des bulgarischen Dichterfürsten Ivan Vasov. Einen Abstecher wert sind das **Nonnenkloster** von 1665, das heute mitten in das städtische Treiben integriert ist, und das **Sveti Spa-Kloster** etwa 2 km nordöstlich vom Zentrum. Letzteres wurde 1879 wieder aufgebaut und ist mit dem Namen des großen Revolutionärs Vassil Levski verbunden, der hier zum Diakon geweiht wurde. Die herrliche Umgebung und eine Seilbahn unweit des Klosters verleiten zu Wanderungen von der 1600 m hohen Zielstation durch das Balkangebirge.

Touristeninformation: im Rathaus, Ivan Vasov bul. 26, Tel. 03134/20 50. Für Übernachtungen ist der Nachbarort Karlovo mehr zu empfehlen.

Karlovo

Bulgarien-Atlas S. 237, E 1
In dem kleinen Städtchen inmitten von Rosenfeldern aus der Zeit des zweiten Bulgarenreiches wurde 1837 der legendäre Volksheld Vassil Levski geboren. Karlovo war damals für seine duftenden Öle und seine kunstvollen Handwerkserzeugnisse weithin bekannt. Levski selbst, damals noch Vassil Ivanov Kuntschev, hatte als Sohn armer Eltern keinen Anteil an der städtischen Erfolgsgeschichte. Umso mehr wird heute des verlorenen Sohnes gedacht. Sein Vaterhaus ist schöner denn je restauriert worden, eine überdimensionale Statue und zahlreiche öffentliche Gebäude tragen seinen Namen.

Die ul. Vassil Levski führt vom Busbahnhof auf den gleichnamigen Platz mit der Statue des Freiheitshelden samt Löwen und Pistole. In der rosafarbenen **Sveti Nikola-Kirche** von 1878 auf demselben Platz wurde seine Mutter, Gina Kuntscheva, beigesetzt. Gegenüber der Kirche wird bereits im Foyer des **Geschichtsmuseums** abermals des Helden gedacht. Zum Museum gehören außerdem zahlreiche Ex-

In Koprivschtiza

ponate zur Stadtgeschichte und ein kleines Wohnviertel, das im Stil der nationalen Wiedergeburt erbaut wurde. Viele Wohngebäude des Viertels zeigen die geschwungenen Formen des so genannten ›bulgarischen Barock‹ (ul. Vasraschdenska 4, Di–Sa 9–12 und 13–17 Uhr). Folgt man der ul. Vassil Levski aufwärts, kann man einen Blick in einige kleine Hausmuseen im traditionellem Stil oder in die außen schlichte, aber innen reich dekorierte **Kirche Sveta Bogorodiza** werfen. Vorbei an der verfallenen **Moschee Kursum Dschamija** von 1485 gelangt man am nördlichen Ende der ul. Vassil Levski ins Fußgängerzentrum von Karlovo. Lohnend ist jedoch auch ein Abstecher nach Westen in die ul. General-Karzov zum **Vassil Levski-Museum**. In dem schön restaurierten Wiedergeburtshaus wird ausführlich und sogar englischsprachig über das Leben und Wirken des Schustersohnes, Priesters und Revolutionärs berichtet (Mo–Fr 8.30 –13 und 14– 17.30 Uhr).

Tourist Information Center: ul. Vodopad 35, Tel. 0335/53 73, infocentre@mbox.digsys.bg. Hier werden Zimmer vermittelt, außerdem Karten und Wandertipps.

Hotel Scherev: pl. 20. Juli, Tel. 0335/33 80. Die Zimmer mit gehobenem Standard (Bad und TV) sind angenehm. Die günstigeren Zimmer sind schlicht und mit Gemeinschaftsbädern, aber ordentlich und sauber. Zentrale Lage. DZ ab 40 Lv.
Restaurant Vodopad Tavern: ul. Vodopad 86. Exzellente bulgarische Spezialitäten.
Rund um den Zentrumsplatz finden sich gute und schön gestaltete **Cafés** und **Snackbars**.

Vom **Busbahnhof,** ul. Vassil Karaivanov 77, Tel. 0335/31 55, 46 41 im Südwesten des Ortes bestehen regelmäßige Verbindungen Richtung Sofia, Varna und über den Schipka-Pass. Der kleine Bahnhof befindet sich ca. 5 Min entfernt auf dem südlich abzweigenden bul. Teofan Rainov 2 (Tel. 0335/46 41).

Kasanlak

Bulgarien-Atlas S. 237, F 1
Das staubige Städtchen ist einer der meistbesuchten Orte des Hinterlandes, da sich hier das unter Schutz der UNESCO stehende thrakische Grabmal befindet.

Während der Bauarbeiten 1947–55 an dem riesigen Stausee im Westen von Kasanlak entdeckte man durch Zufall die weit reichenden historischen Wurzeln der Stadt. Hier befand sich im 4/3. Jh. v. Chr. die Stadt Sevtopolis, Hauptstadt und kulturelles Zentrum des thrakischen Odrysenreiches unter König Sevt III. Später fand man mehr als 12 thrakische Grabanlagen in der Umgebung. Die thrakische Siedlung, so ergaben die archäologischen Recherchen, hatte lange Zeit und diverse kriegerische Attacken überdauert: Alexander der Große, Goten, Hunnen, Petschegenen und Slawen konnten sie nicht einnehmen. Später wurde sie unter dem Namen Tilis als keltische Hauptstadt bekannt und schließlich von Bulgaren bzw. Osmanen übernommen. Die günstige Lage ermöglichte seit jeher den Handel und die Produktion von Wein und Rosenölen. Während der Wiedergeburtszeit wurde das kostbare Öl sogar bis nach Amerika exportiert. In den kleinen Läden des **Kulata-Komplexes** unterhalb des Tjulbe-Hügels kann man Rosenöl, Rosentee und Rosenliköre sowie bunte Trachten und holzgeschnitzte Souvenirs erstehen (ul. Mirska, 8–12 und 13–17 Uhr).

Das **thrakische Grabmal** ist im nordwestlich der Stadt gelegenen grünen Hügelpark **Tjulbe** versteckt. 1944 wurde die Grabanlage von Soldaten entdeckt, die einen Zivilbunker ausheben wollten. Seit das Fürstengrab unter UNESCO-Schutz steht, wird das Terrain streng bewacht und ist nur noch mit einer Sondergenehmigung zu betreten. Es wurde jedoch eine originalgetreue Kopie in unmittelbarer Nachbarschaft angefertigt. Durch den langen mit Kampfszenen geschmückten Gang (Dromos) gelangt man in eine glockenförmige Grabkammer, deren Kuppel mit der Abschiedszene eines Fürstenpaares kunstvoll gestaltet wurde (tägl. 8–18 Uhr).

Das **Iskra-Museum** im Zentrum bildet eine gelungene historische Ergänzung zu der thrakischen Grabanlage: Archäologische Funde aus dem Fürstengrab und anderen thrakischen Grabhügeln werden hier ausgestellt. (ul. Sv Sv Kiril i Metodij, tägl. 9–12 und 13–15.30 Uhr).

Touristeninformation: ul. Knjas Aleksander Battenberg 4, Tel. 0431/249 17, Fax 283 06, tourinfo@mbox.info tel.bg

Hadschi Eminova Kaschta: ul. Nikola Petkov 22, Tel. 0335/420 95. Das traditionell eingerichtete Wiedergeburtshaus am südlichen Ende des Kulata-Komplexes ist ebenso schön wie günstig. Die Zimmer sind groß und im altbulgarischen Stil eingerichtet,

die Bäder klein, aber modern. Ein gutes Restaurant gehört dazu. Zimmer 20 Lv.
Hotel-Restaurant Vesta: ul. Tschavdar Vojvoda 3, Tel. 0335/477 40. Das Hotel ist unweit vom Zentrum, aber ruhig gelegen, alle Zimmer des dreistöckiges Komplexes sind modern und komfortabel eingerichtet. DZ ab ca. 100 Lv.
Die besten **Cafés** finden sich am Kulata-Komplex und in der ul. Iskra.

Vom **(Bus-)Bahnhof** (Tel. 0335/222 83, 214 48) in der ul. Sofronij am südlichen Stadtrand verkehren zahlreiche öffentliche und private Linien nach Sofia, Burgas, Lovetsch, Veliko Tarnovo und Plovdiv. Von der Bahn werden zweimal täglich die Strecken Sofia und Burgas versorgt.

Stara Sagora

Bulgarien-Atlas S. 238, A 2
Die heutige Gestalt der sechstgrößten Stadt Bulgariens (ca. 150 000 Ew.) ist dem tschechischen Architekten Ljubor Bayer zu verdanken. Nach dem Russisch-Türkischen Krieg 1876 mit Plänen für den Wiederaufbau beauftragt, konzipierte er ein schachbrettartiges Straßensystem, in dem man sich garantiert nicht verlaufen kann. Bis heute werden die Grundideen seiner Stadtplanung berücksichtigt, sodass eine innerhalb Bulgariens einmalige Stadtanlage mit vielen mehr oder minder gelungenen Hochhäusern und Villen entstanden ist. Spuren der alten Zeit sind erhalten geblieben: In den Museen und Galerien oder einfach innerhalb einer modernen staatlichen Institution trifft man auf einige der interessantesten historischen Erbstücke des Landes.

Geschichte

Dank des günstigen Klimas und der fruchtbaren Böden war die Gegend von Stara Sagora schon seit frühesten Zeiten besiedelt: Erste Überlieferungen berichten von der thrakischen Stadt Beroe aus dem 6.–4. Jh. v. Chr. Im 2. Jh. v. Chr. erbauten die Römer hier Augusta Trajana – benannt nach dem römischen Herrscher Trajan –, welches wiederum über Jahrhunderte hinweg die bekannteste Stadt des römischen Imperiums im thrakischen Gebiet werden sollte. Mit dem Verfall des römischen Reiches brachen auch für die reiche Kulturenklave schlechte Zeiten an. Die Stadt wurde mehrmals geplündert und zerstört, erst im 8./9. Jh. wurde sie, mittlerweile in Verea umbenannt, durch ihre strategische Lage neuerlich zum administrativen und kulturellem Zentrum des ersten Bulgarischen Reiches. Im bulgarischen Mittelalter hieß die Stadt Boruj, nach der Eroberung durch die Türken (1370) wurde sie in Eski Sagra und in der Neuzeit schließlich in Stara Sagora umbenannt.

Rundgang

Es empfiehlt sich, den Stadtspaziergang am **Historischen Museum** zu beginnen. Hier befindet sich im doppelten Sinne des Wortes der Schlüssel zu den historischen Sehenswürdigkeiten der Stadt. Man kann etliche Ausgrabungsfunde aus der römischen und thrakischen Epoche besichtigen, und von den Mitarbeitern des Museums werden auch Führungen organisiert und andere Ausstellungsorte geöffnet (ul. Dimitar Naumov, tägl. 8–12 und 13–17 Uhr, Führungen unter Tel. 223 80).

Nur zwei Parallelstraßen westlich sind die **Reste der römischen Stadt Augusta** (leider) jedermann zugänglich: Der Ausgrabungsort gegenüber der Oper wird nur von einem schlechten Bauzaun gesichert und verleitet offensichtlich zum Abladen von zeitgenössischem Schutt.

Zurück auf der Naumovstraße kann man sich in dem kleinen **Hausmuseum zur städtischen Lebensweise im 19. Jh.** anhand vieler Ausstellungsstücke ein Bild vom bürgerlichen Leben in dieser Zeit machen. Es ist das Domizil des Hadschi Angelikov (ul. Dimitar Naumov/Knjas Boris).

Entlang der ul. Knjas Boris aufwärts kommt man nach zwei Querstraßen zur **Hauptpost.** Im dämmrigen Hintergrund stößt man hier auf altrömische Fußbodenmosaike aus dem 4./5. Jh. Besser belichtet und wahrgenommen wird das schöne Muster offensichtlich während der Theateraufführungen, die gelegentlich hier stattfinden.

Von der Post lässt sich das betriebsame Stadtzentrum auch entlang des **Stadtparks** über die Russestraße ansteuern. In dem grünen, schattigen Park stehen überall kleine Bänke und sprudelnde Fontänen, es wird flaniert und diskutiert.

Wer keine Kunst- und Kaffeepause auf der belebten Fußgängermeile am Hotel Verea einige Schritte südwestlich des Parkes einlegen will, lässt sich hier am besten mit einem Taxi zum Krankenhaus bringen. Auf dem Gelände der Poliklinik, ul. Todor Stojanov im Westen ist der kleine Museumsbungalow mit Behausungen aus dem Neotlithikum allgemein zugänglich; im Erdgeschoss zeugt ein ganzes Zimmer voller Sand und Lehm von der Wohnkultur der Frühzeit. Beeindruckender ist allerdings die Ausstellung im Kellergeschoss. Hier sind zahlreiche Geräte und Schmuckstücke aus Muscheln, Knochen und bemaltem Lehm zu besichtigen, von denen die ältesten bis zu 6000 Jahre alt sind (9–12 und 14–17 Uhr).

Es gibt kein offizielles Informationsbüro, doch die Agentur am Anfang der Fußgängerzone zwischen ul. Zar Simeon Veliki und ul. General Gurko (Tel. 042/570 18) und etliche gut sortierte Buchläden helfen mit Plänen und Informationen weiter.

Hotel Verea: ul. General Gurko, Tel. 042/618 600. Praktisch gelegenes, aber architektonisch wenig gelungenes Hotel mit ordentlichen Zimmern. DZ ab 92 Lv.
Hotel Esereto: ul. Bratja Schekovi 60, Tel. 042/600 103. Direkt an dem kleinen Park im Süden der Stadt gelegen, gleichzeitig ruhig und zentral. Die Zimmer sind mit schönen Möbeln, großen komfortablen Bädern, Kühlschrank, Klimaanlage und Fernsehen eingerichtet. DZ ab 120 Lv.
Außer in den Hotels finden sich zahlreiche Cafés und Restaurants auf der Fußgängermeile und in den Parks der Stadt.

Vom **Busbahnhof** (bul. Slavjanski) bestehen Verbindungen nach Sofia, Plovdiv, Burgas und Pleven. Vom Bahnhof (Tel. 042/50145, südliches Ende des bul. Mitropolit Metodij Kusev) fahren täglich etwa vier Züge nach Sofia, Burgas und Plovdiv.

Rilagebirge, Rhodopen und Piringebirge

Rila-Kloster, der Chreljo-Turm

Bulgarien-Atlas S. 236, 237

PLOVDIV

Wegen seiner gut erhaltenen, schönen Altstadt zählt Plovdiv zu den beliebtesten Reisezielen in Bulgarien. Die heimliche Haupt- und zweitgrößte Stadt des Landes erstreckt sich zu beiden Seiten des träge dahinströmenden Flusses Mariza.

Bulgarien-Atlas S. 237, E 2

Dank der reichen Wasservorkommen und der natürlich geschützten Lage war die Stadt (349 700 Einw.) zu Füßen der Rhodopen über 8000 Jahre lang ohne Unterbrechung besiedelt. Rings um die schöne, historisch gewachsene Altstadt gruppieren sich die Hochhausviertel der Neustadt-Siedlungen. Seit 1892 die erste internationale Messe Bulgariens in Plovdiv eröffnet wurde, hat sich die Stadt auch mit jährlichen, großen Messeveranstaltungen einen Namen gemacht. Bis 1885 war Plovdiv Hauptstadt der autonomen Provinz Ost-Rumelien. Mehr noch als Sofia hat Plovdivs Bevölkerung seit der Wende 1989 einen mediterranen, fast italienischen Lebensstil angenommen. In nahezu jeder Bar fließt jetzt der Espresso aus original italienischen Maschinen. Viele Pizzerien, vor allem aber der kulturelle Einfluss, der insbesondere beim alljährlichen Verdi-Opernfestival im Juni sichtbar wird, zeugen von der Begeisterung für alles Italienische. Plovdiv bewahrt in der Altstadt ein großes Ensemble mit insgesamt 150 Beispielen der nationalen Wiedergeburtsarchitektur. Die typische regionale Bauweise mit ihren geschwungenen Formen und Ornamenten wird oft als ›Plovdiver Barock‹ bezeichnet.

Geschichte

Plovdiv gleicht einem historischen Schmelztiegel von Kulturen und Völkern und war ursprünglich auf sieben Hügeln gebaut. Der siebte Hügel, Markovo Tepe, wurde aber eingeebnet und liegt unter dem heutigen Straßenpflaster. Von den sechs verbliebenen bilden Taksim Tepe, Djambas Tepe und vor allem der 202 m hohe Nebet Tepe den Altstadtkern. Auf dem **Bunarjik Tepe** stand zwar einst eine Herkules-Statue, heute ist die nach einer Quelle benannte Erhebung aber mit den Denkmälern von **Zar Alexander II.** und **Soldat Aljoscha** geziert. Auf dem Jendem Tepe (283 m), dem ›Hügel der Jugend‹, erstrecken sich Sportanlagen.

Gesichert ist die alte thrakische Siedlung Eumolpia, möglicherweise Zeitgenossin der Ereignisse um Orpheus und Eurydike. Phillip II. von Makedonien hat hier 342 v. Chr. das antike, griechisch-makedonische Fort Philippopolis begründet. Im 2./1. Jh. v.

Chr. waren erneut Thraker präsent, die hier in Pulpudeva wohnten. 46 n. Chr. marschierten die Römer ein, begründeten und lebten in der Dreihügelstadt (Ulpia) Trimontium, bis ihnen die Hunnen 447 n. Chr. den Garaus machten. Ab 834 war nach der Eroberung unter Khan Krum der Name Plovdiv gebräuchlich. Christliche Kreuzritter, die gen Byzanz und Jerusalem zogen, zerstörten im 12./13. Jh. Plovdiv mehrfach bis auf die Grundmauern. 1365 eroberte das osmanische Heer die Stadt. Fünf Jahrhunderte lebte man danach in Philibe, das zur größten unter den zehn wichtigsten Städten im europäischen Teil des osmanischen Reiches avancierte. Juden, Christen und Moslems durften ihre Religion ausüben. Und nicht nur der Fernhandel, auch Kunst und Kultur florierten. Mitte des 19. Jh. entstand hier das erste Druck- und Verlagshaus Bulgariens durch Christo Danov, dem ein Denkmal auf dem **Sachat Tepe** gewidmet ist.

1989 erhielt Plovdiv den Beinamen ›blaue Hauptstadt‹ (nach den Parteifarben der Union der demokratischen Kräfte!), da hier wie in kaum einer anderen Stadt Bulgariens Studenten und Dozenten der Universität sowie andere Bürger für eine politische Wende hin zur Demokratie demonstrierten.

Vom Zentrumsplatz bis zur Mariza

Um einen Überblick zu gewinnen, lohnt es sich, die drei Hügel der Altstadt erst

Das Amphitheater von Plovdiv

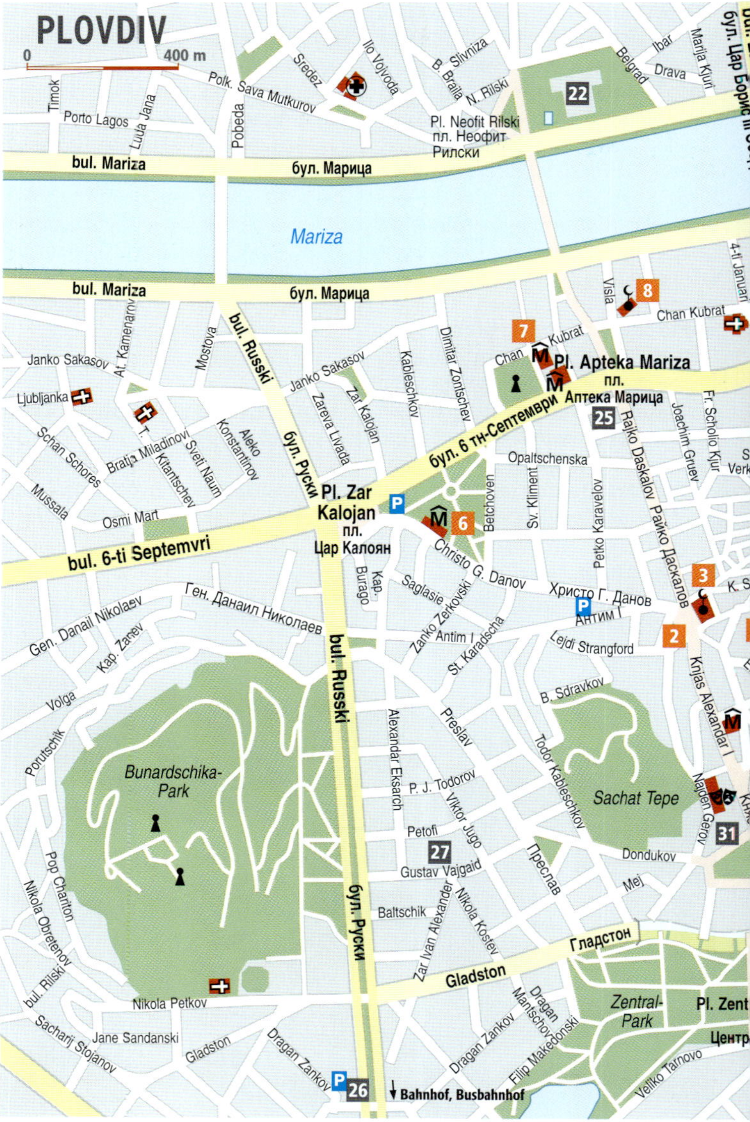
PLOVDIV
0
400 m
Timok
Porto Lagos
Luda Jana
Pobeda
Polk. Sava Mutkurov
Sredez
Ilo Vojvoda
B. Slivniza
B. Braila
N. Rilski
Pl. Neofit Rilski
пл. Неофит Рилски
Belgrad
Ibar
Drava
Marija Kjuri
бул. Цар Борис III
22
bul. Mariza
бул. Марица
Mariza
bul. Mariza
бул. Марица
4-ti Januari
Visla
8
Chan Kubrat
7
Chan Kubrat
Pl. Apteka Mariza
пл.
Аптека Марица
25
Janko Sakasov
At. Kamenarov
Mostova
bul. Russki
Janko Sakasov
Kableschkov
Dimitar Zontschev
Ljubljanka
Schan Schores
Bratja Miladinovi
T. Kitantschev
Sveti Naum
Aleko Konstantinov
Zareva Livada
Zar Kalojan
бул. Руски
бул. 6 тн-Септември
Opaltschenska
Rajko Daskalov
Райко Даскалов
Joachim Gruev
Fr. Scholio Kjur
Mussala
Osmi Mart
Pl. Zar Kalojan
пл.
Цар Калоян
P
6
Betchoven
Sv. Kliment
Petko Karavelov
bul. 6-ti Septemvri
Kap. Burago
Christo G. Danov
Христо Г. Данов
P
Антим I
3
Gen. Danail Nikolaev
Ген. Данаил Николаев
Saglasie
Zanko Zerkovski
Antim I
2
Kap. Zanev
St. Karadscha
Lejdi Strangford
bul. Russki
Volga
B. Sdravkov
Knjas Alexandar I
Porutschik
Alexandar Eksarch
Preslav
Bunardschika-Park
P. J. Todorov
Todor Kableschkov
Sachat Tepe
Najden Gerov
Viktor Jugo
Petofi
27
31
Pop Chariton
Gustav Vajgaid
Преслав
Dondukov
Nikola Obretenov
бул. Руски
Baltschik
Zar Ivan Alexander
Nikola Kostev
Mej
Гладстон
Gladston
bul. Rilski
Nikola Petkov
Dragan Mantschov
Zentral-Park
Pl. Zent
Sacharij Stojanov
Jane Sandanski
Gladston
Dragan Zankov
Dragan Zankov
Filip Makedonski
Velko Tarnovo
Центр
P
26
Bahnhof, Busbahnhof

Stadtplan: S. 120

Sehenswürdigkeiten

1 Römisches Forum
2 Römisches Stadion
3 Dschumaja-Dschamija (Moschee)
4 Kirche Sveta Bogorodiza
5 Danov-Haus
6 Naturgeschichtliches Museum
7 Archäologisches Museum
8 Imaret-Moschee
9 Türkisches Bad
10 Archäologischer Park
11 Hissar Kapija (Stadttor)
12 Georgiadi-Haus
13 Ethnographisches Museum
14 Kirche Sveti Konstanti i Elena
15 Kirche Sveta Nedelja
16 Museum Slatu Bojadjiev
17 Städtische Galerie für moderne Kunst
18 Alphonse-de-Lamartine-Haus
19 Römisches Amphitheater
20 Kirche Sveta Petka
21 Kirche Sveti Ludwig

Unterkunft

22 Novotel Plovdiv
23 Trimontium Princess Hotel
24 Hotel Bulgaria
25 Hotel Elite
26 Hotel Leipzig
27 B & B Queen Mary Elizabeth

Essen & Trinken

28 Janet
29 Alafrangite
30 Paldin
31 Dreams

einmal einzukreisen. Dabei lernt man die verschiedenen Gesichter der Stadt kennen und bekommt reichlich Gelegenheit, Souvenirs zu erwerben und zu fotografieren.

Zentraler Platz

Der Rundgang beginnt am besten am zentralen Plovdiver Stadtplatz mit der **Hauptpost**, die auf dem Areal des großen, unter Kaiser Marc Aurel im 3. Jh. ausgebauten **römischen Forums** 1 errichtet wurde. Vor der Post wurden Ruinen freigelegt, hinter der Post säumen Säulenrudimente das freie Gelände. Zur Linken öffnen sich die Wege des schönen Stadtparks.

Knjas-Alexander-I-Straße

Der Weg führt zur ul. Knjas Aleksandr I., Plovdivs Flaniermeile. Hier stehen **Oper, Dramentheater** und **Kunstgalerie**, in der wechselnde Ausstellungen zeitgenössischer bulgarischer und internationaler Kunst stattfinden (Mo–Fr 10–12.30 und 13–17.30 Uhr). Dahinter führt gleich links ein Weg zu den **Biergärten** und **Restaurants** am Fuß des **Sachat Tepe:** ein Tipp für alle, die später eine Pause einlegen oder den Abend in naturnaher Umgebung verbringen möchten.

Zahllose Stände und treppauf liegende Biergärten und Straßencafés zur Linken säumen die Einkaufsmeile der Knjas-Alexander-I-Straße, ehe mit dem **römischen Stadion** 2, das im 2. Jh. n. Chr. nach dem Vorbild von Delphi ganz in Marmor errichtet worden sein soll und an die 30 000 Zuschauer fasste, das nächste Highlight erreicht ist.

Restaurant Verdi

Unweit des Opernhauses findet man im Restaurant ›Verdi‹ (ul. Gladston) auf der Terrasse ein gemütliches Plätzchen. Auf der Speisekarte stehen diverse italienische Spezialitäten und eine große Pizza-Auswahl.

Dschumaja Dschamija-Platz

Während ringsum vor allem Kunsthandwerk und Gemälde feilgeboten werden, zieht erst einmal die **Dschumaja Dschamija** 2 am gleichnamigen Platz alle Aufmerksamkeit auf sich. Die große Moschee mit Sonnenuhr an der Außenwand ist eine von noch zwei erhaltenen der Stadt und steht wohl seit Mitte des 16. Jh. hier. Möglich ist aber auch ein noch weitaus älterer Vorgängerbau aus der Mitte des 14. Jh. In der 1844 errichteten Kirche **Sveta Bogorodiza** 4 wurden ab 1859 wieder Gottesdienste in bulgarischer Sprache gehalten (ul. Saborna 6, tgl. 7–19 Uhr).

Im **Danov-Haus** 5 nahe dem Taksim Tepe wohnte einst einer der wichtigsten Männer der Wiedergeburtsbewegung, Christo Danov. Im Nebengebäude ist jetzt die Ausstellung mit der ersten Danov-Druckerpresse, zahlreichen Objekten der Wiedergeburtszeit sowie alten Ansichten Plovdivs zu sehen. Von hier aus ließe sich die nahe Altstadt prächtig erkunden, doch führt unser Weg erst einmal um diese herum (Eingang ul. Mitropolit Paissij 2, Mo–Fr 9–12.30, 13.30–17 Uhr).

Uliza Christo Danov/ Boulevard Zar Boris

Am Wege liegt das **Naturgeschichtliche Museum** [6], das eine beeindruckende Mineraliensammlung und Herbarien-Kollektion besitzt (ul. Christo Danov 34, Di–So 9–12, 13.30–17 Uhr).

In Richtung Mariza häufen sich Läden und Straßenverkaufsstände mit Billig-Textilien sowie kleine Snack-Bars. Das bereits 1882 eröffnete **Archäologische Museum** [7] (pl. Saedenenie 1, Mo–Fr 9–12.30 und 15–17.30 Uhr) zählt zu den ältesten und bedeutendsten Museen Bulgariens mit einer großen numismatischen Sammlung, Buch-Inkunabeln des 8. bis 12. Jh., Ikonen und Gemälden der bedeutendsten Maler der Wiedergeburtszeit. Besondere Objekte sind u. a. einer der drei in Bulgariens Museen ausgestellten Mithras-Altäre und eine von bisher nur zwei aufgefundenen Vasen, die Thraker darstellen.

Die **Imaret-Moschee** [8],Mitte des 15. Jh. errichtet, war Sitz der islamischen Würdenträger der Stadt. Vor drei Dekaden restauriert, beeindruckt das Bauwerk durch seine intensive Farbgestaltung. Seinen Namen verdankt es dem ehemals im Hof befindlichen Armen-Gasthaus (türkisch: *imaret*).

An der Mariza

Der Weg hin zur Fußgängerbrücke zum Vassil Levski-Boulevard, einer der sechs Stadtbrücken über die Mariza, verengt sich zusehends mit Ständen und Verkaufstischen, an denen Händler ihre Ware anpreisen, Karten oder Schach spielen. Der von Ständen gesäumte Weg über die Brücke führt in die ›Messestadt Plovdiv‹, jenen nördlichen Stadtteil, der durch das Messegelände (Eingang bul. Zar Boris III. Obedinitel 37) sowie zahlreiche Industrieansiedlungen geprägt ist.

Der Weg zurück ans Südufer zeigt, welch großen Respekt die Plovdiver vor der trägen Mariza haben. Der Rückbau der Ufereinfassung belegt, dass der unberechenbare Fluss auch erheblich größere Wassermassen aus den Bergen ringsum transportieren kann. Von der osmanische Kultur zeugt der mächtige Kuppelbau des einstigen **Türkischen Bades** [9] am Chebros-Platz zu Füßen des Nebet Tepe.

Die Altstadt

Auf der gegenüberliegenden Straßenseite des Chebros-Platzes führt ein schmaler, nur wenig begangener Pfad hinauf zum **Archäologischen Park** [10] auf dem Nebet Tepe. Der Anstieg ist in zehn Minuten bewältigt und erlaubt, anders als die Haupt-Touristenroute durch die Plovdiver Altstadt, immer wieder schöne Ausblicke auf das sich unterhalb ausbreitende Häusermeer. Die historische Keimzelle der Stadt, auf der einmal Eumolpia, Philippopolis (Reste der griechischen Stadtmauer erhalten) sowie Trimontium (Grundmauern der römischen Häuser) standen, bedürfte besserer Pflege, ist aber

Plovidver Barock: Das Haus des Kaufmanns Agir Kojundjioglu

gleichwohl ein herrlicher Ort, um unter einem der zahlreichen Bäume Platz zu nehmen, die Stille und die Aussicht auf Plovdiv und das Hinterland zu genießen. Das folgende, schattige Biergarten-Restaurant bietet zudem gute Küche und kühle Getränke.

Keine 50 Schritte von hier beginnt bereits das Kopfsteinpflaster der Plovdiver Altstadt, die hier mit der **Chissar Kapija** 11, dem 2000 Jahre alten östlichen Stadttor, gleich eine besondere Sehenswürdigkeit aufweist. Die ringsum stehenden Wiedergeburtshäuser zählen zu den schönsten der Dreihügel-Stadt. Bemerkenswert ist das 1848 vom aus den Rhodopen stammenden Meister Hadschi Georgi errichtete, dreistöckige **Georgiadi-Haus** 12 zur Rechten, in dem sich heute das Museum der Nationalen Befreiung befindet (ul. Lavrenov 1a, Mo–Fr 9–12.30, 13.30–17 Uhr). Ein Blick auf die reich gegliederte Außenfassade erklärt, warum der Plovdiver Hausbau der Wiedergeburtszeit auch als symmetrischer Stil bezeichnet wird.

Die Sammlung des **Ethnographischen Museums** 13 (ul. Dr. Stojan Tschomakov 2, Di–Do, Sa, So 9–12, 14–17 Uhr, Fr 14–17 Uhr) im 1847 errichteten Haus des Kaufmanns Agir Kojundjioglu ist ebenso sehenswert wie das 130 Fenster zählende Gebäude. Das Haus besitzt einen schattigen Garten mit Blick auf die reichen Ornamente und das Schnitzwerk der geschwungenen Dachkonstruktion. Zahlreiche interessante Ausstellungsstücke zu den Themen Landwirtschaft, Kunsthandwerk und Handwerk, Trachten und Möbel sind in 12 Sälen zu sehen.

Das riesige Gemälde des Malers Mrkvichka im Empfangssaal des Erdgeschosses zeigt eine monumentale »Plovdiver Marktszene des 19. Jh.« und unterstreicht das damalige Nebeneinander der Kulturen. Gegenüber lockt das Garten-Restaurant ›King Stables‹.

Nur Schritte entfernt steht die prächtig ausgemalte, kleine Kirche **Sveti Konstantin i Elena** 14, in deren Kirchhof sich auch das Grab von Christo Danov befindet. Ihre jetzige Gestalt erhielt das Kirchlein mit dem markanten, fünfstöckigen Glockenturm 1832. Im Inneren sind die Ikonen von Meister Sachari Sograf (um 1836 entstanden) und vor allem die reich verzierte hölzerne Ikonostase von Meister Ivan Paschkula sehenswert (ul. Saborna, tgl. 9–18 Uhr).

Ein Abstecher zur größten Kirche von Plovdiv, **Sveta Nedelja** 15, belohnt mit Malereien aus dem 18 Jh. und einer weiteren kunstvoll geschnitzten Ikonostase aus Walnussholz.

Ein weiteres interessantes **Hausmuseum** 16 in der Altstadt wurde zu Ehren des Plovdiver Künstlers **Slatju Bojadjiev** eingerichtet. Gemälde und Grafiken der Künstler (1903–1976) wirken, indem sie ganz auf Pathos und Idealisierungen verzichten, mitunter wie eine Parodie auf den monumentalen sozialistischen Stil der Zeit (ul. Saborna 18, Sommer Mo–Fr 9–12, 13–18 Uhr, Winter Mo–Fr 8.30–12, 12.30–17 Uhr).

Neben dem Ausstellungsraum in der Neustadt verfügt die **Städtische Galerie für moderne Kunst** 17 in der Altstadt über zwei weitere Museumsflächen: Besonders lohnend ist die **Ikonenausstellung** (ul. Saborna 22; Mo–Fr 9–12.30, 13–17.30 Uhr, Sa 10–17.30 Uhr, Führungen auch in deutscher Sprache), in der wechselnd berühmte Ikonen aus dem Kirchenfundus und Besitz der Plovdiver Metropoliten gezeigt werden. Im etwas tiefer gelegenen **Haupthaus** (ul. Saborna 14a) ist dann aktuelle bulgarische bildende Kunst zu sehen.

Auf dem Weg bergauf zum **Alphonse-de-Lamartine-Haus** 18 kommt man an einigen der zahlreichen guten Lokale der Altstadt vorbei (siehe unten). 1833 nächtigte der französische Schriftsteller auf seiner Orientreise in diesem markanten Gebäude des griechischen Händlers Georgi Mavridi (ul. Knjas Zeretelev 19). Heute kann man – mit etwas Glück und bei freien Zimmern – hier auch selbst übernachten.

Das **römische Amphitheater** 19 aus dem 2. Jh. n. Chr., der Zeit des Philosophen-Kaisers Marc Aurel, wurde, weltweit wohl einmalig, für den modernen Straßenverkehr gänzlich untertunnelt. Die drei Leva Eintritt für einen Blick hinter das verhängte Areal sind angesichts der sich vor unseren Augen ausbreitenden Stadtkulisse durchaus gut angelegt. Allerdings kann man sich die Besichtigung sparen, wenn man eine der abendlichen Veranstaltungen besucht, etwa eine Openair-Kino-Vorstellung oder eine der Verdi-Opern während des Festivals im August. Ringsum liegen einige Kneipen und Restaurants für die verdiente Pause, ehe es vorbei am Lamartine-Haus und dem Ballett-Haus der Akademie der Künste zur spätmittelalterlichen Kirche **Sveta Petka** 20 geht. Unterhalb der Kirche breitet sich ein hübscher, kleiner **Gemüse- und Obstmarkt** rund um eine kleine **Brunnenanlage** aus. Vorbei an der 2002 eingerüsteten, in Renovierung befindlichen Kirche **Sveti Ludwig** 21 ist man dann rasch wieder am bul. Zar Boris III. und nach wenigen hundert Metern zurück am Trimontium Princess Hotel.

Eine Tourismusinformation fehlt derzeit. Stadt-Infos halten aber auch Hotels und großen Museen bereit.
www.plovdiv.org: offizielle hompage der Stadt.
www.plovdivcityguide.com: zahlreiche Infos für Touristen samt Karten und Stadtplan sowie wöchentlich aktualisiertem Newsletter .

Novotel Plovdiv 22: ul. Slaju Bojadjiev 2, Tel. 032/934 444, Fax 934 160, www.novotelplovdiv.com.Fünfsterne-Hotel mit Klimaanlage, Sauna, Innen- und Außenpool, Fitnesscenter, Tennisplätzen, medizinischem Service, Kinderbetreuung und bewachten Parkplätzen. Die hauseigenen Restaurants ›Bendida‹ und ›Evridika‹ zählen zu den besten der Stadt. Die Nummer eins der Hotels in Plovdiv. DZ ab 100 $.
Trimontium Princess Hotel 23: ul. Raitscho 2, Tel. 032/60 50 80, Tel. 60 50 00, Fax 60 50 09, reservation@trimontium-princess.com, Trimontium_princess@plovdiv.ttm.bg. Renommiertes Viersterne-Hotel mit über 158 Zimmern (auch Nichtraucher), vier Suiten und 12 Zimmern mit Jacuzzi. Im Haus: gut sortierter Shop, Irish Pub, Restaurant ›Princess‹ (bulgarische und internationale Küche), Fitnesscenter, Sauna und das größte Spielkasino Südbulgariens. DZ ab 90 $.
Hotel Bulgaria 24: ul. Patriarch Evlimii 13, Tel. 032/63 35 99, Fax 63 34 03, www.hotelbulgaria.net. Manager Emil Kelbeltschev führt diese Dreisterne-Hotel im Zentrum. Zimmer mit Bad, TV, Radio, Mini-Bar sowie Apartments. Im Haus Bar und Restaurant ›Casino‹, bewachte Parkplätze. DZ 70 $.
Hotel Elite 25: ul. Raiko Daskalov 53, Tel. 032/62 45 37. 1998 eröffnetes kleines, modernes Dreisterne-Hotel in einem unter Denkmalschutz stehenden Gründerzeit-Eckhaus an der Hauptfußgängerzone. Isolierende Doppelglasfenster trotzen erfolgreich dem Straßenlärm. Die Altstadt liegt nur 400 m, das Messegelände 570 m entfernt. DZ ab 35 $.
Hotel Leipzig 26: bul. Russki 70, Tel. 032/63 22 52, Fax 45 10 96, leipzig@techno-link.com. Das 1991 eröffnete Hochhaus-Hotel ist nicht gerade schön eingerichtet und bietet nur Zweisterne-Komfort: Es gibt keine Klimaanlage, sondern nur Ventilatoren. Aber der Service an der Rezeption ist gut, und auch das Telefonat in die Heimat funktioniert. Ausgezeichnetes Terrassenrestaurant mit echt bulgarischer Küche und freundlichem Service im Erdgeschoss. Gleich in der Nachbarschaft befindet sich der Planet Club mit Kinos, Bars und Disco. Mit bewachtem Parkplatz. DZ ab ca. 40 Lv.
B & B Queen Mary Elizabeth 27: ul. Gustav Vajgaid 7, Tel. 032/62 93 06. Nettes B & B nur für Nichtraucher mit neuen Möbeln und Bädern. Täglich frischer, hausgemachter Joghurt – der beste in Plovdiv, wenn nicht Bulgarien. Die Managerin spricht Englisch. DZ 20 Lv.

Janet 28: ul. Tschetvari Yanuari 3, Tel. 032/62 60 44, 63 41 49, Fax 27 45 89, janet@plov.omega.bg, 10–23 Uhr. In einem Wiedergeburtshaus von 1863 mit Garten und Weinkeller. Gute bulgarische Küche mit frischen Salaten und vielen Vorspeisen.
Alafrangite 29: ul. Kiril Nektarev 17, Tel. 032/26 95 95, 12–2 Uhr. Traditionelle bulgarische Küche in historischem Ambiente in der Altstadt.

Paldin 30: ul. Knjas Zeretelev 3, Tel. 032/63 17 30, 62 45 10, tgl. 9–24 Uhr. Die Speiseräume des Restaurants sind verschiedenen Epochen in der Geschichte von Plovdiv nachempfunden: So kann man im byzantinischen Weinkeller, im Thraker-, Derwisch- oder Römer-Saal speisen. Am schönsten ist es im Sommer im Innenhof oder in den Gärten des Restaurants, das auf römischen Festungsmauern errichtet ist. Der historische Festsaal dient vornehmlich Familienfeiern, ist aber einen Blick wert. Clou ist die angeschlossene Konditorei mit leckeren Süßspeisen.

Dreams 31: ul. Knjas Alexander I. 42, Tel. 032/62 71 42, Fax 62 71 44, 8–2 Uhr. Pizzeria mit bestem Außer-Haus-Service, Szenetreff.

Plovdiv ist per **Bahn** mit Sofia und der Küste verbunden. In die Rhodopen fährt die Bahn nur bis Assenovgrad. Der **Express-Bus** nach Sofia fährt ebenfalls hier ab (bul. Christo Botev 45, Tel.032/26 57 87). Busse in die Rhodopen fahren am **Rhodopen-Busbahhof** beim Busbahnhof Süd neben dem Hbf ab (ul. Makedonia, Tel. 032/77 92 67). Ab **Busbahnof Süd** (bul. Christo Botev 7) fahren Busse in Richtung Rila- und Piringebirge sowie in die westlichen Rhodopen. Ab **Busbahnhof Nord** (ul. D. Stambolov 2, Tel. 032/55 30 11) fahren Busse nach Russe und ins nördliche Bulgarien.

Leihwagen bei Rent-a-Car der Plovdiv Car Ltd., bul. Maria Luisa 5, Tel. 032/62 50 90. 24-Std.-Service mit 20 Autos westlicher Bauart (Renault, Ford, Opel) in Benzin- und Dieselversion, pro Tag und je nach Leihdauer 20–80 Lv. Für die technische Qualität der Fahrzeuge garantiert die hauseigene Werkstatt am bul. Vassil Levski 180.

Taxiruf: Tel. 66 55. Eine Stadtfahrt kostet ca. 1–2 Lv.

In der Umgebung: Chissarja

Bulgarien-Atlas S. 237, E 2

Auf der wenig befahrenen Landstraße erreicht man nach 56 km in gut einer Autostunde Chissarja. In den kleinen Bauerndörfern und auf den großen Höfen am Weg werden Paprika und Tomaten zum Verkauf angeboten. Hier, im Norden von Plovdiv, auf 336 m Höhe entdeckte schon Kaiser Diokletian vor nahezu zwei Jahrtausenden seine Sommerfrische, das antike Diocletianopolis. Das heute aus zwölf Siedlungen zusammengefügte Thermalbad mit seinen 16 800 Einwohnern ist ein idealer Ort, um abends abseits großstädtischen Trubels die frische Luft zu genießen, Spaziergänge im örtlichen Park zu unternehmen oder sich gar zu einer der Kuranwendungen zu entschließen.

Diokletian dürfte hier vieles an die heimische Umgebung des Latium erinnert haben. Tatsächlich besitzt Chissarja immer noch 22 Thermalquellen, deren Temperatur angenehme 40 bis 52 Grad Celsius ausweist. Ein modernes balneologisches Heilzentrum, Sanatorium sowie Wochenend- und Ferienhäuschen dienen dem heutigen Kurbetrieb.

Bis heute steckt Chissarja voller antiker Ruinen und Rätsel. Die mächtige, hohe Stadtmauer des einstigen Diocletianopolis zeugt von der langen historischen Bedeutung. Zahllose Funde der antiken Anlagen finden sich im städtischen Park, der von hübschen Straßencafés und Restaurants umgeben ist.

DIE RHODOPEN

Wild und unberührt ist die Heimat des Orpheus, ein Meer von bewaldeten Höhenzügen mit einer einmaligen Vielfalt an Fauna und Flora. Mit Ausnahme der Wintersportorte Pamporovo oder Smoljan sind die Rhodopen touristisch noch kaum erschlossen, eine Reise hierhin ist immer noch ein kleines Abenteuer.

Assenovgrad

Bulgarien-Atlas S. 237, E 3
Die Stadt (52 000 Einw.) 20 km südlich Plovdiv ist idealer Ausgangspunkt für Ausflüge in die nähere Umgebung, hat aber auch selbst einige Sehenswürdigkeiten zu bieten. Zahlreiche Häuser aus der Wiedergeburtszeit und alte Kirchen sind zu entdecken. Ein kleines **Weinmuseum** informiert über die lange Weinbautradition (ul. Bulair 6, Mo bis Fr 9–12 und 14–17 Uhr).

Höhepunkt ist aber die 2000 m vom Ortsausgang entfernte, hoch auf einem Felsen über dem schmalen Talschlund thronende **Festung Assen.** Feste und Kirche der hl. Gottesmutter von Petritsch (so hieß Assenovgrad zur Zeit des Zaren Ivan Assen) entstanden auf Geheiß Zars Ivan Assen II. ab 1230, mithin in der Zeit der Kreuzzüge. Von der ehemals großen Anlage ist nur die zweistöckige Burgkirche erhalten geblieben. Das untere Stockwerk wurde wahrscheinlich als Grabstätte konzipiert, während im oberen, über eine Freitreppe zu erreichenden Geschoss die Gottesdienste stattfanden (Mi bis So 8–17 Uhr, nur mit Führung).

Unterhalb der Festung befindet sich ein Motel samt Restaurant, in der Stadt gibt es zahlreiche kleine Familienhotels und Restaurants. DZ 20 – 40 €.

Ein Mietwagen ist praktisch, um Tempo und eventuelle Abstecher frei zu gestalten, doch sind alle Etappen auch mit Überlandbussen zu erreichen.

Weinprobe in den Rhodopen

Ringsum das Dörfchen Brestoviza bei Assenovgrad befinden sich mehr als ein Drittel aller Weinberge Bulgariens. Unter den drei Kellereien vor Ort gelten die Todorov-Weinkeller als die besten. Besichtigungen sind samt Verkostung möglich.

Kloster Batschkovo

Bulgarien-Atlas S. 237, E 3
Von Assenovgrad führt die E 89 durch

herrliche Landschaft Richtung Smoljan. Auf dem Weg liegt das Batschkovo-Kloster, es ist das zweitgrößte und -wichtigste in ganz Bulgarien. Ältester erhaltener Bau ist das im 11. Jh. errichtete **Ossuarium** (Beinhaus), etwas abseits der eigentlichen Anlage, in dessen Inneren sich Malereien aus dem 12. und 14. Jh. befinden.

Das Kloster wurde 1083 von zwei aus Georgien stammenden christlichen Heerführern, den Gebrüdern Gregorios und Abasios Bakuriani, begründet und war ursprünglich ebenfalls der nahen hl. Gottesmuter von Petritsch geweiht. Das rasch zu Reichtum und Wohlstand gelangte Kloster genoss zahlreiche Privilegien und galt u.a. während des Osmanischen Reiches als kulturelles Zentrum des orthodoxen Christentums in Bulgarien. Mehrere Brände zerstörten die Anlage, sodass in dem heutigen im Wiedergeburtsstil errichteten Ensemble nur noch die Erzengelkirche von dem ursprünglichen Aussehen im 12. Jh. zeugt. Der einschiffige Kuppelbau wurde ebenso wie der Vorraum der südlich gelegenen Sveti Nikola-Kirche von Sachari Sograf ausgemalt. Sein »Jüngstes Gericht« (1850) in der Sveti Nikola Kirche zählt zu den bedeutendsten Kunstwerken der Wiedergeburtszeit. Ein Selbstbildnis des Künstlers ist links oben in der Vorhalle zu entdecken.

Inmitten des rekonstruierten Wiedergeburtsensembles mit seinen hohen Mauern, kopfsteingepflasterten Höfen und zweistöckigen Galerien befindet sich die Hauptkirche Sveta Bogorodiza. Die Kreuzkuppelkirche wurde ab 1604 errichtet und beherbergt eine wundertätige, aus Georgien stammende Ikone der hl. Jungfrau aus dem Jahre 1310. Besondere Aufmerksamkeit verdienen die mehr als 1000 Figuren darstellenden Wandmalereien, die ab 1643 entstanden und u. a. frühe Christenverfolgungen thematisieren.

Das im **Klostermuseum** ausgestellte Schwert soll einmal dem deutschen Kreuzfahrer und Kaiser Friedrich Barbarossa gehört haben. Sehenswert sind die Ikonen und andere Kirchenschätze sowie Bücher.

Einen besonderen Hinweis verdienen auch die Malereien rings um die Innenhöfe. Sie zeigen u.a. die kriegerischen Auseinandersetzungen zwischen Osmanen (die Batschkovo stets verschonten!) und Christen.

Die ca. 200 preiswerten Betten im Batschkovo-Kloster sind meist rasch ausgebucht.
Das **Eko-Hotel** unweit des Klosters (Tel. 048 981 068, ausgeschildert) hat einfache, aber ordentliche Doppelzimmer mit Bad ab 60 Lv. Alternativ kann man in Assenovgrad oder einem der umliegenden Orte nächtigen. In den Restaurant im und am Ausgang des Klosters ist die Spezialität Forelle.

Tschepelare

Bulgarien-Atlas S. 237, E 3
Das 1140 m hoch gelegene Rhodopendorf gilt als preiswerte Wintersport-Alternative zu Pamporovo. Man findet hier acht Hotels mit mehr als 500 Betten sowie zahlreiche Familienpensionen. In dem Wintersportort wurde die bulgarische Biathlon-Olympiasiegerin von Na-

KRASTOVA GORA - LEBEN AM KREUZBERG

Während Ströme ausländischer Touristen nach Batschkovo ziehen, pilgern am 14. September, dem Tag des hl. Kreuzes im orthodoxen Kirchenkalender, Tausende bulgarischer Gläubiger zu dem 1413 m hohen Berg Krastov Vrach in den östlichen Rhodopen. Hier befindet sich einer der heiligsten Plätze der bulgarischen Kirche, zahllose Legenden und Wunderberichte ranken sich um die hoch gelegene Gegend. Ikonen sollen hier vergraben sein, vor allem aber ein Splitter aus dem Kreuze Jesu, nach dem zahllose Menschen suchten. Höchste Anerkennung erfuhr die Pilgerreise zum Kreuzberg im Jahre 1936, als König Boris III. mit seiner Schwester Prinzessin Eudokia von Sachsen-Coburg-Gotha hierherkam. Prinz und Prinzessin hinterließen ein Kreuz aus massivem Eisen. Dazu wurde das Dreifaltigkeitskloster wieder aufgebaut, ein Kreuzweg mit zwölf Kapellen und eine neue Kirche für die Gottesmutter errichtet. Archäologische Spurensuche hat nachgewiesen, dass an diesem spezifischen Ort schon Thraker, Griechen und Römer ihr Seelenheil suchten, der Kreuzberg jenseits aller Religionen und Konfessionen stets ein esoterisch-mystischer Ort war. Nur eine Nacht unter freiem Himmel nahe der Quelle auf dem Berg soll die Heilung von allen Gebrechen bewirken.

gano, Ekaterina Dafovska, geboren. Lebten die Bewohner früher von der Schafzucht und von der Holzverarbeitung, ist Tschepelare heute vor allem Sitz eines großen Skiherstellers, wo man günstig Skier und Snowboards erwerben kann. Dem Hauptgebäude der Fabrik ist ein kleines **Ski- und Skisport-Museum** angeschlossen. Im **Speleologischen Museum** (ul. Schina Andreeva 9a, Tel. 03051/20 41, Di–So 9–12, 13.30–17.30 Uhr; Führungen auch in Deutsch) wird neben der Geschichte der Höhlenforschung auch die Karstlandschaft der Rhodopen geologisch erläutert. Eine Reihe von Höhlen in den Rhodopen werden von hier aus verwaltet.

Tourismusinformation Tschepelare: Tel. 03051/21 10, tic@infotel.bg

Hotel Martin: ul. Kiril Madjarov 23, Tel. 03051/21 94, Fax 21 64, martinhotel@yahoo.com, www.hotelmartin.hit.bg. Kleines Familienhotel, mit Skilift.

Hotel Savov: ul. Vassil Detschev 7, Tel. 03051/20 36, Fax 44 78, hotelsavov@hotmail.com, www.hotel-savov.com. Kleines, ländliches Familienhotel.

Pamporovo

Bulgarien-Atlas S. 237, E 3

Der Ort in 1650 m Höhe ist in den dreißiger Jahren des zurückliegenden Jahrhunderts von Skisportlern entdeckt worden. 12 Lifte und 5 Sessellifte, dazu 17,5 km Skipisten dienen heute dem Wintervergnügen. Wanderern steht ein großes Wegenetz zur Verfügung. Mit der Errichtung der neuen, mit altrussischen Anklängen versehenen weißen Kuppelkirche am Hotel Pamporovo hat das weitläufige, künstliche Ski-Dorf nunmehr endlich einen Mittelpunkt. Ein guter Treff ist das Café Cosmos mit Bar. Pamporovo ist berühmt für seine Orpheus-Felsen (20 Min. zu Fuß), die man aber besser von den Seen über Smoljan aus betrachten kann.

Touristeninformation in den Hotels. www.bulgariaski.com

Hotel Murgavez: Tel. 030 21/83 10, Fax 83 66, murgavets@mail.bg, www.murgavets-bg.com. Hochhaushotel, komfortable Zimmer im sachlich-nüchternen Stil. DZ ab 140 €.
Hotel Elina: Tel. 030 21/345. Einfaches Hotel am Waldrand, 800 m vom Ortszentrum entfernt. Mit Restaurant. DZ ab 55 Lv.
Unter den zahlreichen Restaurants ist das **Tschevemeto** für sein gegrilltes Lamm und seine Kartoffelgerichte (Patatnik) berühmt.

Smoljan

Bulgarien-Atlas S. 237, E 4
Der auf ca. 1050 m Höhe gelegene Kurort (32 500 Einw.) entstand 1960 durch den Zusammenschluss mehrerer Berggemeinden. Mittlerweile ist man auf internationalen Fremdenverkehr eingestellt und Straßen und Gebäude sind auch in lateinischen Schriftzeichen beschildert.

Die **sieben Seen** im historischen, höchstgelegenen Ortsteil Smoljan werden als Smaragdaugen der Rhodopen gerühmt und bieten von ihren Ufern aus tatsächlich herrliche Blicke ins umliegende Gebirge. An den Seeufern und der A 86 verkaufen häufig Dorfbewohner getrocknete Steinpilze, Kräuter und andere Delikatessen.

Im alten Ortsteil Smoljan überquert eine Bogenbrücke aus dem Jahre 1716 den Tscherna-Fluss. Im 1983 gebauten, neuen Stadtzentrum ist das größte **Planetarium** Bulgariens eine Attraktion (bul. Bulgaria 20, fremdsprachige Führungen Mo–Sa 14 Uhr).

Ausflüge führen zum 20 m hohen Wasserfall von Smoljan sowie ins Dorf **Montschilovzi** mit seiner klassischen Rhodopen-Architektur.

Im Dörfchen **Mogoliza** steht der größte historische Bau der Rhodopen, der 1843 errichtete Aguschev-Konak. Der Besitzer, ein reicher Schafzüchter, hinterließ ein skurriles Meisterwerk mit 100 Türen, über 200 Fenstern und 78 Zimmern, mit Erkern, Türmen, Malereien und Holzschnitzarbeiten.

Tourismusinformation Smoljan: Mladejki Dom, Tel./Fax 0301/250 40, mati_dil@yahoo.com.
Tourismusinformation des Hotel- und Restaurantverbandes der Rhodopen: bul. Bulgaria 80, Tel./Fax 0301/380 85, www.rhodopi-bg.com

Hotel Smoljan: Tel. 0301/26 61, 232 93, Fax 211 86. Großes Dreisterne-Hotel mit Bar, Brasserie, Disko und Restaurant. DZ ab 50 Lv.
Babylon: ul. Khan Presian 27, Tel. 0301/326 68. Kleines, zentrales Hotel. DZ ab 25 €.

Im **Restaurant des Hotel Rhodopi,** ul. Gymnasialna 14, einer typischen Mechana, gibt es Spezialitäten der Region.

Schiroka laka

Bulgarien-Atlas S. 237, E 3
Wer immer das Glück hat, im Vorfrühling in den Rhodopen zu sein, sollte am ersten Sonntag im März nach Schiroka laka kommen. Die mit traditionellen Ledermasken verkleideten jungen Männer des außerordentlich schönen Dorfes führen beim Kukeri-Fest nach altem Brauch ihre Tänze auf und bewegen rhythmisch die an ihrer Kleidung hängenden Glöckchen. Aber auch das jährliche Dorffest Anfang August ist die Reise wert.

Schiroka laka ist berühmt für seine Musikschule, in der seit über 30 Jahren die bulgarische Volksmusik gelehrt wird. Dank des ausgezeichnet erhaltenen Ensembles an prächtigen Häusern fühlt man sich ins 19. Jh. zurückversetzt. Besucher des Dörfchens, die nach einer spektakulären Talfahrt von Smoljan oder Pamporovo hierher gelangen, werden die noch aus der Römerzeit stammenden drei Brücken über den Dorffluss entdecken und die in nur 38 Tagen erbaute, der hl. Jungfrau geweihte Dorfkirche mit Fresken der Gebrüder Sograf von 1834 bestaunen. Am Ortsausgang findet sich die Momita, das ›Mädchen‹, eine natürliche, meterhohe Säule aus Stein, mit der Legenden verknüpft sind.

Tourismusinformation Shiroka laka: Tel. 03030/233, sh.luka@infotel.com, www.rhodope.org

Hotel Margarita: Tel. 03030/691, bietet 30 Betten sowie Halb- und Vollpension. Mit gutem Restaurant. DZ mit Bad ab 50 Lv.

Devin

Bulgarien-Atlas S. 237, D 3
Der Luftkurort **Devin** (5000 Einw.) ist seit der Antike auch für seine Mineralquellen bekannt. Zahlreiche Wanderwege führen von hier in die unberührte Natur der Rhodopen, z. B. zur 5 Wegstunden entfernten Orpheus-Hütte. Herausragendes Besichtigungsziel sind die ca. 20 km entfernt liegenden **Jagodina- und Djavolska-Gurlo- Höhlen** (siehe auch Exkurs Eco-Trails S. 53). Die steilen Felswände dieser Region sind ein Paradies für seltene Vogelarten und zahlreiche Bergpflanzen. Mit insgesamt 8501 m Länge ist die Jagodina-Höhle die größte Tropfsteinhöhle Bulgariens. Der zugängliche Teil umfasst eine Länge von ca. 1100 m, der geführte Rundgang dauert ca. 45 Minuten. Gegenüber dem Eingang befindet sich am jenseitigen Bachufer ein kleines Restaurant, das man über einen Steg oder auch mittels Hangeln an einer Rollseil-Konstruktion erreicht.

Tourismusinformationszentrum Devin: ul. Osvoboschdenie 5, 4800 Devin, Tel. 03041/41 61, Fax 39 02.

Villa Ismena: ul. Goriza 41, Tel. 03041/48 72, Fax 39 17, isa@isabg.com; www.infotour.org. Dreisterne-Villa mit stilvoll eingerichteten Räumen und Restaurant. DZ ab 50 Lv.

Mitdem **Überlandbus** kann man jeden Morgen ab 7 Uhr die kleinen Dörfer der Umgebung ansteuern, z. B. Jagodina und Trigrad.

ORPHEUS: MYTHISCHER SÄNGER DER RHODOPEN

Nur wenige wissen, dass der thrakische Kulturheros Orpheus seine ursprüngliche Heimat in den Rhodopen hatte. Als Sohn des Thrakers Oiagros und der Muse Kalliope soll Orpheus als eifrigster Anhänger und Verfechter des Dionysos-Kultes auch königlichen Geblütes gewesen sein. Ob und wann Orpheus überhaupt gelebt hat, ist ungewiss. Doch da sich eine Vielzahl der sog. »Heiligen Reden«, der aus 24 Büchern bestehenden Kernschrift der Orphiker, auf Hesiod beziehen, muss er mindestens im 6./7. Jh. v. Chr., wahrscheinlich aber schon weitaus früher existiert haben. Als Wohnstatt des Orpheus sehen viele eine Höhle oberhalb des Rhodopen-Gebirgsdorfes Schiroka laka an.

Wie Diodorus Siculus berichtet, war Orpheus ein Gelehrter, der Heilkunst und Kräuterkunde und die Geheimnisse der Natur kannte. Bewandert in der Sternenkunde (Astronomie) und Sternendeutung (Astrologie) erkannte er – vor Pythagoras und mehr als zwei Jahrtausende vor Johannes Kepler – die (musikalische) Harmonie der Himmels-Sphären. Den Thrakern brachte er zudem die ersten Buchstaben und das Alphabet, er war ihr Seher und Erfinder zahlreicher nützlicher Werkzeuge und Gegenstände.

Vor allem aber war er göttlich begnadeter Sänger und Musiker, der mit Leier und Gesang sogar wilde Tiere betören, Steine und Pflanzen bezaubern konnte. Als seine Gattin, die Nymphe Eurydike, auf der Flucht vor einem gewissen Aristaios von einer Schlange gebissen wurde, stieg Orpheus in die Unterwelt hinab und vermochte selbst Hades und Persephone mit seinem Gesang zu rühren. Eurydike erhielt die Erlaubnis, mit ihm auf die Erde zurückzukehren, unter der Bedingung, dass Orpheus sich nicht nach ihr umblicke. Orpheus übertrat das Verbot und verlor Eurydike für immer.

In hohem Alter nahm Orpheus an der Argonautenfahrt, dem antiken griechischen Schwarzmeermythos, teil. Schließlich führten seine Ortskenntnisse zur sicheren Rückkehr über die Donau.

Sein Tod trug tragische, vor allem aber thrakische Züge: Je nach Überlieferung soll er sich von Dionysos ab und Gott Apollon zugewandt bzw. von den Frauen ab, und den Knaben zugewandt haben. Das Resultat blieb in beiden Fällen das gleiche: Wütende thrakische Frauen, die Bassarai, zerrissen ihn in Stücke. Einerseits seines Religionsfrevels wegen, andererseits da er ihnen die Männer abspenstig gemacht hatte...

Kopf und Leier des Orpheus wurden an die Gestade von Lesbos gespült, wo er von den Musen bestattet wurde. Orpheus' Leier wanderte als Sternbild ans Firmament.

IM RILAGEBIRGE

Die Berge und Täler des Rilagebirges sind ideale Kur- und Wintersportgebiete. Das Rila-Kloster, Symbol des bulgarischen Nationalstolzes, ist die wohl bedeutendste Sehenswürdigkeit des Landes. Auch die romantischen Seen rund um den Mussala, den höchsten Berg des Landes, sind beliebte Ziele.

Das Rila-Kloster

Bulgarien-Atlas S. 236, B 2
Das Rila-Kloster in 1100 m Höhe ist die wichtigste heilige Stätte Bulgariens und seit Generationen Anziehungspunkt für Pilger wie für Touristen. Als charakteristisches Beispiel für die Bulgarische Wiedergeburtszeit wurde es 1983 in die Liste des UNESCO-Weltkulturerbes aufgenommen.

Im 10. Jh. hat sich der Mönch Ivan Rilski hierher als Eremit in eine Höhle zurückgezogen. Er wurde schon zu Lebzeiten als Heiliger verehrt. Nach seinem Tod gründeten Mönche an der Stelle seines Grabes ein Kloster. Während des ganzen Mittelalters wurde das Kloster von den bulgarischen Zaren gefördert, und auch im osmanischen Reich blieben seine Privilegien zeitweilig unangetastet. In der ersten Hälfte des 15. Jh. aber mussten die Mönche nach Brandschatzung und Zerstörung des Klosters durch die Osmanen fliehen. Erst am Ende des Jahrhunderts kehrten Mönche – u. a. dank Hilfe russischer Mönche vom Berg Athos – hierher zurück und brachten auch die nach Tarnovo ausgelagerten Reliquien des hl. Ivan Rilski wieder mit. Dank der ab 1558 vom Rila-Kloster gen Russland aufgebrochenen Wandermönche, die an Wolga und Dnjepr Spenden für den Wiederaufbau sammelten, konnte das Kloster im 16. Jh. eine neue Blüte entfalten und seinen Platz als Hort der bulgarischen Christenheit, bulgarischer Geschichte, Literatur und Kultur wieder einnehmen. Im 17. und 18. Jh. wurde das Rila-Kloster erneut mehrfach geplündert und in Brand gesetzt. Sein prachtvoller Wiederaufbau im 19. Jh. war ein Symbol neuer nationaler Identität.

Die Wohn- und Wirtschaftsgebäude
Der heutige, wie eine Festung in Form eines unregelmäßigen Vierecks errichtete Klosterkomplex umschließt eine Fläche von 8800 m². Man betritt das Kloster durch die eisenbeschlagene, aus schwerer Eiche bestehende zweiflügelige West-Pforte, die auch Dupniza-Tor genannt wird. Sie ist mit prächtigen Malereien geschmückt. In den prachtvollen vierstöckigen Wohn- und Wirtschaftsgebäuden mit Zellen für bis zu 300 Mönche besichtigt man vier Kapellen, Abtzimmer, Speisesaal und Klo-

sterküche, Bibliothek und die sog. ›Stifterzimmer‹. Letztere sind aufwändig gestaltet und dienten jahrzehntelang als Gästezimmer für die Bürger der besonders spendenfreudigen Städte Koprivschtiza, Teteven und Tschirpan.

Ein Spaziergang auf den Treppen und Außengängen der Wohntrakte verschafft einen Eindruck von der Gesamtanlage. Die in den Innenhof vorragenden Holzlauben und Erker sind Meisterwerke bulgarischer Schnitz- und Zimmererkunst und bieten immer wieder neue Perspektiven auf Klosterkirche und Chreljo-Turm.

Der Chreljo-Turm

Den ältesten Teil des Klosters bildet der Chreljo-Turm, der 1334/35 während der Regentschaft des Sebastokrators Chreljo Dragovol errichtet wurde. Der Feudalherr ließ sich im Turm mit Namen und Baujahr verewigen. Dieser klassische, 23 m hohe Wehrturm mit bis zu 1,80 m dicken Steinwänden entstand gegen Ende des Zweiten Bulgarischen Reiches, als das Rila-Kloster bereits seinen besonderen Ruhm begründet hatte. Im letzten der fünf Turmgeschosse ist eine Kapelle eingerichtet. 1844 wurde dem Chreljo-Turm der Glockenturm vorgebaut. Zu jeder vollen Stunde läuten die Glocken vom Turm zu Gebet und Messe.

Die Klosterkirche

Neben dem Chreljo-Turm stand bis 1834 die alte, im 14. Jh. errichtete kleine Klosterkirche, die auch Chreljo-Kirche genannt wurde. In ihr befand sich über die Jahrhunderte das geistige Zentrum der Mönchsgemeinde von Rila. Die alte Kirchentür ist heute im Klostermuseum ausgestellt.

An die Stelle der Chreljo-Kirche baute Meister Pavel Ivanovitsch aus Krimin 1834–37 die fünfkuppelige, dreischiffige Klosterkirche. Die Basilika ist seither der Gottesmutter geweiht. Die Ausmalung der Kirche mit über 1200 religiösen Szenen übernahm u.a. Sachari Sograf, der 1844 hier weilte. Als einziger Künstler hat er seine Werke signiert, alle anderen Künstler blieben anonym. Ihre Namen sind indes im Kloster-Tagebuch verewigt: u.a. Toma Vischanov, Dimitar und Simeon Molerov, Christo Dimitrov, Stanislav Dospevski. Nahezu alle Maler- und Kunsthandwerkerschulen der bulgarischen Wiedergeburtszeit (s. S. 82f.) haben am Aufbau des Rila-Klosters mitgewirkt, so übernahmen die Maler der Samokover Schule die Gestaltung der unter der Arkadenempore geschützten Hauptfassade (Darstellung der Himmelssphären, Fegefeuer, Hölle, flankierende Erzengel). Die hölzerne Ikonostase im Innern entstand ab 1839 in fünfjähriger Arbeit. Mindestens sechs verschiedene Künstler, u.a. der Schule von Trjavna sowie Künstler vom Berg Athos, waren an den Schnitzarbeiten beteiligt und schufen Drachen, Vögel, Blumen und biblische Gestalten. Daneben beeindrucken besonders die vergoldeten Schnitzarbeiten und die Kronleuchter. In der Kirche werden die Gebeine Ivan Rilskis sowie das Herz Zar Boris' III. (gest. 1943) bewahrt.

Das Klostermuseum

Außerordentliche Kunstreichtümer vereint das in den ehemaligen Weinkellern

KLÖSTER IN BULGARIEN

So fern und abgeschieden die Klöster auf den ersten Blick wirken mögen, waren sie doch immer eng mit der Geschichte des bulgarischen Volkes verbunden. Seit der Einführung des Christentums in Bulgarien und dem Aufkommen des slawischen Schrifttums durch die Schüler von Kyrill und Method wurde von hier aus die Bildungsarbeit geleistet. Nicht nur Mönche, sondern auch Laien kamen in die Klöster, um Lesen und Schreiben zu üben, Texte zu kopieren oder gar selbst zu verfassen. Im Laufe der Zeit entstanden dabei so genannte Zellenschulen, in denen auch Kindern gegen ein geringes Entgeld, welches meist in Form von Lebensmitteln zu bezahlen war, Elementarunterricht erteilt wurde. Die von den Mönchen und Nonnen geleistete Arbeit war so erfolgreich, dass im 18. Jh. selbst in kleinsten Siedlungen mindestens eine Person lesen und schreiben konnte – ein Fakt, dem bei der Vorbereitung des nationalen Widerstandes entscheidende Bedeutung zukam.

Seit jeher galten die orthodoxen Klöster als offene Zufluchtsorte, Bildungs- und Begegnungsstätten. Kranke und Notleidende wurden aufgenommen und versorgt und die kirchlichen Festtage gestalteten sich meist zu Volksfesten, da die Menschen aus der Umgebung anreisten, um in den Klöstern zu feiern, aber auch um Alltagsprobleme auszutauschen oder Verhandlungen zu führen.

Doch auch in Bulgarien gab es Einsiedeleien. Vor allem im 13. Jh. setzte unter den Mönchen eine Bewegung ein, die nach Einsamkeit und Meditation strebte. In den Höhlen bei Russe, bei Varna und in Madara entstanden so genannte Felsenklöster, deren Bewohner vollkommen abgeschirmt von der Außenwelt zu bleiben suchten. Sie bauten die natürlichen Höhlen aus und bemalten sie kunstvoll.

Während der osmanischen Besatzungszeit waren alle Klöster ständig Plünderungen und Verwüstungen ausgesetzt. Da sie üblicherweise vorwiegend aus Holz gebaut waren, ist von der ursprünglichen Architektur kaum etwas erhalten geblieben. Trotz oder gerade wegen der osmanischen Attacken blieben jedoch die Klostergemeinschaften im 18. Jh. die wichtigsten Zentren des nationalen Widerstandes. Hier trafen sich die führenden Köpfe der Revolutionskomitees, hier wurden Schriften ausgearbeitet, über die Popen wurden Nachrichten verbreitet und Verstecke vorbereitet. Von Vorteil erwies sich dabei, dass die östlich der türkischen Einflusssphäre gelegenen Athos-Klöster im heutigen Griechenland sowie das Rila- und Batschkovo-Kloster in Bulgarien weitgehend unbehelligt blieben und so zu Begegnungsstätten und Zentren literarisch-politischen Schaffens werden konnten. Mit der »Slawisch-bulgarischen Geschichte«, die 1762 von dem Mönch Paissij im Athoskloster Childendar teilweise in bulgarischer Umgangssprache verfasst und von ihm selbst bei Wanderungen durch Bulgarien vorgetragen wurde, datiert man gar den eigentlichen Beginn der Wiedergeburtsepoche. In dem Buch, das noch lange als wichtigster Lehrgegenstand der bulgarischen Schulen galt, hatte der Mönch eine Fülle von Quellen zur Geschichte der Balkanslawen verarbeitet und sie mit einem leidenschaftlichen Appell zur Rückbesinnung auf die Werte der Vergangenheit verbunden. Entsprechend beginnt der Text mit den Worten »Warum schämst du dich, Bulgare zu heißen, warum liest und sprichst du nicht in deiner Sprache? Oder besaßen die Bulgaren etwa kein eigenes Reich?«

Heute sind es ›nur noch‹ ca. 120 Klöster, die über das Land verstreut sind. Die meisten davon sind während oder nach der Wiedergeburtszeit neu aufgebaut worden. Wie viele es ursprünglich gewesen sein müssen, lässt sich erahnen, wenn man z.B. liest, dass im 17. Jh. allein zwischen Kostenez und Assenovgrad in den Rhodopen mindestens 33 Klöster vollkommen ausgelöscht wurden. Aufgrund der häufigen Überfälle wurden die Bauten der Wiedergeburtszeit möglichst an einsamen Stellen errichtet und wirken durch die hohen äußeren Natursteinmauern mit starken Toren auf den ersten Blick wie kleine Festungen. Innen gliedert sich der Klostertrakt hingegen in einen oder mehrere Höfe mit jeweils einer Kirche in der Mitte, die von den zwei- bis dreigeschossigen, offen und zierlich wirkenden Innenfassaden der Wohntrakte umgeben werden. In den unteren Geschossen sind jeweils die Wirtschaftsräume untergebracht, während sich die Wohnräume auf den oberen Etagen befinden. Überhängende Erker und Dächer, Veranden, Galerien und Treppen führen zu einem plastischen Gesamteindruck, der durch zahlreiche Holzschnitzereien, Wandmalereien und bunte Blumen ergänzt und bereichert wird. Auffallend bei allen Klöstern sind immer wieder die an die natürlichen Gegebenheiten angepasste Architektur und die ausgeglichene Komposition.

Koprivezka-Kloster bei Bjala

Rund um das Rila-Kloster locken Wanderziele, z. B. die Rila-Gebirgsseen

untergebrachte Klostermuseum, u. a. die bedeutendste bulgarische Holzschnitzarbeit, das sog. Raffail-Kreuz. Die in zwölfjähriger Arbeit (1790–1802) vom Mönchen Raffail erschaffene, 81 x 43 cm große Flachholz- und Ajour-Schnitzerei birgt 104 Szenen und 650 Kleinstfiguren, die der Mönch teils nur unter Zuhilfenahme einer Lupe geschnitzt haben kann.

Rilski manastir, Tel. 07054/22 07, 22 26, tgl. 8–17 Uhr geöffnet. Führungen auch in Deutsch.

im Rila-Kloster einfache, aber saubere Unterkünfte in 3–4-Bettzimmern, einige Doppelzimmer mit Bad. Reservierung am Morgen empfehlenswert. Übernachtung ab ca. 22 Lv. Jenseits des Ost-Tores finden sich Hotels sowie zahlreiche Privatunterkünfte und Restaurants. **Hotel Rilez:** Tel. 07054/ 21 06. Großhotel aus den 60er Jahren mit Restaurant. 500 m vom Kloster entfernt. DZ ab ca. 25 €.

Parkplätze für Busse und PKW vor dem West-Tor. **Linienbusse** nach Blagoevgrad, Dupniza, Rila und Sofia.

Samokov

Bulgarien-Atlas S. 236, C 2

Die alte Minenstadt Samokov (27500 Einw.) liegt zu beiden Ufern des Iskar-Flusses. Abbau und Verarbeitung von Erzen erlebten ab dem 13. Jh. eine besondere Blüte. Die Bergleute von Samokov standen in Verbindung mit den Bergleuten im sächsischen Erzgebirge. Von dort übernahmen sie Techniken und Ausstattung der Schmieden mit Blasebalgen und schweren Eisenhämmern, die per Wasserkraft in Gang gehalten wurden.1908 wurden Erzabbau und Weiterverarbeitung endgültig eingestellt. Das durch den Erzabbau wohlhabend gewordene Samokov erlebte im 18. und 19. Jh. eine Blüte von Kunst und Handwerk. Ganze Familien widmeten sich der ornamentalen Holzschnitz- und Ikonenmalkunst und gaben ihre Techniken von Generation zu Generation weiter. Daraus entstand die Samokover Schule (s. S. 83). Die Metropolitenkirche **Sveta Bogorodiza** aus den Jahren 1790/91 zeigt Ikonen von Christo Dimitrov (1746–1819) und seinen Söhnen Sachari Sograf und Dimitar Sograf, die entscheidend für den Aufbau der Schule waren.

Das Zentrum des Ortes dominiert die **Bairakli-Moschee.** Unweit davon befindet sich die ›Tschesma‹, ein kleines türkisches Brunnenhaus.

Rilski Tourismus-Gesellschaft: Iskar bul. 2, Samokov, Tel. 0722/222 05.

Motel Eseroto: ul. Ivan Vasov 108, Tel. 0722/280 40. Bescheidene Zimmer ab 20 Lv.
Zahlreiche private Hotels.
Das Restaurant **Goljmata Tschesma** im traditionellen Stil unweit der Moschee ist eine gute Adresse für das Mittagessen.

Busse halten unweit der Moschee am Busbahnhof. Regelmäßige Verbindungen bestehen nach Sofia und in die umliegenden Ortschaften.

Borovez

Bulgarien-Atlas S. 236, C 2
Im Jahr 1896 ging man in Borovez erstmals auf die Piste. Heute ist das Dorf zu Füßen des höchsten bulgarischen Berges, des Mussala (2950 m), in ganz Osteuropa als Wintersportort bekannt und war bereits zweimal Austragungsort der alpinen Skiweltmeisterschaften. Dank der Nähe zu Sofia (70 km), guten Busanbindungen und seiner moderaten Höhenlage (1350 m ü. NN) ist Borovez auch ein Sommerziel geworden. Nahezu 50 km Ski- und Wanderwege befinden sich ringsum, und zum Mussala hinauf geht jetzt eine Seilbahn.

Samokov: Tel. 07128/581, Fax 309, www.samokov.com. Großes Luxushotel mit Schwimmbad, mehreren Restaurants und Bars. DZ ab 160 €.
Hotel Rila: großes Hotel mit neuer Schwimm- und Badelandschaft.
Hotel Alpin: Tel. 071 28/201, 2092, Fax 07128/203, alpin@hotel.bg. Kleines, angenehmes Hotel. DZ ab 72 €.
Hotel Bor: Tel. 07128/270, 536, 508. Preiswertes Hotel, schön gelegen im ruhigen Alt-Borovez. DZ ab 50 Lv.

Seibahn zum Mussala

Die Seilbahn führt über insgesamt 40 Pylone hinauf zur Bergstation, wo schon in den frühen Morgenstunden Grillhähnchen und Kaffee auf die noch oder schon hungrigen Wanderer warten. Von hier sind es ca. 90 Wegminuten zur nächsten Essgelegenheit in Richtung Mussala. Zum Gipfel sind es ab Bergstation drei Stunden entlang der schönen Rilaseen. Man sollte frühzeitig aufbrechen, um die heilende Wirkung der Sonnenstrahlen ganztägig intensiv genießen zu können. Autofahrer sollten an der Talstation den bewachten Parkplatz nutzen.

PIRINGEBIRGE UND STRUMATAL

Das Piringebirge ist das dritthöchste der Balkanhalbinsel. Zahlreiche Fundstätten belegen, dass es schon in grauer Vorzeit Rückzugsgebiet vieler Völker war. Melnik, die kleinste Stadt Bulgariens, fügt sich harmonisch in die bizarren Sandstein-Formationen der Landschaft ein.

Blagoevgrad

Bulgarien-Atlas S. 236, B 3

Blagoevgrad (71 000 Einw.) ist dank seiner Universitäten eine lebhafte Kleinstadt, das mit einer facettenreichen Architektur, betriebsamen Boulevards, schönen Cafés und einem interessanten Nachtleben überrascht. Bis 1950 hieß das nach dem Sozialistenführer Dimitar Blagoev (1856–1924) benannte Städtchen noch Gorna Dschumaja. Vom osmanischen Erbe an diesem alten Handelsplatz ist indes wenig geblieben. Stattdessen erinnert der **Park Skaptora** zu beiden Seiten des Flusses Bistriza mit seinem Namen an die thrakische Siedlung im 3. Jh. v. Chr.

Während der Regentschaft Todor Schivkovs ließ die Stadtverwaltung anlässlich eines Staatsbesuches das Zentrum in eine ›Stadt des Marmors‹ verwandelt – Gebäude, Blumenbeete, dekorative Wasserbecken, Straßen und Plätze wurden mit den weißen Steinen zugepflastert.

Inmitten der strahlend weißen Pracht residiert heute im ehemaligen Parteigebäude die **Amerikanische Universität**, einzige ihrer Art auf dem Balkan. Blagoevgrad, kann auf eine lange pädagogische Tradition zurückblicken. Im 17. Jh. wurde durch das nahe Rila-Kloster eine erste Mönchsschule gegründet. Die Stadt ist heute auch Sitz der Neofit-Rilski-Universität.

Auf der anderen Seite des Flusses wird erstreckt sich das perfekt restaurierte Wiedergeburtsviertel **Varoscha** mit vielen Läden für Kunsthandwerk und der schwarzweiß bemalten **Kirche Sveta Bogoridiza** von 1844. In der Kirche sind Malereien der Sograf-Brüder zu besichtigen. Im neuen **Historischen Museum** (ul. Rila 1, Mo–Fr 9–12, 13–18 Uhr, Sa/So geschl.) im Südwesten des Altstadtviertels wird ein jeweils wechselnder Teil der 160 000 Objekte aus den Bereichen Natur, Archäologie, Mittelalter, Wiedergeburtszeit, moderne Geschichte sowie Kunst gezeigt.

Informationszentrum: pl. Sv. Kiril i Metod 1, Tel. 073/232 18)
Touristen-Information: Ortsteil Varoscha, Tel./Fax 073/654 58, 367 95, scabrin @pop3.aubg.bg
Pirin-Tourimus-Haus: pl. Georgi Ismirliev 1, Tel. 073/654 59, 231 33; Tourismus Forum Pirin, ul. Komitrov 8, Tel./Fax 073/654 58, www.pirin-tourism.bg

Hotel Alen Mak: ul. Sv. Kiril i Metod 1, Tel. 073/230 32. 3-Sterne-Marmorhochhaus direkt am Zentrumsplatz mit Restaurant, Shops etc. Das beste Hotel der Stadt und Treffpunkt für Studenten, Dozenten und Touristen. DZ ab 100 Lv.

Blagoevgrad ist der wichtigste Versorgungs- und Verkehrsknotenpunkt für das Rila- und Piringebirge. Autofahrer finden hier Tankstellen und Werkstätten.
Für **Bus- und Bahnreisende** bestehen gute Anschlussmöglichkeiten ins Gebirge wie ins 100 km entfernte Sofia oder nach Plovdiv.
Bus zum Rila-Kloster: Abfahrt Busbahnhof an der Bahnstation Blagoevgrad, Fahrplan/Auskunft Tel. 073/223 48, 237 50.

Sandanski

Bulgarien-Atlas S. 236, B 4
Die E 79 von Sofia zur griechischen Grenze ist für den Fernlastverkehr ausgebaut, sodass der äußerste Südwesten Bulgariens leicht erreichbar ist. Das Strumatal bietet gen Westen weite Blicke nach Mazedonien, gen Osten auf das Piringebirge. Ein erster Stop lohnt im Kurort Sandanksi (26 500 Einw.), benannt nach dem bulgarisch-mazedonischen Freiheitskämpfer gleichen Namens. Die unvergleichlich saubere und trockene Luft lindert Beschwerden bei Bronchial-Erkrankungen, Allergien und Asthma. Mit bis zu 83° C heißen Mineralquellen, Heilbad, Sportkomplex und Fußgängerzone, mit Straßencafés und Kneipen zieht Sandanski zahlreiche Kurgäste an. Im 1891 begründeten **Stadtpark ›Sveti Vrach‹** stehen über 100 Baumarten, 150 Blumenarten verwandeln den Park in jedem Frühling in ein Farbenmeer.

Die 7 m hohe **Statue des Spartakus** am Ortseingang erinnert an den Einfall von Roms Legionären im 1. Jh. v. Chr. durch das Strumatal nach Thrakien. Spartakus, der 74 v. Chr. den Sklavenaufstand an einer Gladiatorenschule im süditalienischen Capua initiierte, soll in Sandanski geboren worden sein. Der Sockel der Statue vor dem Hintergrund mehrstöckiger, renovierter Plattenbauten ist mit Anti-NATO-Parolen sowie Bemerkungen über Bill Clinton und den Kosovo-Krieg beschrieben. Rückseitig sind aber auch Friedensparolen zu entdecken.

Sandanski ist neben Bansko auf der gegenüberliegenden Seite des Pirin-Gebirgszugs ein idealer Ausgangspunkt für Wanderungen ins Gebirge. 170 Hochgebirgsseen sind zu entdecken. Oberhalb Sandanski sind das Popina Luka Resort sowie das Sandanski Chalet (70 Betten) am Wasserfall des **Popina-Sees** eine günstige Start-Basis für Wanderer (Info Tourismus-Organisation Edelweiss, Tel. 0746/31 98).

Informationszentrum: pl. Bulgaria 1 (im Kulturzentrum), Tel. 0746/225 49, Fax 224 03, bicc@omega. bg.
Bergrettung Sandanski: Tel. 0746/40 13.

Interhotel Sandanski: Tel. 0746/230 94, Fax 252 71, interhotel_sandanski@sani.net. Großes 4-Sterne-Kurhotel mit Park. DZ ab 110 €.
Aneli: ul. Goze Deltschev 1, Tel. 0746/289 52. Saubere, komfortable Zimmer,

am Hauptplatz gelegen. Gutes Preis-Leistungs-Verhältnis. DZ ab 25 Lv.

Vom **Busbahnhof**, ul. Christo Smirnenski, Tel. 0746/221 30, fast stündl. Busse Richtung Blagoevgrad und Melnik und zum Roschen-Kloster. Der **Bahnhof** liegt etwa 6 km westlich der Innenstadt,Tel. 0746/222 13. Von dort tägl. drei Verbindungen Richtung Griechenland und Sofia.

Melnik

Bulgarien-Atlas S. 236, B 4
Den Anblick des malerischen Dorfes zwischen den hoch aufragenden Sandsteinfelsen an den Ausläufern des Pirin-Gebirges wird man im Gedächtnis behalten. Melnik war einmal eine bedeutende Handelsstadt für Wein und Tabak, die in der Umgebung

produziert wurden. Heute zählt es nur noch 800 Ew. Zahlreiche Geschäfte und Kneipen bieten vor Ort den Melnik-Wein an, der besonders als Roter seine Liebhaber findet. Auf dem Weg zum Kloster Roschen passiert man die berühmten ›Pyramiden von Melnik‹, durch Erosion im Karst entstandene, steil bis zu 100 Meter hoch aufragende Sandsteinpfeiler.

Melnik

Prächtige Häuser erinnern an Melniks glanzvolle Vergangenheit. Da ist u.a. das bereits 1754 errichtete **Kordopulov-Haus**, das als größte private Residenz seiner Zeit auf der Balkan-Halbinsel gilt. In einem als Bücherregal getarnten Versteck im Speisezimmer verbarg sich einst Revolutionär Jane Sandanski vor seinen Häschern. Aus mittelalterlicher Zeit stammt das **Boljar-Haus** mit byzantinischen Anklängen. Im **Paschov-Haus** ist heute das Stadtmuseum Melnik untergebracht. Eine besondere Attraktion sind die in den karstigen Sandstein gehauenen Weinkeller und Höhlen, die heute als luftig-kühle Weintavernen genutzt werden.

Von Interesse sind auch die alten türkischen Bäder, die Ruinen des Sankt-Nikolas-Klosters (12. Jh.) und der Festung Slavov aus dem 14. Jh. Melnik besaß einst bis zu 75 Kirchen, deren Ruinen man ebenfalls finden kann.

Sehr gut ausgeschilderte Wanderwege führen vom Zentrum Melniks in zur größten Sehenswürdigkeit in der Umgebung, dem Kloster Roschen. Man bewältigt die Strecke in etwa 1, 5 Stunden,

Zahlreiche Unterkünfte mit Flair in den historischen Häusern, die Zimmer sind teilweise traditionell eingerichtet, z. B. im **Usunov-Haus** (Tel. 07437/270, DZ mit Bad ca. 25 €) oder im **Lumparov-Haus** (Tel. 07437 248, große Zimmer, teils mit Bad, DZ ab 20 €).
Hotel Despot Slav: Tel./Fax 07437/271. Nettes, kleines Hotel mit 10 komfortablen, großen Zimmern. DZ ca. 25 €.

Kloster Roschen

Bulgarien-Atlas S. 236, B 4/C 4
Die schöne Lage, gepflegte Gartenanlagen und der über und über mit Miniaturpüppchen behängte Fruchtbarkeitsbaum im Hof machen Kloster Roschen zum beliebten Ausflugsziel. Hier leben heute noch drei Mönche.

Das 1217 begründete, perfekt restaurierte Kloster ist berühmt für seine Wandmalereien, die vor allem 1597, 1611 und 1715 entstanden. Die Kirche Sveta Bogorodiza aus der Entstehungszeit des Klosters ist für ihre Holzschnitzarbeiten berühmt.

Die Bewohner der winzigen Siedlung Roschen unterhalb des Klosters haben sich auf den Tourismus eingestellt und bieten an Verkaufsständen hausgemachte Spezialitäten aus dem Gebirge an. Ein beliebter Wanderweg führt von der Siedlung zu dem bewirtschafteten Pirin Chalet (Tagestour).

Ikonen in Klöstern und Kirchen werden als Urbilder des Göttlichen verehrt

Die Küche im Kloster-Restaurant ist sehr gut. Schräg gegenüber der Siedlung hat ein schmuckes Privathotel mit Pool geöffnet.

Buslinie von Sandanski über Melnik bis ins Dörfchen Roschen.

Goze Deltschev

Bulgarien-Atlas S. 236, C 4
Die Kleinstadt (20 500 Einw.) erreicht man über eine wenig befahrene Straße, die den südlichen Pirin-Gebirgsabschnitt entlang der griechischen Grenze umrundet.

Goze Deltschevs Ursprünge reichen bis ins 9. Jh. nach Christus zurück, doch nahebei, im Dörfchen **Germen,** liegen auch die imposanten Ruinen der antiken Stadt Nicopolis ad Nestum. Die ›Siegreiche‹ wurde einst unter Kaiser Trajan nach seinem Sieg über die Daker (98–117 n. Chr.) am Ufer des Mesta-Flusses angelegt.

Das **Historische Stadtmuseum** (ul. Christo Botev, Tel. 0751/231 56) von Goze Deltschev ist in einem Barockbau von 1877 untergebracht, der im Inneren vor allem mit seiner Holzdeckenvertäfelung beeindruckt. Zu sehen sind u. a. Funde aus Nicopolis ad Nestum, z. B. römische Marmorstatuen.

Tourismusinformation: 2900 Goze Deltschev, ul. Tsaritsa Joanna 2, Tel. 0751/220 86.

OMA MARTA UND DIE MARTENIZA

An jedem 1. März feiert ganz Bulgarien voller Freude das Fest des ›Großmütterchens Marta‹. Dabei ist Baba Marta, so will es die Legende, ein launisches altes Weib, das in Stimmungen rasch vom Bösen zum Guten und umgekehrt wechselt. Dies hindert die Bulgaren indes nicht, zu ihrem Fest eifrig die so genannten Marteniza zu erstehen: kleine weiße und rote Wollpüppchen, die oft bis Ostern z.B. am Handgelenk getragen werden. Tritt das erste Zeichen des Frühlings in Erscheinung, gemeinhin ein Storch, wandern diese Püppchen an die Zweige von Obstbäumen, in Kirchen und Klöster, aber auch unter Steine. Dasjenige Insekt, das dann unter dem Stein hervorkriecht, gibt Auskunft über die Gesundheit während des kommenden Jahres. Sehr günstige Zukunft versprechen z. B. Regenwürmer und Ameisen.

Pijo (das weiße Püppchen) und Penda (das rote) stehen aber auch noch für eine andere Tradition als die Vertreibung des Winters und die ersehnte Fruchtbarkeit Bulgariens im heraufziehenden Jahr. Denn Baba Marta leitet ihren Namen auch von Monat März, bulgarisch ›Mart‹, ab, dem Monat, in dem der Tradition zur Folge seit 681 n. Chr. (Jahr der erstmaligen Erwähnung der Protobulgaren an der Donau) ein jeder Krieger aus seinem Heimatort aufbrach, um Khanen und Zaren die Heerfolge zu leisten. Rote Püppchen standen für die männlichen Krieger, die ins Feld zogen, die weißen Püppchen für die daheim gebliebenen, trauernden Frauen. In dem Wörtchen Mart/Marta steckt ja auch noch ein Ururururgroßvater von Oma Marta, der römische Kriegsgott Mars. So dürfte diese Fetisch-Tradition noch älter als das Erscheinen der Bulgarenvölker an der Donau sein. Und auch der Frühlingsfruchtbarkeitskult weist eher auf Dionysos und die Landwirtschaft. Wie auch immer, durch Sublimation, Hybridisierung und andere zwangsläufig fällige Kulturleistungen, die die Jahrhunderte so mit sich bringen, kommt heute Oma Marta auf und über uns, mit Tausenden Pijos und Pendas, die sogar im Herbst noch in den Klöstern hängen und die Wünsche ihrer Käufer für das jeweilige Jahr verkörpern.

Hotel Christov: ul. Bjalo More 4, Tel. 0751/291 13, Fax 290 13. Schlichtes, teilrenoviertes Hotel im Zentrum mit Restaurant. DZ ab 25 €.

Hotel Malamovata Kaschta: ul. Chris-to Botev 25, Tel. 0751/291 35, Fax 240 74. Günstiger und kleiner. DZ ab 25 Lv.

Goze Deltschev ist per **Bus** täglich mit Sofia, Plovdiv, Bansko und Blagoevgrad verbunden.

Bansko

Bulgarien-Atlas S. 236, C 3

Die knapp unter 100 m hoch gelegene Berggemeinde Bansko (9000 Einw.) zählt neben Pamporovo und Borovez zu den bedeutendsten Wintersportzentren Bulgariens. Bansko ist aber auch ein viel besuchter Sommer-Urlaubsort. Das schöne, historische Städtchen besitzt ein sehr angeneh-

Weinbau war einst wichtiger Wirtschaftszweig im Pirin-Gebirge

mes Mikroklima und eine erstklassige Hotellerie. Von Bansko aus kann man zahlreiche Wanderungen unterschiedlicher Länge in den Bergen des Pirin-Gebirges unternehmen.

Die nahezu festungsartig erbauten und mit Mauern umgürteten Bauernhäuser von Bansko waren sämtlich auf Schutz vor den Gefahren von außen und auf ökonomische Autonomie ausgerichtet. Sie verfügen bis heute über eigene Keller, Werkstätten, Speicher und über speziell gesicherte Schutzräume. Dem **Städtischen Historischen Museum** im Vapzarov-Haus (pl. Nikola Vapzarov 3, Mo–Fr 9–12, 14–17 Uhr, Kunstgalerie auch Sa und So) sind verschiedene Außenanlagen zugeordnet, u.a. eine aus der Spätantike stammende Keramikwerkstatt im Ortsteil St. Ivan und das älteste Haus der Stadt, der Rila-Nonnen-Konvent von 1749. Im Konvent ist heute eine Ikonenausstellung zu sehen u. a. mit der ältesten Ikone der Banskoer Schule (s. S. 82f.).

Über das Museum im Zentrum erhält man Zugang und Information zu den verschiedenen Hausmuseen, wie z.B. dem außen wie innen bemalten **Veljanov-Haus** mit originellen Holzschnitzarbeiten des Meisters Veljan Ognev oder dem **Sirleschtov-Haus,** in dem 1903 der Aufstand gegen das Osmanische Reich beschlossen wurde.

Ein Schatz ist die **Dreifaltigkeitskirche**, die die Bürger Banskos durch List und Schelmereien den osmanischen Behörden abtrotzten. Sie entstand um 1835 und beherbergt u.a. Malereien von Toma, Dimitar und Simeon Vischanov. Auf Toma Vischanov (geb. 1750) geht die Gründung der Schule von Bansko zurück, wobei der Maler einen neuen, realistischen Stil und zahlreiche Elemente der Renaissance-Malerei von seinem Studienaufenthalt in Wien mitbrachte. Toma ›Molera‹, wie ihn die Einheimischen nach dem deutschen Wort für Maler nannten, hatte indes nur wenig Fürsprecher vor Ort, da Banskos Bürger den alten Stil bevorzugten. Erfolgreich gemalt hat er aber z. B. im Rila-Kloster. Den Traditionsstil pflegte dann wieder sein Sohn Dimitar Vischanov, Enkel Simeon und sogar Urenkel Georgi sorgten schließlich dafür, dass tatsächlich von einer traditionsreichen Malschule zu reden ist. Im **Molerov-Haus**, wo Toma geboren wurde und aufwuchs, kann man der Familiengeschichte nachspüren.

Zur Banskoer Schule zählen zudem die Holzschnitzer und Bauleute, deren Arbeiten ebenfalls in der **Sveta Troiza-Kirche** präsent sind (Ikonostase). Deren Tradition setzt Bansko heute mit dem Bau massiver Holzmöbel, aber auch Holzspielzeug fort.

Informationszentrum: pl. N. J. Vapzarov 2, Tel. 07443/50 48.
Vereinigung der privaten Hoteliers von Bansko: Tel. 07443/26 41.
Bergrettungsstation Bansko: ul. Pirin 100, Tel. 07443/30 75/6.
Wanderkarten: Das Tourismusbüro Bansko hält gutes Info- und Kartenmaterial auch in lateinischer Schrift und englischer Sprache bereit.

Château Vapzarov: ul. Solun 23, Tel. 07443/41 68, Tel./Fax 963 02 33. Zum Service des Viersterne-Hotels gehört u. a. der hoteleigene Motorschlitten für den Transport zu den Skipisten. DZ ab ca. 100 €.
Hotel Bansko: ul. Glasne 37, Tel. 07443/42 75, Fax 43 53, bansko@bg400.bg. Modernes Haus mit 51 Zimmern, Restaurant, Swimmingpool, Fitness-Center, Saunas. DZ ab ca. 80 €.
Hotel Pirin: ul. Zar Simeon 68, Tel. 07443/22 95, Fax 43 44. Neues Hotel mit 68 Zimmern, Bars, Sommergarten, Sauna, Pool. DZ mit Halbpension ab 60 €.
In der Altstadt kann man in Pensionen in den Häusern der Wiedergeburtszeit übernachten. Solche Angebote sind schon ab 10 € pro Person zu finden.

Gegrilltes, die ›Bansko Kaparma‹ (verschiedene Fleischsorten mit Sauerkraut im Tontopf geschmort), Tscheverme und andere Spezialitäten in stilechter Umgebung bieten die **Mechana Sirleschtova Kaschata,** ul. Sandanski 12, Tel. 07443/46 68, sowie die **Sechtindscheva Kaschata,** ul. G. Kovachev 11, Tel. 07443/20 41. Zahlreiche weitere Restaurants rund um den Rathausplatz.

Der **Markt** am Rathausplatz lohnt zum Kauf von Souvenirs, Kleidern, Teppichen und Gestricktem.

In und um Bansko finden Veranstaltungen des großen **Pirin-Folklore-fes-tivals** im August statt. Im gleichen Monat lockt ein Internationales **Jazz-Festival** Künstler von nah und fern. Banskoer Traditionen werden im Mai und Oktober festlich begangen.

Etliche **Busse** fahren täglich über Blagoevgrad nach Sofia und Richtung Plovdiv. Langwieriger ist die Reise mit dem Zug über die Strecke Septemvri-Velingrad.

КАСА

Das Donautal

Russe,
Freiheitsplatz

Bulgarien-Atlas S. 233, 234, 235

AN DIE DONAU

Sonnenblumenfelder vor grünen, geschwungenen Hügelkuppen und Bauern mit voll beladenen Fuhrwerken gehören zur Idylle der fruchtbaren Donauebene, das betriebsame Russe und zahlreiche Kulturdenkmäler locken Touristen herbei. Unberührte Naturreservate laden zum Wandern ein.

Pleven

Bulgarien-Atlas S. 233, E 2
Historisch galt Pleven als *die* entscheidende Station im Russisch-Türkischen Krieg 1877/78. Hier trafen im September 1877 die russischen und rumänischen Truppen des Generals Totleben ein, um in einer fünfmonatigen Belagerung die türkischen Garnisonen zur Kapitulation zu zwingen.

Die historische Situation kann man heute in dem großen **Panoramamuseum** oben auf dem Skobelejev-Hügel am südwestlichen Stadtrand nachvollziehen. In dem anlässlich des hundertjährigen Jubiläums der Befreiung im Jahr 1977 errichteten Betonbauwerk ist in lebensgroßen Szenen und mit riesigen Leinwandkulissen das Schlachtgetümmel von 1877 um den Betrachter herumgebaut, so dass man sich inmitten der Ereignisse wähnt (Di–Sa 8–12 und 13–18 Uhr).

Leider ist das wirkliche Panorama von Pleven – früher durch einen Lift und eine Aussichtsplattform zugänglich – derzeit nicht zu erleben. Eine Entschädigung bietet der Spaziergang durch den gepflegten Park hinunter in die Innenstadt

Unterhalb des Hügels befindet sich das riesige, über Eck gebaute **Historische Museum.** Es ist das zweitgrößte seiner Art in Bulgarien. Hier werden Ausgrabungsstücke und Exponate zu Siedlungsgeschichte, zu Flora und Fauna und zur nationalen Bewegung gezeigt. Besonders interessant sind u. a. die zahlreichen römischen Funde z.B. aus den Städten Nicopolis ad Istrum und Escus (ul. Saimov 3, Di–Sa 9–12 und 13–17 Uhr).

Hinter dem Museum beginnt der mit großen Steinquadern gepflasterte **Zentrumsplatz,** unter dem der die Stadt teilende kleine Fluss hindurchfließt. Das hübsche rot-weiße Kuppelgebäude der **Kunstgalerie** im orientalisch-wienerisch anmutenden Architektur-Mix kontrastiert dort mit dem **Mausoleum** zum Gedenken an die gefallenen Soldaten von 1877 mit seiner ewigen Flamme und zahlreichen Kanonen.

Wer nicht in einem der zahlreichen Cafés am Platz pausieren will, kann vom Zentrum aus an der rechten Seite des wieder sichtbaren Flüsschens Richtung Bahnhof spazieren. Neben dem **Militärmuseum** (Mo–Fr 9–12 und 13–17 Uhr) mit einer Ausstellung zur Befreiung von 1877 stehen die unterirdische Kirche **Sveti Nikola** aus dem 14. Jh. und ein **Glockenturm.** Etwas weiter trifft man auf ein kleines **Viertel mit Wiedergeburtshäuschen.** Vor allem die alte Kirche beeindruckt mit ihren zahlreichen Wandmalereien, Ikonen und einer herrlichen holzgeschnitzten Ikonostase.

Kailuschka-Dolina-Tourist-Service: Tel. 064/290 14, ul. Konstantinov 23 a. Die Informationsstelle übernimmt auch die Vermittlung von Privatquartieren.

Hotel Rostov na Don: ul. Osvoboschdenie 2, Tel. 064/801 892 oder 801 095. Das ehemalige ›Interrostov‹ hat äußerlich nur seinen Namen, nicht sein Aussehen gewechselt, doch der Standard der Zimmer überzeugt mehr als in anderen Hotels. DZ 42 $.

Die **Speedy Bar & Grill** am Anfang der Fußgängermeile im Zentrum ist für eine schnelle, preisgünstige und doch leckere Mahlzeit geeignet.

Mechana Bulgarski Koren: ul. Naitscho Zanov. Im Wiedergeburtsviertel mit gu-ter Küche, einem romantischen Innenhof und abends Live-Musik.

Vom **(Bus-)Bahnhof** am pl. Republika Verbindungen Richtung Burgas, Plovdiv, Varna, Russe und Sofia bzw. zu den dazwischengelegenen Ortschaften.

Von der Wasserverschmutzung wissen sie nichts: badende Kinder in der Donau

›Klein-Wien‹ an der Donau: Russe

Bulgarien-Atlas S. 234, A 1
Wie kaum eine andere bulgarische Stadt vermittelt Russe (163 760 Ew.), ursprünglich eine römische Siedlung aus dem 1. Jh. n. Chr., dank gewachsener urbaner Strukturen und gelungener Städteplanung europäisches Flair. Große, lichte Plätze und grün bewachsene, prächtige alte, zu Fußgängerzonen umgewandelte Kaufmannsstraßen mit abendlichen, an Süditalien erinnernden Corsi, dazu viele Parks und die Donaupromenade, entlang der es sich prima spazieren und flanieren lässt. ›Klein-Wien‹ nannte man die Stadt vor hundert Jahren. Noch heute finden sich in Russe über 200 im Wiener Sezessionsstil errichtete Bürgerhäuser und Paläste. Während der Wiedergeburtszeit galt die Donaustadt außerdem als ein wichtiges Zentrum des nationalen Widerstandes. Das heutige Russe ist eine Stadt der Jugend. Nur 14 Prozent aller Bürger sind älter als 65 Jahre.

Russe liegt an den Schnittpunkten zweier Haupttransitwege, die einerseits Rumänien mit Griechenland und der Türkei, andererseits Sofia und Serbien-Montenegro mit dem Schwarzen Meer verbinden.

Die Stadt ist zudem Sitz der staatlichen bulgarischen Schifffahrtsgesellschaft und zahlreicher privater Passagierschifffahrtslinien. Handelsschiffe, die von Rostov am Don, von Istanbul oder Trabzon bis nach Wien, Passau, Regensburg und sogar weiter nach Frankfurt, Köln oder in die Niederlande schippern, laufen Russe als einen der wichtigsten Stopps entlang der Donau an.

Schiffsrestaurant Balkanprinzessin

Das Restaurant 15 ist besonders abends eine sehr gute Adresse, um bei unvergleichlicher Donau-Atmosphäre zu dinieren (rund um die Uhr geöffnet, aber nur 30 Plätze, Reservierungen Tel. 082/82 29 29, 088/27 02 97).

Stadtbesichtigung

Vor allem lockt natürlich die Donau. Am Eingang zum **Uferpark** befindet sich ein Biergarten samt Grill-Restaurant – ein idealer Ort, um den Sonnenuntergang über dem gegenüberliegenden rumänischen Donau-Ufer bei guten Fischgerichten zu erleben. Rechter Hand sind es nur wenige Schritte zur **Aussichtsterrasse,** auf der Russes junge Mütter mit ihren Kindern den Schleppkahn-Kolonnen und Schiffen aus aller Welt zuwinken.

Die hübsch begrünte **Donau-Promenade** 1 führt vom Hotel Riga stromaufwärts in Richtung Hafen und vorbei am **Museum des städtischen Lebens** 2. Das Museum im Wiedergeburtsstil zeigt das großbürgerliche Leben in Russe anhand des Gründerzeitmobiliars von 1900 (ul. Knjas Ferdinand 39, Mo–Fr 9–12, 14–17 Uhr).

Nur einen Katzensprung entfernt liegt dann der **Donau-Hafen** Russes. Stadteinwärts wartet wie schon ent-

Das Dramentheater am Freiheitsplatz

lang der Donaupromenade das Ensemble der Sezessionsstil-Bürgerhäuser und Donauufer-Villen einstiger Kapitäne, Bankiers und Kaufleute. Nicht alle diese Paläste, für deren Architektur große österreichische und deutsche Namen wie Grünanger, Maier und Winter, aber auch die Bulgaren Lasarov und Montschilov stehen, sind bereits renoviert.

In Richtung Canetti-Platz findet man an der General-Gurko-Str. 13 das **Elias-Canetti-Geburtshaus** 3. Elias Canetti (1905–1994), Literaturnobelpreisträger von 1981, wurde durch seine Werke (z. B. »Masse und Macht«, »Die Stimmen von Marrakesch« u.a.) weltbekannt.

Das **Historische Museum** 4 bietet neben dem thrakischen Schatz aus dem Dorf Borovo, Ur- und Frühgeschichtliches sowie Funde aus der Römerzeit und Ton-Ikonen aus der Festung Tscherven (Alexander-Battenberg-Platz 3, Mo–Fr 9–12, 14–17 Uhr).

Der Freiheitsplatz (ploschtad Svoboda) ist das urbane Herz Russes. Um ihn versammeln sich prächtige Gründerzeitbauten wie das 1896 errichtete sog. ›Einkommensgebäude‹, in dem heute das **Dramentheater ›Sava**

Atlas: S. 234

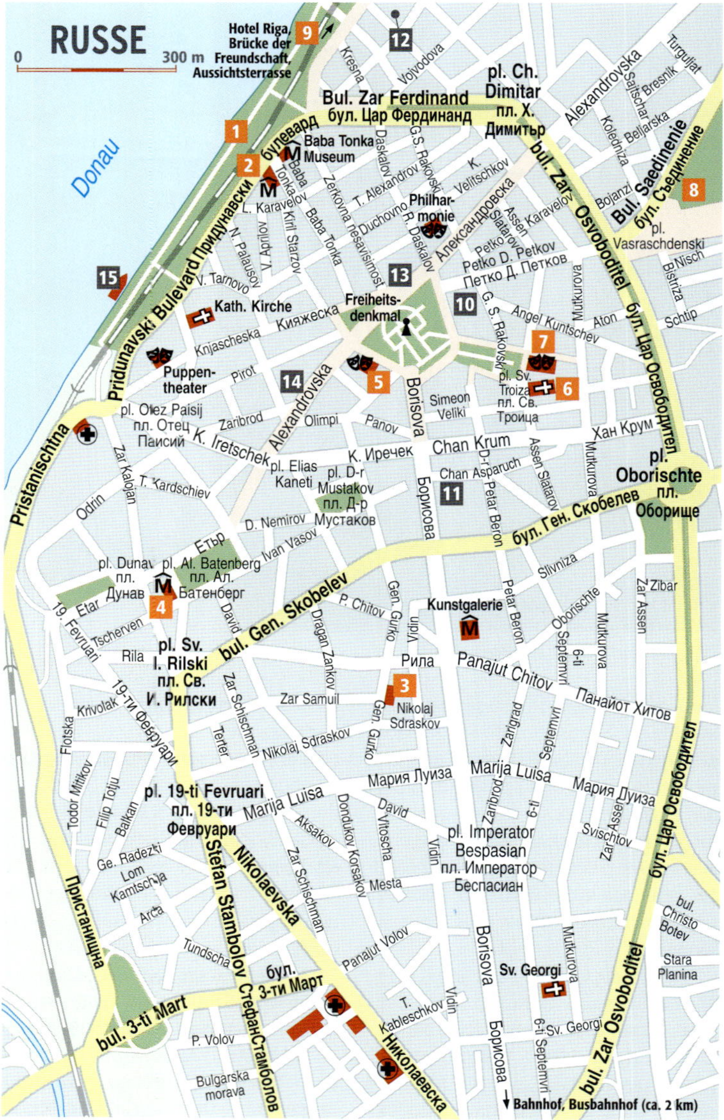
RUSSE
0
300 m
Hotel Riga, Brücke der Freundschaft, Aussichtsterrasse
9
12
1
2
Donau
Baba Tonka Museum
Bul. Zar Ferdinand
бул. Цар Фердинанд
pl. Ch. Dimitar
пл. Х. Димитър
Alexandrovska
Pridunavski Bulevard Придунавски булевард
15
Kath. Kirche
Freiheits-denkmal
13
10
Philhar-monie
Puppen-theater
14
5
7
6
pl. Sv. Troiza
пл. Св. Троица
Bul. Saedinenie
бул. Съединение
8
pl. Vasraschdenski
bul. Zar Osvoboditel
бул. Цар Освободител
Pristanischtna
pl. Otez Paisij
пл. Отец Паисий
K. Iretschek
Alexandrovska
pl. Elias Kaneti
pl. D-r Mustakov
пл. Д-р Мустаков
Chan Krum
Хан Крум
pl. Oborischte
пл. Оборище
11
бул. Ген. Скобелев
bul. Gen. Skobelev
pl. Dunav
пл. Дунав
pl. Al. Batenberg
пл. Ал. Батенберг
4
Kunstgalerie
pl. Sv. I. Rilski
пл. Св. И. Рилски
3
Panajut Chitov
Панайот Хитов
Marija Luisa
Мария Луиза
pl. 19-ti Fevruari
пл. 19-ти Февруари
pl. Imperator Bespasian
пл. Император Беспасиан
Stefan Stambolov
Стефан Стамболов
Nikolaevska
Николаевска
Пристанищна
Borisova
Борисова
Sv. Georgi
bul. 3-ti Mart
бул. 3-ти Март
bul. Christo Botev
Stara Planina
Bahnhof, Busbahnhof (ca. 2 km)

Sehenswürdigkeiten
1 Donaupromenade
2 Museum des städtischen Lebens
3 Elias-Canetti-Geburtshaus
4 Historisches Museum
5 Dramentheater ›Sava Ognjanov‹
6 Kathedrale
7 Opernhaus
8 Pantheon der Helden der Nationalen Wiedergeburt
9 Museum für Transport und Kommunikation

Unterkunft
10 Danube Plaza
11 Bistra & Galina
12 Lilija

Essen & Trinken
13 Happy
14 Fashion Café
15 Schiffsrestaurant Balkanprinzessin

Ognjanov‹ 5 residiert (Architekten: Raul Brang, Frank Scholz, Georg Lang). Gnädig öffnet seit 1902 auf dem Dach des Theaters der Gott der Kaufmannsgilden, Merkur, seine Flügel über Russes Geschäftswelt. Sehr schön ist es, in einem der zahlreichen Straßencafés zu sitzen und auf das Denkmal der Freiheit von Arnoldo Zocchi zu blicken, das 1906 errichtet wurde. Leider sprudelt die zentrale Brunnenanlage auf dem Platz tagsüber nur sporadisch. Nur einige Schritte sind es zum Dreifaltigkeitsplatz (ploschtad Sveta Troiza) mit der gleichnamigen **Kathedrale** 6 von 1764 und dem prächtigen **Opernhaus** 7 von Russe.

Mit der **Nikolajevska** und der **Alexandrovska** sind die beiden wichtigsten Flaniermeilen Russes erreicht – alte Kaufmannsstraßen mit prachtvollen Häuserzeilen, in denen heute Russes Geschäftsleben pulsiert. An die Patrioten der Befreiungskriege erinnert seit 1979 das **Pantheon der Helden der Nationalen Wiedergeburt** 8. Die Gebeine der meisten der 453 Geehrten sind hier bestattet (bul. Saedinenie, Mo–Fr 9–12, 14–17 Uhr).

Das **Nationale Museum für Transport und Kommunikation** 9 ist etwas für Eisenbahnfans. Im Gebäude des ältesten Bahnhofs von Russe untergebracht, präsentiert es die Geschichte der Eisenbahn und der Donauschifffahrt in Bulgarien. Neben der ältesten Lokomotive Bulgariens sind weitere Zugmaschinen und Waggons ausgestellt (ul. Bratia Obretenovi 45, Mo–Fr 8.30–17.30 Uhr, Führungen auch auf Deutsch).

Website mit deutsch- und englischsprachigen Informationen: www.ruse.bg/deutsch/index.shtml. Das **Touris-tik-Informationszentrum** befindet sich an der ul. Alexandrovska 61, Tel. 082/23 59 60, Kamenova@ rousse.spnet.net, retroturs@abv.bg

Danube Plaza 10: pl. Svoboda 5, Tel. 082/82 29 29, 82 29 36, Fax 82 29 52, director@danubeplaza.com. Das Viersterne-Hotel ist das beste der Stadt. Im Haus befinden sich eine Cocktailbar, eine gute Konditorei, ein Restaurant sowie ein Nachtclub. Im Restaurant finden abends Folklore-Shows statt. DZ ab 34 $.
Bistra & Galina 11: ul. Khan Asparuch 8, Tel. 082/82 33 44, 23 43 71, Fax 82 33 45, hotel@chamber.rousse.bg, http://hotel.dir.bg. Komfortables und sehr gepflegtes, modernes Dreisterne-Hotel mit Restaurant ›Regal‹. DZ ab 60 €.
Lilija 12: ul. Slaten rog 1, Tel. 082/82 29 00. Gemütliches Familienhotel zwischen Donaupromenade und Stadtzentrum, mit Klimaanlage, Satelliten-TV, modernen Duschen und Mobiliar sowie Restaurant. DZ ca. 30 €.

Happy 13: pl. Svoboda, Tel. 082/27 71 81. Filiale der landesweiten Kette mit Caféterrasse auf dem schönsten Platz von Russe. Einfache Grillgerichte und Salate.
Fashion Café 14: ul. Alexandrovska 15. Beliebte Cocktailbar an Russes Flaniermeile.

Festivals: Die Märzmusiktage sind symphonischer sowie Kantaten- und Oratorienmusik gewidmet. Sodann finden im Juni das Folklore-Musik-Festival ›Goldene Fiedel‹ und im Oktober das ›Jazzfestival Russe‹ sowie die Theaterfesttage ›Theaterhafen am Großen Fluss‹ statt.

Kultur: Oper, pl. Sveta Troizka, Tel. 082/23 43 03, und Phiharmonisches Orchester, ul. Rajko Daskalov 12, Tel. 082/22 56 80 mit vorwiegend klassischem Programm.

Der Grenzverkehr rollt über die **Brücke der Freundschaft**, die 1949–1954 erbaut wurde und mit ihren fast 3 km die längste Stahlbrücke Europas ist. Fußgänger oder Fahrradfahrer dürfen die Brücke nicht passieren. Mit der Fähre kann man stattdessen alle drei Stunden für $ 5 bzw. 25 pro Person bzw. Auto das Land Richtung Rumänien verlassen. Inlandstransfer besteht über den (Bus-)Bahnhof von der Jug-Station (Tel. 082/222 974, ul. Pristanischtna).

Naturpark Russenski Lom

Bulgarien-Atlas S. 234, A2–B 2
Das 20 km südlich von Russe liegende, 3260 Hektar große Gebiet ist seit 1970 Nationalpark. Bis zu 2500 m dicke Kalksteinmassive haben sich hier beim Übergang vom Pliozän zum Pleistozän angehoben und den Fluss Lom gezwungen, sein Bett zu ändern. Heute ist sein mäanderndes Flussbett bis auf 100 Meter Tiefe in den Fels ›geschnitten‹ und bildet im Zentrum des Naturparks beeindruckende, hufeisenförmige Tallandschaften.

Der Reichtum an Flora und Fauna ist beträchtlich: allein 60 Baum- und Straucharten, darunter Orienthainbuchen, Felsenkirsche, Christdorn, Mannaesche oder Perückenstrauch haben hier ihr festes Areal. Dazu gesellen sich unzählige Kräuter- und Blumenarten und noch mehr fliegende, krabbelnde oder schleichende Bewohner und Genießer des grünen Paradieses. Als Wanderer sollte man Insekten-Schutz und festes Schuhwerk tragen und darauf gefasst sein, neben niedlichen Eidechsen und Schildkröten auch auf Schlangen zu stoßen. In der 12 km langen, elektrisch ausgeleuchteten, zweitgrößten Tropfsteinhöhle Bulgariens am Adlerfels (Orlova tschuka) nahe der Gemeinden Dve mogili und Pepelina kann man den Spuren menschlicher und tierischer ›Ureinwohner‹ nachgehen. Die Mitnahme eines Fernglases lohnt; über den Felsen kreisen Geier und Adler, Zugvögel rasten in dem friedlichen Tal, und in den dunklen Höhlen siedeln zahlreiche Fledermausarten.

Besondere Beachtung verdient das Dorf **Tscherven** mit seiner aus dem 2. Bulgarischen Reich (13./14. Jh.) stammenden, nahezu vollständig erhaltenen Dorfanlage und Festung.

Felsenklöster von Ivanovo

Bulgarien-Atlas S. 234, A 2
Unbestreitbarer Höhepunkt im Naturpark Russenski Lom sind die Höhlenklöster und Felsenkirchen von Ivanovo, die im 13./14. Jh. entstanden. Ganze Höhlenkomplexe wurden damals von Mönchen besiedelt und kunstvoll ausgemalt, etwa das Kleine Paradies (Maluk Rai), das Große Paradies (Goljam Rai) oder das Ivanovski manastir (Kloster). Seit 1983 zählen die Höhlenkirchen zum UNESCO-Weltkulturerbe. Von Ivanovo sind es ca. vier Kilometer entlang dem Fluss Lom bis zum Parkplatz zu Füßen der derzeit einzigen zu besichtigenden Felsenkirche. Einmaligkeit und Vielzahl der Fresken, die vornehmlich Szenen aus dem Neuen Testament zeigen, sind die Mühen des Aufstiegs allemal wert. Mitzubringen sind neben gutem Schuhwerk vor allem Verpflegung und Getränke. Kinder sollten unbedingt an der Hand geführt werden, wenn man über den schmalen, ungeschützten Grat zum zentralen Aussichtspunkt über dem Lom-Tal weiterlaufen möchte. Der Fels fällt hier steil ab. Die Aussicht ist überwältigend. Ringsum sind Hunderte Höhlen in den Felswänden zu erkennen, gesperrt derzeit aus Denkmalschutzgründen, aber auch, um ggf. durch Verwitterung verursachte Unfälle zu vermeiden. Die Höhlenkirche ist tgl. von 10 bis 13 und von 15 Uhr bis zur Dämmerung geöffnet.

Wanderkarte

Die vierfarbige, deutschsprachige (!) Reliefkarte ›Naturpark Russenski Lom‹ ist unentbehrlich für diejenigen, die im Naturpark wandern wollen. Die Karte ist in Russe und in der Höhlenkirche von Ivanovo erhältlich.

Führungen: Der lokale Führer wohnt ca. 400 m vor dem Ende der Zufahrtsstraße. Sollte der Höhlenzugang einmal verschlossen sein, wendet man sich zum Privathaus und klingelt dort.
Von Russe werden regelmäßig Touren organisiert, Auskunft über Leitung des Nationalparks Russenski Lom sowie die Tourismus-Information in Russe.

Bisher gibt es nur Campingmöglichkeiten bei absoluter Selbstversorgung (auch Trinkwasser!). Pensionen gibt es in Ivanovo sowie in den Dörfern Pissanez, Nissovo und Tscherven. Wir empfehlen die Hotels im 20 km entfernten Russe.

Naturparkverwaltung Russenski Lom: 7000 Russe, ul. Skobelev 7, Tel./Fax 00359/82/27 23 97, dnparkrl @mbox.digsys.bg; im selben Haus: Büro des Vereins der Freunde des Naturparks Russenski Lom.
Vor Ort: Touristik-Informationszentrum Ivanovo, ul. Olympijska 75, Tel. 081 16/22 55.

Über Sveschtari nach Silistra

Thrakisches Grabmal

Bulgarien-Atlas S. 234, C 1
Durch die Doanautiefebene kommt man nach ca. 80 km zu dem unter UESCO-Schutz stehenden **thrakischen Grabmal** von Sveschtari.

Insgesamt 26 Grabhügel werden dem Komplex von Sveschtari zugeordnet, alle sind sie zwischen dem 4. und 2. Jh. v. Chr. entstanden. Viele von diesen bergen sicher noch einen riesigen archäologischen Schatz, selbst wenn die meisten bereits in der Spätantike ausgeraubt worden sein dürften.

Eines der Gräber, der 1982 entdeckte und 1985 zum Weltkulturerbe erklärte Grabhügel von Sveschtari, wird in die erste Hälfte des 3. Jh. v. Chr. zurückdatiert. In der Grabkammer, die über einen ca. 4 m langen Gang erreicht wird, lagen mutmaßlich die Überreste eines ca. 60 Jahre alten Mannes, der sich mit seiner Lieblingsfrau bestatten ließ. Die Kammer ist mit zum Fries angeordneten Frauenfiguren geschmückt, die mit emporgereckten Händen scheinbar das steinerne Deckengewölbe abstützen. Ihre Darstellungsweise sowie auch die Adlerfiguren im Eck der Kammer lassen einen starken hellenistischen Einfluss erkennen. Dieser wird u.a. darauf zurückgeführt, dass sich die Thraker ab 277 v. Chr. mit den ihnen noch fremderen Kelten um die Vorherrschaft auf dem Balkan stritten.

Über den Figuren zeigt ein Fresko im Gewölbe den reitenden Potentaten mit seinem Waffen tragenden Fußvolk bei der Begegnung mit einer Göttin im Jenseits. Diese ist durch besondere Größe sowie Gefolge gekennzeichnet, das Opfergaben und Geschenke herbeibringt.

Die **Grabanlage von Sveschtari** wird vom Geschichtsmuseum in Isperich betreut: ul. Zar Osvoboditel 6, Tel. 0853/47 83, 56 31, 56 19, Mo–Fr 10–12 und 15.30–17.30 Uhr.

Silistra

Bulgarien-Atlas S. 234, D 1
Die Hauptstadt der Region Silistra (ca. 42 000 Ew.) bietet eine gemütliche Kleinstadtatmosphäre und die Möglichkeit, im Flusspark einmal über längere Strecken den Blick über die Donau zu genießen, ohne dass die Sicht durch Hafen- oder Industrieanlagen

versperrt würde. Auch kleine Bootstouren auf der Donau lassen sich am Hafen vereinbaren.

Silistra entstand als eines der römischen Donau-Militärforts im 2. Jh. n. Chr. am Ort einer thrakischen Siedlung. Spektakulärste Hinterlassenschaft der römischen Zeit ist das erst 1942 entdeckte **römische Grabmal** aus dem 4. Jh. an der Straße des 7. September. Im zentralen Mittelbereich der nach Osten geöffneten Kammer ist vermutlich das hier bestattete Ehepaar abgebildet, während ringsum Tier- und Pflanzenmotive und kleine Jagdszenen die Wände zieren. Weitere **Ruinen der römischen Zeit** sind im ganzen Stadtgebiet verstreut und am besten im Stadtpark am Donauufer zu sehen.

Von der späteren Geschichte der Stadt zeugt das Mitte des 19. Jh. errichtete osmanische Fort **Medjid Tabija**, etwa 5 km südöstlich vom Stadtzentrum auf einem Hügel. Seit 1998 beherbergt es das Historische Museum mit den Abteilungen Archäologie, Ethnographie, Bulgarien vom 15.–19. Jh. sowie zeitgenössische und moderne Geschichte (ul. Rakowski 24, Mo bis Fr 8–12, 14–18 Uhr).

Tourist Association Silistra: ul. Dobruschda 9, Tel. 086/272 17. Informationen erteilen außerdem die Hotels von Silistra.

Hotel Slatna Dobruschda: ul. Svoboda 1, Tel. 086/228 61, Fax 223 92. Zentral, mit Restaurant – die beste Hoteladresse der Stadt. Zimmer mit Sat-TV, Bad/Dusche, Mini-Bar. DZ ab 70 Lv. Gute Cafés und Restaurants befinden sich in und um die Hotelanlage.

Besser als mit dem Zug (nur einmal täglich) kann man mit öffentlichen Buslinien nach Russe, Varna, Dobritsch, Sofia, Schumen und Veliko Tarnovo gelangen.
Die Fähre nach Kalarasi in Rumänien verkehrt alle zwei Stunden und kostet pro Auto/Person ca. 15/3 $.

UNESCO-Weltnaturerbe Naturreservat Srebarna

Bulgarien-Atlas S. 235, C 1
16 km westlich von Silistra liegt das 600 ha große Naturreservat Srebarna. Der relativ flache Süßwassersee mit vielen schwimmenden Inseln und üppiger Vegetation an den Ufern ist nur einen Kilometer von der Donau entfernt und beherbergt mehr als 100 seltene Vogelarten bzw. unzählige Zugvögel. Durch die Donauverschmutzung, vor allem aber durch den Bau von Staudämmen, war das Gebiet zwischenzeitlich grundlegend in seiner Existenz bedroht, so dass die UNESCO es 1992 auf die Liste des bedrohten Weltnaturerbes gesetzt. Mittlerweile hat sich die Lage wieder verbessert. Vom Dorf Srebarna können Touristen kleine Ausflüge in das Randgebiet des Naturparadieses unternehmen oder das Naturschutz-Museum am Westufer des Sees besuchen (Tel. 086/238 94, tgl. 9–12, 14–16 Uhr).

www.ecolab.bas.bg/srebarna/information.htm

"ZARKO"
FISHING

Das Schwarze Meer

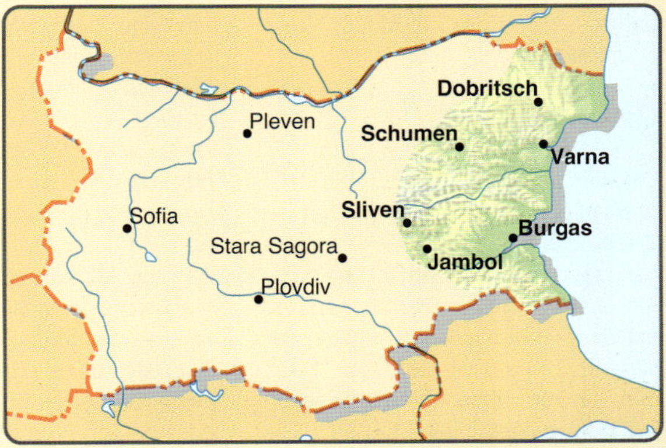

Nessebar

Bulgarien-Atlas S. 235, 239

DIE NÖRDLICHE KÜSTENREGION

Varna ist die betriebsame Hauptstadt des Schwarzmeertourismus. Im Süden der Stadt erstreckt sich das nahezu unberührte, endlos grüne Kamtschija-Naturreservat. Zwischen den weiten Feldern der Dobruschda-Ebene und der felsigen Küste im Norden gibt es immer mehr kleine Hotels und Restaurants.

Varna

Bulgarien-Atlas S. 235, E 3
Zumindest im Sommer kann Varna (350 000 Ew.) sich durchaus mit der Hauptstadt Bulgariens messen: Das Kultur- und Freizeitprogramm ist groß, Straßen, Parks und Fassaden der terrassenförmig angelegten Hafenstadt sind größtenteils modernisiert, ebenso die vielen Restaurants, Läden und Hotels im Zentrum. Touristen aus ganz Europa, die in den benachbarten Ferienorten urlauben, bringen die neuesten Trends und internationales Flair nach Varna – egal, ob es um Mode, Musik oder Freizeit geht.

Geschichte

Die ältesten, teilweise bis zu 6000 Jahre alten Funde von Varna gehören zu den größten historischen Schätzen des Landes. So wurden ca. 100 Grabstätten aus thrakischen Siedlungszeiten mit Gold- und Kupferschmuck in der näheren Umgebung entdeckt. Nach den Thrakern begannen die Griechen mit dem eigentlichen Stadtbau: Die 585 v. Chr. gegründete Siedlung Odessos (Stadt am Wasser) fiel aber bald zurück an die Thraker und wurde 342 v. Chr. schließlich von Alexander dem Großen erobert. Im 1. Jh. v. Chr. gelangte die Hafenstadt unter den Römern zu einer wirtschaftlichen und politischen Blüte. Den herumziehenden ›barbarischen Völkern‹ imponierten jedoch weder Badekultur noch Stadtpolitik der Römer. Erst 586 n. Chr., nach der völligen Zerstörung der Stadt, begann der Wiederaufbau unter dem Namen ›Varna‹ durch slawische Siedler.

Später annektierten bulgarische und byzantinische Herrscher abwechselnd Land und Stadt, wobei Varna allmählich wieder Ansehen und zunehmende Bedeutung durch seinen Hafen gewann. 1391 eroberten die Osmanen Varna, ließen der Stadt aber aufgrund ihrer strategischen Lage weiterhin kulturellen und handelspolitischen Spielraum. 1444 hatte der polnische König Vladislav III. mit seinem Kreuzfahrerheer bereits die Tore von Varna erreicht, als er vernichtend geschlagen wurde. So dauerte es noch bis zum 19. Jh., bis wieder die ersten bulgarischen Schulen und Kirchen erbaut werden durften und Varnas Aufstieg zum bulgarischen

Kultur-, Industrie- und Handelszentrum begann. Dank der Anbindung an den Eisenbahnverkehr (1866) und den Ausbau der Kurorte in der Umgebung nahm auch der Tourismus einen raschen Aufschwung: Nachdem die Region anfangs vor allem den Reichen und der politischen Prominenz zur Erholung diente, wurde sie in der zweiten Hälfte des 20. Jh. auch international bekannt und beliebt.

Im Zentrum

Kulturelles, wenn auch nicht geografisches Zentrum der Stadt sind die nah beieinander liegenden Plätze Mitripolit Simeon und Nesavisimost. Hier treffen auch die vier Hauptverkehrsadern der Stadt, die Straßen Maria Luisa, Christo Botev, V. Varnentschik und Knjas Boris, zusammen, und von hier aus lassen sich fast alle Sehenswürdigkeiten der Stadt zu Fuß oder mit dem Bus erreichen.

Die **Kathedrale Sveto uspenie Bogoroditschno** 1 auf dem Mitropolit-Simeon-Platz ist mit ihren gold funkelnden Zwiebeltürmen nicht zu übersehen. Sie wurde 1886 zu Ehren der russischen Befreier im russischen Stil erbaut. Die holzgeschnitzte Altarwand und der reich verzierte Bischofsthron im dämmrigen Innenraum stammen hingegen von mazedonischen Meistern. Besonders eindrucksvoll ist ein Besuch der Gottesdienste an Sonn- und Feiertagen, wo das Gewölbe von den tiefen Stimmen der Priester und eines Männerchores erfüllt wird (im Sommer 6–22 Uhr).

Durch eine Unterführung, gesäumt von vielen Souvenirkiosken, kommt man auf die gegenüberliegende Seite des Mitropolit-Simeon-Platzes zum **Markt** von Varna.

Die Stände mit Lebensmitteln, Textilien und Souvenirs gruppieren sich zwischen den Bäumen eines kleinen Parks und den Gebäuden des städtischen **Theaters**, der **Oper** und einem alten **Glockenturm** von 1880. Hinter dem Park führt die autofreie Flaniermeile der Stadt über den pl. Nesavisimost und weiter entlang unzähliger Läden, Restaurants und Cafés bis zum Meerespark.

Ethnographisches Museum

Ein Abstecher von der Fußgängerstraße nach Süden führt zum **Ethnographischen Museum** 2. Es beeindruckt mit einer besonders reichen, sogar englisch/deutsch beschrifteten Ausstellung zum bulgarischen Leben in der Geschichte. Landwirtschaft, Weinbau und Fischfang werden ausführlich erläutert, in den oberen Etagen finden sich kunstvoll gearbeitete Trachten und Stickereien sowie zwei traditionell eingerichtete Zimmer des 19. Jh. (ul. Panagjurischte 22, Di–So 10–17 Uhr).

Archäologisches Museum

Das **Archäologische Museum** 3 von Varna gehört neben denen von Sofia und Schumen zu den interessantesten in Bulgarien. Mehr als 100 000 Exponate von der Frühzeit bis zum späten Mittelalter sind hier in chronologischer Ordnung versammelt. Ein ganz besonderes Highlight ist der älteste Goldschatz der Welt in der antiken Abteilung im Erdgeschoss. Er wurde 1972 in einer Grabanlage 4 km westlich von Varna entdeckt und deutet auf die hohe Entwicklung der trakischen Zivilisation hin. Diese ältesten Schmuckstücke wie auch die nachfolgenden Arbeiten aus der thrakischen, griechischen und bulgarischen Zeit bezeugen höchst eindrucksvoll die große Kunstfertigkeit der Goldschmiede.

Daneben sind vor allem die Ikonen und Holzschnitzarbeiten bulgarischer Meister des Mittelalters sehenswert. Die Ausstellung ist englisch/bulgarisch beschriftet, die am Eingang erhältliche, in deutscher Sprache erhältliche Broschüre »Varnas Archäologisches Museum« leistet gute Dienste beim Museumsbesuch (Di–So 10–17 Uhr, bul. Maria Luisa 41).

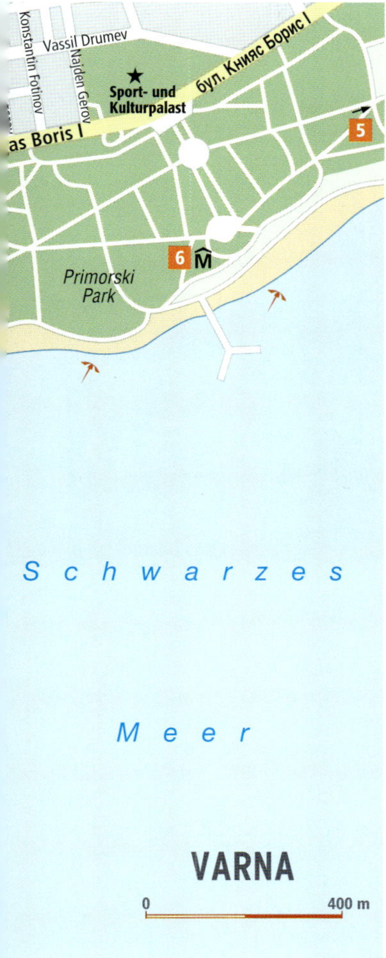

Sehenswürdigkeiten

1 Kathedrale Sveto uspenie Bogoroditschno
2 Ethnographisches Museum
3 Archäologisches Museum
4 Wiedergeburtsmuseum
5 Delphinarium
6 Naturhistorisches Museum
7 Aquarium
8 Marinemuseum
9 Römische Thermen
10 Kirche Sveti Atanassij
11 Historisches Museum der Stadt Varna
12 Kirche Sveti Bogorodiza

Übernachten

13 Odessa
14 Tscherno More
15 Akropolis
16 Hotel Planet
17 Hotel Perfekt

Essen & Trinken

18 Paraklisa
19 Restaurant Tschutschura
20 Haschove

Wiedergeburtsmuseum

Im Gebäude des heutigen **Wiedergeburtsmuseums** 4 wurde Ende des 18. Jh. die erste bulgarische Schule nach dem Ende der osmanischen Besatzung eingerichtet. Wie, was und womit die Schulkinder hier gelernt haben, ist authentisch nachgestellt. Ein Teil des Gebäudes wurde 1865 zur Kirche umgewandelt. Reizvoll ist aber vor allem der ›Pausenhof‹ – ein blumenreicher, alter Garten (ul. 27. Juli 9, Mo–Fr 10–17 Uhr).

Im Meerespark

Mit seinen zahllosen Arten von Bäumen, Ziersträuchern, den Blumenbeeten und Alleen bildet der über 8 km lang ausgedehnte und über 80 ha große Meerespark ein herrliches Freizeitareal für Bürger und Touristen. Selbst in der Nacht bleibt der Park belebt: Man kommt zu Festen und Konzerten oder einfach zum Flanieren auf den Alleen.

Beliebt bei Kindern ist ein Besuch im **Delphinarium** 5 mit Delfinshows (Di–So, 11 und 15 Uhr) oder im kleinen Zoo

Ikonenverkauf vor der Kathedrale

im Norden des Parks. Interessanter als das **Naturhistorische Museum** 6 (Di–So 10–17 Uhr) und das **Aquarium** 7 (tägl. 9–19 Uhr) ist das **Marinemuseum** 8 (Mo–Fr 10–17 Uhr) im ehemaligen italienischen Konsulat am südlichen Ende des Parks: Schon vor dem Museum kann man um das havarierte Kanonenboot ›Draski‹ herumklettern, das im Balkankrieg 1912–13 von den Türken versenkt wurde. Im Gebäude selbst sind weitere Schiffsmodelle und kriegerisches Rüstzeug aus dem Russisch-Türkischen Krieg (1877–78), aber auch Exponate zur Entwicklung der bulgarischen Schifffahrt auf der Donau und im Schwarzmeerraum ausgestellt.

Museen, Kirchen und Ruinen im Altstadtviertel

Das Altstadtviertel zwischen Meerespark, Hafen und Knjas Boris-Straße wirkt still und abgeschieden vom städtischen Trubel des Zentrums nebenan. Die kleinen Gassen sind holperig und kaum befahren, die alten Häuser größtenteils in schlechtem Zustand. Ein paar enge bulgarische Läden an den Straßenecken, ein, zwei neu eröffnete Familienhotels und Restaurants, wenig Menschen und einige Katzen – das scheint auf den ersten Blick alles zu sein.

Und doch verstecken sich hier einige der interessantesten Sehenswürdigkeiten. So z. B. hinter den hohen Mauern die Ruinen der **Römischen Thermen** 9 (Eingang ul. Khan Krum/San Stefano, Di–So 10–17 Uhr): 7000 m^2 sollen die Anlagen des Römerbades ursprünglich eingenommen haben und obwohl bisher nur etwa zwei Drittel freigelegt worden sind, gehört das Grabungsgelände zu dem größten in Bulgarien. Wer die Gänge zwischen den symmetrisch angelegten Mauerresten aus dem 2/3. Jh. n. Chr. durchstreift, kann sich die Badegewohnheiten der alten Römer auch ohne Wasser noch vorstellen. Der Vorstellungskraft dienlich sind – neben den sichtbaren Zeugnissen der Fundamente, Rohre und Badeöfen – die englischsprachigen Be-

Weinprobe

Im Keller des Historischen Stadtmuseums kann man unter Anleitung des wein- und landeskundigen Bulgaren Hadschi Lambrin Sotirov die besten bulgarischen Weine verkosten. Voranmeldung zur Erprobung der Weine und englischsprachigen Erzählkunst unter Tel. 052/25 73 03.

schriftungen der Räume sowie eine Broschüre, die man am Eingang erwerben kann.

Einen guten Blick auf das Gelände hat man von der ul. Graf Ignatiev. Hier befindet sich die kleine **Kirche Sveti Atanassij** 10 (Hausnr. 19), die im 19. Jh. im Stil der nationalen Wiedergeburt errichtet wurde. Die Ikonen sind allesamt Kopien, die Originale befinden sich im Archäologischen Museum.

Nur ein paar Meter von den Ruinen der römischen Thermen, verbirgt sich hinter der Fassade einer alten Stadtvilla das **Historische Museum der Stadt Varna** 11 mit einer interessanten Fotoausstellung über das Leben und die städtische Entwicklung im historischen Varna (ul. Osmi Noemvri 3. Di–So 10–17 Uhr).

In einem nahen Hinterhof (ul. Khan Krum 19) steht die **Kirche Sveti Bogorodiza** 12. Als typische Repräsentantin des 16. Jh. – der Zeit des osmanischen Jochs – ist die Kirche niedrig und unauffällig. Im dämmrigen Innenraum wirkt eine wundertätige Ikone der heiligen Gottesmutter. Während die Ikone und Ikonostase auf das 19. Jh. zurückdatiert werden, stammt der reich verzierte Bischofsthron noch aus dem 17. Jh.

Die etwa dreitausend Mitglieder der **armenischen Kirche** in Varna versammeln sich in dem kleinen Gotteshaus an der ul. Khan Krum/ul. Klimment. Das Gebäude stammt aus dem 19. Jh.

Strände

Am langen Sandstrand jenseits des Meeresparkes bis hin zum Hafen gibt es zahlreiche Sonnenschirme und Freizeitangebote. Beim Aquarium sausen Kinder eine große Wasserrutsche hinunter, Boote und Wasserski werden etwas weiter nördlich angeboten. Snacks und Getränke liefern fliegende Händler direkt am Strand oder die Cafés, Bars und kleinen Restaurants entlang der Bucht.

In Varna gibt es keine offizielle Touristeninformation. Auskunft in englisch und teilweise in deutsch erhält man in den großen Hotels oder bei:

Varna Tourist Service GmbH: bul. Tschaltaldscha 10, Tel. 052/603 255, 603 028, Fax 600 874, vtourserv@triada.bg bzw. www. vtourserv.info.bg. Ein Serviceschalter von Tourist Service findet sich im Foyer des **Hotel Odessa.**

Im **Hotel Mussala,** pl. Mussala 2, befindet sich eine Filiale der Varnaer Touristenkammer (Tel. 052/23 62 26, Fax 600 236, office@tourexpo.bg), doch waren Hotel und Büro im Jahr 2002 wegen Umbau geschlossen. Ersatzweise kann man sich am selbigen Platz im Geschäft Usunovij durch ein kleines Reisebüro (Tel./Fax 052/634 101) englischsprachig informieren.

Varna: Überall locken Cafés

Odessa 13: bul. Slivniza 1, Tel. 052/228 38, Fax 25 30 83. Das Traditionshotel wurde modernisiert. Komfortable Zimmer teils mit Balkon und Sicht über den Meerespark. DZ ab ca. 100 Lv.

Tscherno More 14: bul. Slivniza 33, Tel. 052/ 232 110, Fax 236 311. Das höchste Hotel Varnas in zentraler Lage ist einerseits dem Charme der sozialistischen 70er Jahre treu geblieben, anderseits aber komfortabel ergänzt worden. DZ ab 55 $.

Akropolis 15: ul. Zar Ivan Schischman 13, Tel. 052/603 108. Ruhig gelegenes, neues Hochhaushotel mit ordentlichen, leicht überteuerten Zimmern. DZ ab 76 Lv.

Hotel Planet 16: ul. Zar Samuil 5, Tel. 052/ 609 809. Kleines Hotel in der Nähe der römischen Thermen mit wenigen, aber gut ausgestatteten Zimmern. DZ ab 58 €.

Hotel Perfekt 17: ul. Petko Karavelov, Tel. 052/60 38 82. Die Etagen einer schönen, hohen, alten Stadtvilla sind zu kleinen Apartments umgebaut und komfortabel eingerichtet worden. Apartment ab 60 €.

Paraklisa 18: bul. Primorski 47 ,Tel. 052/223 495. Ein Höhepunkt der bulgarischen Kochkunst, wenn nicht gar das beste Restaurant des Landes, in dem nach alten bulgarischen Rezepten gekocht wird. Abends gibt es Gesang.

Restaurant Tschutschura 19: pl. Nesavisimost. Das kleine Restaurant in einem Wiedergeburtshaus hat einen Papagei und einen schönen Hinterhof, es gibt gute Mussaka, Grill- und Fischgerichte.

Haschove 20: bul. Maria Luisa 54, Tel. 052/255 236. Café, Bar und Restaurantbetrieb (mit Terrasse und Springbrunnen) werden ebenso gerne zu geschäftlichen wie festlichen Anlässen besucht.

Die besten traditionellen Souvenirs wie Spitzendecken und Holzschnitzereien findet man auf dem Markt im Park hinter der Kathedrale.

Die meisten **Diskotheken** verlegen ihren Standort allsommerlich an die Strandpromenade. In der schmalen Gasse, die von sich gegenseitig überbietenden Animateuren und Unterhaltungslokalen gesäumt wird, dröhnt von überall her der bulgarische Rap. Besonders im Trend mit dieser Musik sind das Lido, Mystik und Exit am Anfang der Promenade sowie das Eclipse mit Pool. Fans anderer Musikrichtungen treffen sich u.a. im Bulgari und im Extravaganza.

Im Juni/Juli sowie im August finden im Meeresgarten diverse Veranstaltungen des **Varnaer Sommers** statt, im Oktober ist vor allem das internationale **Puppenfestival** ›Goldener Delfin‹ reizvoll. Wenn nicht auf der Freilichtbühne im Park, finden die meisten Veranstaltungen im **Festival- und Kongresszentrum** statt (bul. Slivniza 2, Tel. 052/21 331).

Der **Flughafen** (Tel. 052/44 18 11, international: 65 08 35) nordwestlich von Varna ist mit der Buslinie 409 zu erreichen (zwischen 6 und 22 Uhr alle 15 min. ab Goldstrand über Sveti Konstantin und Varna). Die meisten internationalen Fluglinien fliegen Varnas Flughafen allerdings nur zwischen April und Oktober an. In dieser Zeit herrscht Hochbetrieb, man sollte reichlich Zeit für das Einchecken einplanen. Die meisten Fluglinien haben ihre Büros im Flughafen.

Bahnverbindungen: Der kleine Bahnhof (ul. Primorski, Tel. 052/63 04 44) am Hafen ist häufig überfüllt – wer mit den Schnellzügen nach Sofia (via Karlovo oder via Veliko Tarnovo in ca. 5 Stunden) oder nach Plovdiv (5,5 Std.) fahren möchte, sollte frühzeitig buchen und da sein. Weitere Züge verkehren täglich nach Schumen, Russe und Dobritsch.

Busse: Staatliche und private Fernbusse verkehren vom Busbahnhof (bul. Varnentschik 160, Tel. 052/448 349) in alle Richtungen. Städtische Zubringer sind die Linien 1, 22 und 41. Da die Busse meist überfüllt sind, sollte man sein Ticket frühzeitig kaufen, man kann aber auch direkt beim Fahrer zahlen.

Mietwagen: Hertz (Tel. 052/500 210) und Avis (Tel. 052/605 111) bieten Mietwagen am Flughafen an. Es lohnt sich aber der Preisvergleich mit anderen Firmen, u. a. BG Tours, (ul. Bdin 25, Tel. 052/601 448) oder Aibicar (pl. Todor Ikonomov 19, Tel. 222 547). Die Pauschalen sind für Ausländer meist höher als im Heimatland.

Taxen (Tel. 052/50 00 00 oder 68 21 01) findet man in Varna überall und vor allem am pl. Mitropolit Simeon. Im Gegensatz zu anderen bulgarischen Orten variieren allerdings die Fahrpreise erheblich. Über die Zettel an der Windschutzscheibe des Autos oder beim Fahrer sollte man sich vorab über den Preis informieren. Viele Fahrer sind auch bereit zu verhandeln.

In der Umgebung von Varna

Steinerner Wald (Pobitite kameni)

Bulgarien-Atlas S. 235, E 2

Um die bizarren Steinformationen ca. 18 km westlich von Varna zu erreichen, braucht man einen Leihwagen oder ein Taxi, der Eingang ist auf der linken Seite der Straße Richtung Devnja. Schon von der Straße sieht man die bis zu 5 m hohen Steinsäulen, die wie die Reste von antiken Tempelanlagen wirken und über ein weites, wüstenartiges Gelände verteilt sind. Sie entstanden vor mehr als 50 Mio. Jahren: Ver-

Ausflugsziel Steinerner Wald

sickerndes mineralhaltiges Wasser bildete unterirdische ›Stalaktiten‹, die später durch Erosionen zutage traten. Wer nach der Besichtigung des weitläufigen Terrains noch mehr Steinrelikte, diesmal menschlicher Baukunst aus dem 3. Jh. n. Chr., sehen möchte, kann in dem nahe gelegenen Ort Devnja die Ruinen der antiken **Stadt Marcianopolis** erkunden.

Kamtschija

Bulgarien-Atlas S. 235, D 3, E 3
Von Varna in südlicher Richtung kommt man über die E 87 durch das waldige Mündungsgebiet des größten Flusses Bulgariens. Auf dem bis zu 5 m tiefen Wasser des Flusses und seinen zahlreichen Nebenarmen blühen rote, weiße und gelbe Wasserrosen, alte Eichen wachsen bis dicht an den langen feinsandigen Meeresstrand heran und lassen ihre Äste malerisch über weißliche und schwarze Felsenklippen hängen. Wer auf der Straße bleibt, sieht allerdings wenig von dem Naturparadies – ersatzweise versprechen am Straßenrand junge Damen einen Ausflug in den Garten Eden.

Ein Abzweig kurz hinter der Ortschaft Blisnazi führt näher an Fluss und Meer und zu den Camping- und Hotelanlagen der Region: Bushaltestelle, Läden, Restaurants und Zimmervermittlung findet sich im Zentrum der Anlage.
Ein weiterer Abzweig von der E 87 führt bei Staro Orjachovo über Novo Orjachovo nach Schkorpilovzi und einigen Camping- und Motelanlagen.

Am Strand von Obsor

An der Bootsanlegestelle können ein- bis mehrstündige **Ausflüge auf der Kamtschija** vereinbart werden, allerdings legt der mit einem Sonnendach gedeckte Kahn erst ab, wenn ein entsprechender Grundpreis zusammengekommen ist.

Bjala und Obsor

Bulgarien-Atlas S. 235, E 3

Die unverfälscht bulgarisch gebliebenen Städtchen bilden eine preislich und atmosphärisch angenehme Alternative zu den Ferienanlagen der Umgebung. Zahlreiche Häuschen, neue Hotels und alte Villen ziehen sich den Hang bis zum Strand hinunter, in den Gassen und am Strand genießt man Sonne, Kioskkultur und Ferienstimmung. Das Restaurant-, Strand- und Freizeitangebot ist eher bescheiden, die Stimmung dafür überall ausgelassen. Die Griechen haben Bjala und Obsor im 4. Jh. v. Chr. gegründet, die Römern später befestigt. Nur einige wenige Grabungsfunde im Park von Obsor und in der Umgebung versteckte Ruinen sind aus dieser Zeit erhalten.

Am Busbahnhof finden sich in beiden Orten **Zimmervermittlungen.**

In Bjala: Hotel Moskojanin: ul. G. Miluschev 25, Tel./Fax 05143/20 82. Zimmer in einer schönen Villa mit Terrassenrestaurant. Hotelchef Dimiter (Mitko) Moskojanin spricht Deutsch und gibt Strandvergünstigungen und wertvolle Tipps. DZ ab 50 Lv.

In Obsor: Hotel Bisser: ul. Vassil Levski 46, Tel. 05504/21 51. Das Hotel liegt strandnah und dennoch ruhig, hat schöne helle Zimmer im bulgarischem Ikea-Look mit Bad und Balkon. DZ ab 50 Lv.

Vom **Busbahnhof** beider Orte ca. alle 30 Minuten Busse in Richtung Varna und Sonnenstrand/Burgas.

ZU GAST BEIM SCHWEINEHIRTEN

Über immer schlechter werdende Straßen führt der Weg durch die Berge des südlichen Bulgarien und zu einem der merkwürdigsten Wunder dieses Landes. Gerade wähnen wir uns inmitten der Feld-, Wald- und Wiesenlandschaft endgültig verloren, winkt uns an den Ufern eines seichten Flusses ein alter, aber rüstiger Hirte herbei. Sollten wir hier tatsächlich bei dem hartnäckig in jeder Bulgarienkarte notierten ›Man. Sveti Bogorodiza‹ sein? Doch das Kürzel ›man.‹ kann eben auf Bulgarisch nicht nur für Manastir bzw. Kloster, sondern sozusagen als verkleinerte Verkleinerung auch für ›Manastirtsche‹, sprich Kapellchen, stehen. Schließlich folgen wir unserem neuen Ortsführer den Hügel hinauf.

Die Schweineherde ist längst da, bevor wir eintreffen bzw. bevor wir realisieren, dass es sich bei den zwei Hüttchen, um die sich eine alte Schaukel, zwei Baumstammbänke und die Futtertröge der Tiere gruppieren, um unser frommes Ziel handeln soll. Doch bleibt keine Zeit für einen stilvollen Rückzug. Aus einer der Hütten tritt eine kleine, aber sehr resolute alte Dame mit ausgebreiteten Armen heraus, ergreift unsere Hände und zieht uns ins Innere der Behausung. Und hier ist sie tatsächlich: Auf einem provisorischen Altar des Lehmboden-Hauses steht die blumengeschmückte Ikone der heiligen Gottesmutter, ihres Zeichens wundertätig und mächtig. Längst hat unsere unbeirrbare Gastgeberin zahlreiche Kerzen entzündet und mittels unaufhörlicher halb gesungener Gebete Fruchtbarkeit, Liebesglück, Gesundheit und Reichtum auf uns herab beschworen. Aus dem dämmrigen Heiligtum entlassen, werden wir gut gelaunt zu einem Hauskonzert geladen: Während die schwarzrosa Ferkelchen um unsere Beine streichen, spielt der Hirte uns auf seinem Dudelsack vor. Anschließend erzählt die erfahrene Ikonenhüterin aus ihrem Leben. Nicht nur, dass ihr Mann ein echtes Glück sei – tags zieht er mit den Tieren herum und abends trinkt er und schläft dann ganz fest...–, sondern auch ihre fünf Kinder hätten in den umgebenden Dörfern ihrerseits ein eigenes Familienglück gefunden – einer ihrer ›Jungs‹ habe es gar bis nach Burgas gebracht. Dabei blicken die strahlenden blauen Augen plötzlich unternehmungslustig auf unser Automobil: Vielleicht könnten wir sie ja mitnehmen? Dann könne sie den Burgas-Sohn überraschen. 5 Leva muss der überraschte Gatte noch herausrücken, bevor die inzwischen im Fluss gewaschene alte Dame zu uns ins Auto steigt. Die Kulturdistanz wird ihr und uns erst nach der Abfahrt richtig klar. Weder die automatischen Scheiben, noch das Motorengebrumm des Wagens scheinen bekannt und geheuer. Nachdem sie einige Zeit ihre Ängste mit ebenso tapferen wie laut gesungenen Chorälen niederzukämpfen trachtet, beschließt unsere neue Bekanntschaft, doch lieber einen näher gelegen Sohn zu besuchen – wir verabschieden uns bei einem von zahllosen Storchennestern besiedelten Dörfchen.

VON VARNA NACH ALBENA

In den Badeorten zwischen Varna und Albena erholten sich schon die Römer, später kurte hier die jeweilige politische Prominenz des Landes – nun sind es Pauschalreisende aus Deutschland, England oder Italien, die am Flughafen von Varna landen, um nach Sveti Konstantin i Elena, Goldstrand oder Albena weiterzufahren. Entsprechend gehoben ist das Niveau der Preise und Leistungen.

Sveti Konstantin i Elena

Bulgarien-Atlas S. 235, E 3
Mit seinen warmen Mineralquellen direkt am Meer zählt Sveti Konstantin zu den ältesten und schönsten Kurorten in der Umgebung von Varna. Die übersichtliche und grüne Anlage aus Ferienhäusern und Hotels gruppiert sich um das gleichnamige Kloster, welches Anfang des 20. Jh. vorwiegend tuberkulosekranke Gäste beherbergte. In den 50er Jahren wurden Kloster und angrenzende Bauten für den Tourismus umgewandelt, nur das Kirchlein aus dem 18. Jh. hat sein ursprüngliches Aussehen bis auf den heutigen Tag bewahrt.

Strände

Der Küstenabschnitt besteht aus mehreren kleinen, von Felsbrocken und Stegen begrenzten Sandstränden. Wassersportmöglichkeiten finden sich fast ausschließlich in den Komplexen von Sunny Day und Saint Elias, dafür kann man direkt neben dem örtlichen Strand im warmen Mineralwasserpool baden.

Touristeninformation im Grand Hotel Varna (Tel. 052/36 14 91).
Tourist Service Kapka 94: nahe der Post, Tel. 052/361 003. Hier werden Privatquartiere und Hotels vermittelt.
In dem Kurort finden sich keine Straßennamen, die Hotels werden teilweise durch Hinweisschilder angezeigt.

Die 50 Hotels sind während der Saison meist vollständig ausgebucht.
Grand Hotel Varna/Komplex Sveti Elias: Tel. 052/36 14 91, Fax 36 19 20. Vier Hotels der mittleren Preisklasse (Prostor, Rubin, Koral und Lebed) und das riesige Grand Hotel Varna gehören zum südlich an Sveti Konstantin angrenzenden Ferienkomplex. Die schier unendlichen Kur- und Freizeitmöglichkeiten (u. a. mehrere Bowlingbahnen, Fitnesshalle, Saunen und Schwimmbäder) dürfen von allen Gästen der Anlage genutzt werden. DZ ab ca. 120 €.
Sunny Day: Tel. 052/36 19 71/75, Fax 36 13 15. Der Komplex aus den vier Hotels

Palace, Marina, Mirage und Veronika grenzt nördlich an Sveti Konstantin und war vormals der Staatselite vorbehalten. Zur Anlage gehören mehrere Sportplätze, Hallenbad und Kurabteilung sowie ein eigener Jachtclub. DZ 150–400 Lv.

Haus der Wissenschaftler Frederik Joliot Curie: Tel. 052/361 161, zwischen Grand Hotel Varna und Zentrum von Sveti Konstantin. Der renovierte Betonbau aus den 60ern greift preislich und etagenmäßig etwas zu hoch, dafür sind Aussicht und Lage vorteilhaft und es gibt ein Hallenbad sowie einen Internetclub. DZ ca. 100 Lv.

Hotel Sveta Elena: Tel./Fax: 052/361 100. Das dreistöckige Hotel ist schlicht, aber ordentlich, die Zimmer haben Aircondition, TV und Telefon. Zum Strand sind es ca. 600 m. DZ ab 50 Lv.

Im Ortszentrum finden sich mehrere Lokale mit traditioneller Küche und Einrichtung, z.B. die Restaurants Manastirka Isba (Klosterkeller), Balkarska svatba (Bulgarische Hochzeit) und Sedemte Odai (die Sieben Stuben). Am Strand finden sich diverse kleine Cafés und Snackbars sowie das Restaurantschiff Sirius.

Die meisten Freizeit- und Kurmöglichkeiten gibt es in den großen Komplexen von Sunny Day und Saint Elias. Kleinere Gesundheitsabteilungen mit Mineralwasser, Kuranwendungen und Massage werden durch Hinweisschilder (deutsch und englisch) ausgewiesen.

Ab Sveti Konstantin (am Hotel Panorama) fährt die **Buslinie** 8 zwischen 6 und 23 Uhr alle 15 min. nach Varna-Zentrum und zurück.

Zum **Flughafen** steigt man in die Linie 409, die alle Viertelstunde von Goldstrand über Sveti Konstantin verkehrt.

Slatni Pjassazi (Goldstrand)

Bulgarien-Atlas S. 235, E 2

Der 18 km von Varna entfernte lang gestreckte ›Goldstrand‹ entwickelt sich mehr und mehr zur ›Goldgrube‹ der Schwarzmeerküste: Alljährlich entste-

Wanderung zum Aladscha-Kloster

Hinter der Küstenstraße führt auf der Höhe der Bushaltestelle nach Varna ein markierter Wanderweg ca. 2,5 km aufwärts durch das schattige Naturreservat von Goldstrand. Wer sich den etwa einstündigen, steilen Aufstieg ersparen will, kann mit einem Taxi bis zum Kloster fahren und nur den Rückweg zu Fuß gehen. Hinter dem Eingang zum Kloster-Museum kann man über kleine Treppen und Wege um die merkwürdigen Höhlen herumgehen, die bereits im 5. Jh. v. Chr. bewohnt und späten 13. und 14. Jh. von Mönchen zu einer Klosteranlage umfunktioniert wurden. Erst Anfang des 20. Jh. wurde das reich bemalte kirchliche Versteck wiederentdeckt – und leider noch viel später erst vor der Zerstörung durch Erosionen und mutwillige Besucher geschützt. Neben den erhaltenen Malereien kann im Museum noch eine Ausstellung mit Funden aus der Region und mittelalterlichen Kunstwerken besichtigt werden (Di–So 9–18 Uhr).

Atlas: S. 235

Piratenschiff am Goldstrand

hen neue Hotels und Villen in dem grünen, hügeligen Gelände, um der zunehmenden Zahl von Feriengästen und ihren Wünschen gerecht zu werden. Noch werden die Folgen des Baubooms weitgehend von den schönen, alten Laubwäldern und Grünanlagen aufgefangen.

Der 4 km lange, schmale Strand fällt flach ins Meer ab und bietet neben feinem goldgelbem Sand jede Menge Möglichkeiten zum Paragliding, Segeln und Tretbootfahren.

Touristeninformation: allgemeine Auskunft Tel. 052/35 53 91, Fax 35 55 87. Jedes Hotel gibt Auskunft bzw. dort die entsprechenden Reiseveranstalter. Etwa auf der Hälfte des 4 km langen Seebades bei dem grünweißen Hotel Javor befinden sich Post, öffentliche Fernsprecher und ein Internetcenter.

Die meisten Betten des Seebades sind während der Saison bereits pauschal vergeben, Einzelreisende können über die **Zimmervermittlung** (Tel. 052/355 683) neben der Investment-Bank an der Landstraße Varna–Albena mit etwas Glück noch Zimmer in den 2-Sterne-Hotels der hinteren Reihen bekommen.
Morsko Oko: Tel. 052/355 364. Von hohen, alten Bäumen umgeben und in unmittelbarer Nähe des Meeres. Umfassender Service und zahlreiche Kuranwendungen gehören zum Drei-Sterne-Komfort dazu. DZ ab ca. 110 €.
Riviera Holiday Club: Tel. 052/35 52 11, Fax 35 60 43. Zur Anlage des bei alter und neuer politischer Prominenz beliebten Clubs gehören mehrere Hotels sowie eigene Strand- und Sportanlagen. DZ ab ca. 0350 Lv.
Hotel Iglika: Tel. 052/35 52 59. Zentrumsnah und gleichzeitig inmitten einer Grünanlage, durch die ein Weg bis zum 150 m entfernten Strand führt. DZ ab 98 €.
Hotel Kristall: Tel. 052/35 62 25. Einfaches und günstiges 2-Sterne-Hotel in der vorletzten Reihe. Dank der ebenso lang gestreckten wie schmalen Bebauung des Seebades ist der Weg zum Strand nicht

weiter als 400 m. Zimmer mit Dusche und Balkon, in der Nähe ein Swimmingpool mit Mineralwasser. DZ ab 50 Lv.

Vorwiegend westeuropäische, aber auch chinesische, indische und georgische Küche wird in unzähligen Restaurant, Cafés und Imbissbuden zu vergleichsweise hohen Preisen angeboten. Traditionell bulgarisches Essen und Ambiente findet man in den Restaurants Vodenizata (nahe der Bungalowsiedlung Oasis), Koscharata (an der Küstenstraße) und Tscherven Rak (am Hotel Rodina).

Fast alle großen Hotels bieten Kuranwendungen und Mineralbäder an, das Zentrum der Balneologie ist im Hotel

Ambassador. Die besten Wassersportangebote finden sich an dem Küstenabschnitt unweit des International Grand Hotel. Ein Reiterhof befindet sich an der Straße Varna–Albena, vom südlichen Ausgang ist es ca. 1 km (ausgeschildert).

Kinderspielplatz unweit vom Hotel Sirena mit Wasserrutsche und Booten. Erwachsene dürfen die Abende je nach Geschmack in den Nachtclubs und Diskos oder bei den Varieté- und Folkloreveranstaltungen verbringen.

Alle ›Neuner‹-Buslinien fahren zwischen 8 und 22 Uhr alle 10 Minuten von Varna nach Goldstrand und zurück. Im Seebad kann man sich mit Trolleybus, Solartaxen oder auf vor dem Hotel Rodina verliehenen Fahrrädern fortbewegen. Avis-Autovermietung im Hotel Rodina.

Kranevo

Bulgarien-Atlas S. 235, E 2

Das kleine Kranevo profitiert von den beiden großen Seebädern Goldstrand und Albena in seiner unmittelbaren Nachbarschaft. Vom Pauschaltourismus bisher unentdeckt sind die unzähligen kleinen Privathotels und Campingplätze, eine gute Alternative für Einzelreisende und Jugendgruppen, die ein Quartier in dieser Region suchen. Ursprünglich befand sich hier eine römische Festungsanlage.

Touristeninformation: in den Hotels und lokalen Zimmervermittlungen oder über die Informationszentren in Goldstrand und Albena. Tour- und Zimmervermittler von Kranevo gehen häufig am Strand von Albena auf Gästesuche.

Hotel-Restaurant Palma: ul. Tscherno more, Tel. 05722/664 77, Fax 664 78. Einfach, aber strandnah, alle Zimmer mit Dusche und Toilette. DZ ab 30 Lv.

Hotel-Restaurant Maloviza: ul Schipka 3, Tel. 05722/666 33. Einfach, aber angenehm eingerichtete Zimmer sowie eine hoteleigener Pool. DZ ab 40 Leva.

Ausflüge in die Umgebung und entlang der teils felsigen Küste ins Balata-Naturschutzgebiet lassen sich von Kranevo aus selbständig oder über lokale Anbieter hervorragend organisieren.

Albena

Bulgarien-Atlas S. 235, E 2

Albena – eine literarische Mädchenfigur des bulgarischen Schriftstellers Jordan Jovkov – scheint in ihrer Materialisierung als Seebad zur kostspieligsten Schönheit der bulgarischen Schwarzmeerküste geworden zu sein. Zum ›natürlichen Charme‹ gehört dabei die Einbettung in die hügelige Region des waldreichen Balata-Gebietes sowie der 4 km lange und ca. 100 m breite feine Sandstrand, der lang und flach ins Meer abfällt. Gleichzeitig rühmt sich das Seebad einer hervorragenden Infrastruktur und eines reichen Freizeit- und Sportangebotes. Beides ist aufgrund der jährlich hindurchziehenden, unzähligen Touristen genauso notwendig geworden wie die strengen ökologischen Prinzipien zur Überprüfung von Luft- und Wasserwerten, die hier zum Erhalt der Urlaubsqualität eingeführt wurden.

Der lange feine Sandstrand in der Bucht von Albena eignet sich hervorragend zum Segeln, Windsurfen, Wasserskifahren und Paragliding. Fliegende Händler mit Snacks und Getränken sowie Masseure und Sonnenschirmvermietung am Strand sorgen für unbeschwertes Strandleben.

Tourismusinformation: Tel. 0579/627 69, Fax 625 75. An der Bushaltestelle befindet sich eine kleine Zimmervermittlung, man kann auch Pläne und Informationsmaterial kaufen. Im Kulturzentrum (Tel. 0579/628 28) im Zentrum des Seebades werden Tickets für Konzerte und andere Veranstaltungen verkauft, alle Hotels bieten organisierte Ausflüge und Veranstaltungen an.

Die meisten Hotels sind während der Saison ausgebucht, Individualreisende können eventuell über die Zimmervermittlung an der Bushaltestelle oder am Strand noch Unterkünfte in den Bungalows oder den Privathotels der Umgebung buchen.

Hotel Dobruschda: Tel. 0579/625 01. Das einzige ganzjährig geöffnete Hotel ist zugleich die vornehmste Adresse des Kurortes. Es beherbergt neben vielen Bars, Cafés und Restaurants eine medizinisch-balneologische Abteilung. DZ ca. 200 Lv.

Hotel Dobrotiza: Tel. 0579/629 30. Das Hotel ist vor allem für Familien mit Kindern eine gute Adresse. Zusätzlich zum Pool gibt es ein Kinderbecken und einen deutschsprachigen Kindergarten. Durch die Lage am nördlichen Ortsende ist es hier angenehm ruhig. DZ ca. 120 Lv.

Feriendorf Gorska Feya: Tel. 0579/629 61. Die Bungalows im hinteren Teil des Seebads sind einfach, aber bequem ausgestattet und eine preisliche Alternative für diejenigen, die nicht direkt am Strand logieren wollen. Ab 80 Lv.

In den vielen Restaurants, Cafés und Bars des Seebades lohnt sich der Preisvergleich: Teilweise wird das Zwei- bis Dreifache des üblichen Menüpreises verlangt und das nicht unbedingt aus qualitativen Gründen.

Beliebt für ihre gut zubereiteten bulgarische Gerichte und das folkloristische Ambiente sind die Restaurants **Slavjanski kat** (Tel. 0579/629 33), **Starija dup** (Tel. 0579/621 08) und **Ribarska chischa** (Tel. 0579/622 73).

Der **Borian Jachtclub** am nördlichen Strandabschnitt und verschiedene andere Vermieter unterhalb der Hotels Kardam und Kaliakra haben sämtliche Wassersportarten im Angebot.

Tennisplätze und **Bowlingbahnen** sowie ein **Reitclub** (Tel. 048/776 056) finden sich am Ortsausgang. Dazu kommen unzählige Möglichkeiten von medizinisch-balneologischen Anwendungen mit und ohne Mineralwasser sowie so genannte ›Sportpakete‹, in denen Reiten, Tauchen, Radeln und Surfen oder auch Kombinationen aus Badeurlaub und Rundreisen miteinander verbunden werden. Letztere müssen allerdings vorab vereinbart werden.

In eigener Regie kann man mit Bus, Auto oder Fahrrad schöne Ausflüge zu dem Derwischkloster Arat Teke (s. S. 187) und nach Dobritsch organisieren (s. S. 187).

Die 32 Kilometer zwischen Varna und Albenas **Bushaltestelle** werden täglich zwischen 8 und 19.30 Uhr von Minibussen überbrückt (Abfahrt alle 30 Minuten). Von der Haltestelle zu den Hotels und zum Strand übernehmen kleine Trolleybusse den Transfer. Weitere Busverbindungen bestehen nach Baltschik, Dobritsch und Sofia.

ZWISCHEN BALTSCHIK UND DER RUMÄNISCHEN GRENZE

Die Region wird bisher nur von Vögeln als regelmäßige Sommeradresse gewählt. Einzig das Seebad Russalka ist mittlerweile in die Kataloge der bulgarischen und westlichen Veranstalter aufgenommen worden.

Baltschik

Bulgarien-Atlas S. 235, E 2

Das natürlich gewachsene Städtchen erstreckt sich malerisch über die Terrassen weißer Kalksteinfelsen. Im Gegensatz zu den zweckdienlich entworfenen, großen Kurorten der Umgebung hat hier noch jeder Stein Geschichte. Alte Balkanhäuser mit roten Ziegeldächern, Architekturensembles der Wiedergeburtszeit, Kirchen und Moscheen zeugen davon. Von griechischen Händlern etwa im 5. Jh. v. Chr. gegründet, wurde die Siedlung zuerst ›Kruni‹ (d.h. Stadt der Quellen) genannt, doch schon bald in Dionysopolis umgetauft. Selbst der vom römischen Kaiser Augustus mit dem Exil gestrafte Poet Ovid konnte über die kleine Stadt nur Gutes berichten: »Heil dir, weiße Stadt und deiner einzigartigen Schönheit«, pries er sie in einem Gedicht. Im 13. Jh. wurde die Stadt ›Baltschik‹ (nach dem fortan regierenden Bojaren Balik) benannt. Nichtsdes-totrotz florierte das Städtchen weiterhin und machte sich einen Namen als Zentrum des Getreidehandels. 1913 fiel die Stadt und umliegende Region an Rumänien und wurde erst 1940 für 7000 Leva von Bulgarien zurückgekauft.

Sommerpalast und Botanischer Garten

Immer noch kommen viele Touristen hauptsächlich nach Baltschik, um das Schloss und den Garten der rumänischen Kaiserin Maria zu besichtigen. Über verschlungene Pfade und steile Treppchen spaziert man hangabwärts durch den romantischen botanischen Garten, in dem die Kaiserin über 600 verschiedenen Pflanzenarten setzen und diverse Brunnen, Brücken und Bächlein und etliche kleine Lauben schaffen ließ. Direkt am Strand steht das Schloss ›Stilles Nest‹ – eine raffinierte architektonische Mischung aus europäischen und orientalischen Stilelementen mit weitem Blick über das Meer (Juni bis Sept. tägl. 9–18 Uhr). Nahe dem Palast steht die kleine Marien-Kapelle, die die Kaiserin Stein für Stein in Kreta hatte ab- und hier wieder aufbauen lassen. Nach ihrem Tode 1936 wurde ihr Herz auf ihren Wunsch hin in der Kapelle aufbewahrt – zumindest bis zum staatlichen Verwaltungswechsel von 1940.

Stadtspaziergang

Vom Hafen schlängelt sich die Straße Tscherno More den Hang hinauf bis zur **Kunstgalerie**, ul. otez Paissij 4. Neben wechselnden Ausstellungen moderner Künstler können hier Exponate aus der Stadtgeschichte – u.a. die namengebende Dionysosstatue – besichtigt werden (tägl. 8–12.30 und 13–17.30 Uhr).

Etwas höher am zentralen Platzes Nesavisimost liegen das **Ethnographische Museum** in einem schönen alten Holzhaus von 1860 (ul. Vitoscha 3) und das **Historische Museum** einander gegenüber. Letzteres überrascht mit einer seltsam gemischten, kleinen Sammlung, die Exponate von Mammutknochen über Thrakerkutschen bis zu Erinnerungen an den Zweiten Weltkrieg umfasst (8–12.30 und 13–17.30 Uhr).

Jenseits des belebten Zentrumsplatzes steigt die ul. Tscherno more bis zur **Nikolai-Kirche** aus dem 19.Jh. und weiter zum **Wiedergeburtsmuseum** (ul. Christo Botev, tgl. 8–12.30 und 13–17.30 Uhr) hinauf. Am Wegrand verlocken Hinterhofcafés zur Einkehr. Oben angekommen, belohnt ein schöner Blick über die Stadt.

Infozentrum: pl. Ribarski 1, Tel./Fax 05797/20 34 .
Am Hafen finden sich außerdem mehrere Agenturen, die Zimmer und Hotels vermitteln. In einigen Hotels (z. B. Hotel Baltschik) kann man lokale Zeitschriften auf Deutsch, Französisch und Englisch erwerben.

Hotelkomplex Elit: gegenüber dem botanischen Garten, Tel. 05797/750 06. Ordentliche, komfortable Zimmer in grüner Umgebung. DZ 40 Lv.

Baltschik: Blütenpracht im Botanischen Garten der Kaiserin Maria

Sommerpalast der Kaiserin Maria

Baltschik: pl. 21 septemvri 1, Tel. 05797/727 80. Renoviertes, komfortables Traditionshotel, Zimmer mit Antiquitäten eingerichtet. DZ ab 30 Lv.
Bjala Kaschta: ul. Geo Milev 18, Tel. 05797/738 51. Die Villa in einer steilen, ruhigen Straße unweit der Strandpromenade ist komfortabel eingerichtet. Ein gutes Restaurant gehört dazu. DZ ab 60 Lv.
Auch alle anderen Hotels haben **Restaurants,** am Hafen sowie entlang der ul. Tscherno More und am Zentrumsplatz finden sich viele weitere Lokale und Imbissstuben.

Vom **Busbahnhof** (Tel. 05797/740 69) auf der ul. Tscherno more (unweit vom Hafen) fahren während der Sommersaison Minibusse in viertelstündlichen Intervallen nach Albena, alle halbe Stunde nach Dobritsch und jede Stunde nach Varna. Mehrere Linien fahren täglich Richtung Kavarna und Sofia.

Kavarna und Russalka

Bulgarien-Atlas S. 235, F 2
Wie kaum ein anderer Ort Bulgariens hat die kleine Hafenstadt am Meer im Laufe der Geschichte immer wieder Aufbau und Zerstörung erlebt. Selbst wenn das heutige, industriell geprägte Stadtbild auf den ersten Blick wenig reizvoll erscheint, entdeckt man bei näherem Hinsehen in Kavarna gleichsam in Ablagerungen die wechselvolle Geschichte des Landes.

Die ursprünglich thrakische Siedlung Bisone aus dem 6. Jh. v. Chr. wurde von den Griechen kolonialisiert, aber bereits im 1. Jh. v. Chr. durch ein Erdbeben vollständig zerstört. Im Laufe der Zeit übernahmen römische, byzantinische und bulgarische Herrscher das jeweils mit Aufbau und Zerstörung einher gehende Regiment über die Stadt, im Mittelalter vernichteten schließlich tatarische Reitervölker sämtliche Bauten.

Unter dem Bojaren Balik begann eine neuerliche Aufbauperiode. Zuletzt wurde Kavarna nach dem Russisch-Türkischen Krieg wieder aufgebaut, nachdem bei einem verheerenden Brand 1878 wieder einmal fast die gesamte Stadt zerstört worden war und 1200 Menschen zu Tode kamen.

Seither ist das Leben in Kavarna friedlicher, aber auch ärmer geworden – die Stadt investierte in Landwirtschaft und Fischfang und geriet in Vergessenheit. Erst in den letzten Jahren wurde mit der Ausgrabung und Wiederherstellung der kulturhistorischen Sehenswürdigkeiten begonnen und der Tourismus angekurbelt.

Sehenswürdigkeiten in der Stadt

Der große Zentrumsplatz mit seinen alten Bäumen, einem Kirchlein und den schönen, allmählich verfallenden Hausfassaden wirkt wie ein Spiegel der stillstehenden Zeit im heutigen Kavarna. Einer ungewollten Karikatur des Louvre gleich, steht ein kleine, gläserne Pyramide inmitten des historischen Ensembles. Hinter der als Laden genutzten Glaspyramide führt eine Treppe hinunter zu einer anderen Terrasse und Kulturepoche der Stadt.

Im ehemaligen türkischen Bad befindet sich das **Historische Museum** der Stadt, das mit einer einzigartigen Sammlung von thrakischen und griechischen Funden und historischen Karten der Schwarzmeerregion beeindruckt. U. a. sieht man hier gleich mehrere ›Goldene Vliese‹, von deren Existenz vorher nur die griechischen Mythen berichteten. Es handelt sich dabei um kleine Goldbarren in Form von Schafsfellen, die aus dem Meer unweit von Kavarna geborgen wurden. Ob die kostbaren Felle vormals von Kaufleuten geopfert wurden, um das gefährliche Meer freundlich zu stimmen oder ob sie nach einem Schiffsbruch hier versanken, wird wohl ein Geheimnis bleiben (ul. Tschirakman 1, Mo–Fr 8–12 und 14–18 Uhr). Weiter hangabwärts führt die ul. Sava Gantschev zum **Ethnographischen Museum.** In dem Gebäude inmitten des traditionellen Blumengartens wurde nach dem Ende der osmanischen Herrschaft die erste bulgarische Schule der Stadt eröffnet, nun sind hier Möbel, Trachten und Alltagsgegenstände der vornehmen bulgarischen Bevölkerung im 19. Jh. ausgestellt (Mo–Fr 8–12 und 14–18 Uhr).

Über Treppen und Straßen steigt man hinunter bis zum **alten Fischerhafen**. Die schönen, orientalischen Gebäude hier sind weitgehend verfallen und werden nur noch als Warenlager benutzt, doch in den vielen neu eröffneten kleinen Restaurants und Bars des umtriebigen Platzes werden gute Fischgerichte serviert.

Ausflug zum Kap Kaliakra

Von den ca. 110 m hohen Felsen des **Kap Tschirakman** unweit des Hafens hat man einen herrlichen Blick über die Küste und eine byzantinische Festungsanlage. Etwas weiter östlich, unweit der **Ortschaft Balgarevo**, befinden sich die Ruinen der antiken **Festung Timmun** aus römischer Zeit. Nach weiteren 6 km sieht man die ebenso malerische wie steile Felsformation des **Kap Kaliakra** aufragen. Hier sollen sich während der osmanischen Besatzungszeit weiland 40 schöne Jungfrauen von den Klippen gestürzt haben, um ihrem Schicksal als Haremsdamen zu entgehen. Während die gemeinschaftliche Verzweiflungstat ins Reich der Legende gehört, gibt es für andere Zeitepochen fundierte Beweise: In dem kleinen Höhlenmuseum sind Funde aus der antiken Festung Tirisi/Tetrasiada bzw. später Akre/Kaliakra ausgestellt, deren Ruinen sich unweit des Kaps befinden (tägl. 10–18 Uhr). Oben auf dem Kap kann man in das kleine Höhlenlokal einkehren oder die Umgebung des Kaps weiter erfor-

Kap Kaliakra

schen. In den so genannten Kaliakra- und Bolata-Reservaten befinden sich neben zahlreichen Tier- und Pflanzenarten viele alte Höhlen und einige thrakische Grabhügel.

Eintrittserlaubnis für das Reservat und informative Broschüren über Flora, Fauna und Geschichte des Naturreservates erhält man im Informationszentrum (Tel. 05744/424) von Balgarevo.

Strände

Im Süden von Kavarna erstreckt sich ein schöner kleiner Sandstrand, der allerdings wenig Sportmöglichkeiten bietet. Rund um das Kap kann man sich eine der vielen kleinen Felsenbuchten aussuchen, zu denen kleine Pfade führen, oder am touristisch ebenso gut besuchten wie versorgten Strand von Russalka in das herrlich klare Wasser tauchen.

Feriendorf Russalka

Das ehemalige Dorf des Club Méditerranée ist nach seiner Renovierung zu einem attraktiven Urlaubs- und Kurort geworden. Etwa 200 weiße Bungalows wurden in die steilen Hänge der felsigen Kalksteinküste gebaut. Aus dem breiten Sportangebot kann jeder etwas für sich auswählen: Tennis, Basketball oder Volleyball, Bowling, Reiten sowie diverse Wassersportarten. Auch in den heißen Thermalduschen und Becken, bei Kuranwendungen und Massagen kann man das körperliche Wohlbefinden steigern. Einen guten Ruf genießt das Tauchzentrum von Russalka. Es veranstaltet Kurse und Tauchausflüge, leistet aber auch Forschungsarbeit, die in interessanten Videofilmen dokumentiert wird (9695 Kavarna, Tel./Fax 0570/851 85. DZ ab 80 Lv.).

Gemeinde Kavarna: Tel. 0570/31 17 im Stadtzentrum.

Hotel Dobrotiza: ul. Dobrotiza 22, Tel. 0570/82 395. Das Zwei-Sterne-Hotel aus alter Zeit ist teilweise renoviert, schlicht und ordentlich, aber leicht überteuert. Im Eingangsbereich gibt es ein Restaurant und eine Bar. DZ 77 Lv.
Campingplatz Morska Svesda: am südlichen Stadtrand. Übernachtungsmöglichkeiten in Bungalows oder Zeltplätze für durchschnittlich 15 Leva pro Person.

Am Hafen von Kavarna gibt es viele günstige Imbissbuden und Cafés. Vor allem aufgrund des herrlichen Blickes ist das Lokal auf dem Kap Kaliakra zu empfehlen (siehe oben). Außer in den Hotels von Kavarna und Russalka kann man gute bulgarische Küche in den kleinen Ortschaften der Umgebung genießen, z. B. im Restaurant Tri orecha (tägl. 8–24 Uhr) in Sveti Nikola oder in der Mechana Gagausa (tägl. 9–24 Uhr) in Balgarevo.

Vom **Busbahnhof** im Zentrum verkehren regelmäßig Busse nach Baltschik, Varna und Dobritsch. Weniger konstant ist der **Minibusverkehr** entlang der über Balgarevo, Russalka bis nach Schabla führenden Küstenstraße. Wer zum Kap Kaliakra will, muss spätestens ab Balgarevo in ein Auto umsteigen.

Schabla und Umgebung

Bulgarien-Atlas S. 235, F 2
Schabla an der rumänischen Grenze ist die nördlichste Küstenstadt Bulgariens. Ein Ort ohne besonderen Sehenswürdigkeiten, aber die langen, fast unberührten Sandstrände zwischen Schabla und der rumänischen Grenze und die felsigen Buchten zwischen Schabla und Russalka sind für Romantiker, Schnorchler und Taucher ein Paradies.

Obwohl der Ort von Römern und Byzantinern unter dem Stadtnamen Karia zu einem bemerkenswerten Handels- und Handwerkerzentrum ausgebaut wurde, wurde er in späteren Jahrhunderten mehr und mehr vernachlässigt, so dass Schabla schließlich nur noch durch seine Fischerei- und Landwirtschaftsbetriebe bekannt war. Die Stadt krankte an chronischem Geldmangel und fehlendem öffentlichen Interesse. Nun scheint durch die Entdeckung von Öl unweit von Tjulanevo ein neues ›goldenes Feld‹ unerwartet reiche Ernte zu bringen. Inwieweit sich die hoffnungsvollen Erwartungen erfüllen und vor allem, wie sie mit den bisher intakten Naturschutzgebieten der Region in Übereinstimmung gebracht werden können, wird erst die nähere Zukunft erweisen.

Kap Schabla

Interessanter als Schabla selbst ist die Umgebung der Stadt. Nur mit dem Auto kommt man zu der alten **römischen Festungsanlage** und dem ältesten **Leuchtturm** des Landes vom Anfang des 18. Jh. am **Kap Schabla**.

Fischmahlzeit

Am Kap Schabla sollte man eine köstliche Fischmahlzeit im winzigen Hotelrestaurant ›Pri Bej Petar‹ (Tel. 088/92 33 38) nicht versäumen: In der gemütlichen Fischerhütte werden alle Gerichte frisch zubereitet.

Ca. 3 km von der Stadt entfernt befinden sich die Naturreservate der heilschlammhaltigen **Schabla-Seen**, wo mehr als 100 000 Wildgänse ihre Nistplätze haben. Weitere Seen mit selten gewordenen tierischen Anwohnern wie Ibissen, Fischottern und Schakalen lassen sich bei Durankulak unweit der rumänischen Grenze aufspüren. In den nur durch ein paar Dünen vom Meer getrennten Süßwasser-Seen leben neben zahlreichen Fischen auch äußerst schmackhafte Krebse – im Restaurant am Seeufer (das einzige Gebäude dort) kommt beides auf den Tisch.

Weitere Natur- und Siedlungswunder kann man an der felsigen Küste unweit der Orte Tjulanevo/Kamen Brjag etwa 10–15 km südlich von Schabla erkunden. Von Kamen brjag führt ein kleiner Fußweg in das **archäologische Gebiet Jailata** und direkt zur Grabstätte einer Thrakersippe. In die nach Osten ausgerichteten Grabkammern kann man von oben hineinblicken, in der Mitte der Anlage befindet sich ein Opferaltar. An den steilen Felsen unterhalb des Weges sind mehrere Höhlenwohnungen mit Fossilien. Der Weg endet bei den von Blumen und Gräsern halb überwucherten Ruinen einer alten byzantinischen Festungsanlage.

Auch hier gibt es gutes Essen: Am Anfang des Pfades serviert man im kleinen Hotel-Restaurant Imperial traditionelle bulgarische Gerichte, bei schönem Wetter im blumenreichen Hof.

ul. Ravno Pole 35, Tel. 088/40 03 63 oder Tel./Fax 05743/31 77.

Hotel Schabla: ul. Ravnopole 34, Tel. 087/36 97 49. Das kleine Hotel im Zentrum stammt noch aus sozialistischer Zeit, hat aber bereits eine Teilsanierung hinter sich. DZ 30 Leva.
Am Schabla-See und bei Durankulak finden sich Campinganlagen mit Bungalows, Hotels (nur bei Schabla) und einige Geschäfte. Die Übernachtung kostet zwischen 5 und 20 Lv.
Hotel Imperial: am Ortsende von Kamen brjag, Tel. 05743/ 44 600: In dem kleinen Haus mit dem großen Namen warten drei Zimmer mit schrägen Decken, aber gemütlicher Einrichtung und ebenso guter wie freundlicher Service auf die Gäste. Übernachtung pro Person ca. 15 Lv.

Starata kaschta: pl. Tscherveno snanie 1. Das kleine, im traditionell bulgarischen Stil gehaltene Restaurant im Zentrum überrascht durch kulinarischen Stil und Finesse: Restaurantchef Georgi hat jahrelange Erfahrung im Umgang mit den kulinarisch verwöhnten Gästen des Club Méditerranée und alte bulgarische Küchengeheimnisse in Einklang gebracht.

Zwischen Schabla, Kavarna und Dobritsch verkehren wenige Busse in unregelmäßigen Abständen. Praktischer als mit den öffentlichen Minibussen kommt man mit Taxi oder Leihwagen über die gut geteerte Küstenstraße an die sehenswerten Plätze der Region.

Ausflug in die Dobruschda

Kloster Arat Teke

Bulgarien-Atlas S. 235, E 2
Zwischen Albena und der Ortschaft Obroschitsche befinden sich unweit der Straße die Ruinen der ehemaligen mohammedanischen Klosteranlage Arat Teke. Früher sollen hier von den gastfreundlichen Derwischen bis zu 200 Besucher täglich mit Speis und Trank versorgt worden seien, nun weiden allerdings nur noch ein paar Ziegen zwischen den alten Mauerresten der Küchenräume. Das siebeneckige Kirchlein wird auf Nachfrage gerne von einem Bewohner der gegenüberliegenden Häuserzeile aufgeschlossen. Im Inneren befindet sich der Sarkophag des heiligen Ak Azalas.

Dobritsch

Bulgarien-Atlas S. 235, E 2
Kornfelder, Wiesen und Obtbäume säumen die kleine Landstraße von Oboroschischte nach Dobritsch, und aufgrund der zahlreichen Pferdefuhrwerke und Heuwagen hat man genügend Zeit, über die Wunder dieser Kornkammer Bulgariens nachzusinnen.

Umso erstaunlicher, dass in der Bezirksstadt Dobritsch keineswegs staubige Landluft weht: Im schönen, alten Zentrum gruppieren sich hohe, pseudoklassizistische Häuser um den Svoboda-Platz und die daran anschließende Fußgängerzone. Ein relativ großes Freilichtmuseum, in dem sich neben den alten Handwerkerhäuschen auch einige Souvenirläden, Cafés, Snackbars und Restaurants befinden, begrenzt den Platz im Norden. Wer hier über die alten Kopfsteinpflasterstraßen schlendert, kann Schmieden, Töpfern und Webern bei der Arbeit zusehen – selbstverständlich sind die Erzeugnisse ihrer Handwerkskunst auch zu erwerben (ul. Dr. Stoilov, im Sommer tägl. 8–18 Uhr).

Auf der anderen Seite des pl. Svoboda kann man eine kleine **armenische Kirche** besichtigen, während im Südwesten die **Kunstgalerie** auf Besucher wartet (ul. Bulgaria 14, Mo–Fr 9–12.30 und 13.30–17 Uhr). Folgt man der ul. 25-Septemvri südlich Richtung Varna, gelangt man zum **Ethnographischen Museum** in einem Haus der Wiedergeburtszeit mit herrlichem Hofgarten (Mo–Fr 9–13 und 14–17 Uhr).

Bevor man sich auf den Rückweg durch Felder und Wiesen macht, sollte man in eines der vielen Cafés, in denen süßes Gebäck, aber auch kleine Snacks und Joghurtdesserts angeboten werden, im Zentrum einkehren. Wer nicht schon ein gemütliches Plätzchen im Freilichtmuseum ausgeguckt hat, hat auf der ul. 25-Septemvri oder im schattigen Park unweit des Ethnographischen Museums reiche Auswahl.

Stara Dobritsch: Tel. 058/43 611. Das Hotel im Freilichtmuseum überzeugt mit authentischer Architektur und Einrichtung im Wiedergeburtsstil und modernem Komfort. DZ 66 Lv.

BURGAS UND UMGEBUNG

Die größte Stadt der südlichen Küstenregion mit ihrem Industriehafen ist bei Touristen weit weniger populär als Varna. Doch wer sich etwas Zeit nimmt, entdeckt die malerischen Viertel abseits der großen Einkaufsstraßen mit ihren hohen alten Häusern, verborgenen Höfen, kleinen Kirchen und Museen. Immerhin war die Gegend von Burgas schon mehrere Jahrhunderte von Thrakern besiedelt, bevor sie von Griechen kolonisiert und von den Römern befestigt wurde.

Vom Hafen zum Meerespark

Bulgarien-Atlas S. 239, D1

In Burgas (210 000 Einw.) findet sich alles dicht beieinander. Der schöne, kleine Bahnhof liegt direkt neben dem Hafen, Busbahnhof und unzählige Taxen sind gleich anbei. Von hier führt die große und belebte Aleksandrovska-Straße ins Zentrum. In den letzten Jahren wurde sie für Urlauber zum Bummeln und Einkaufen zurechtgemacht. Ladenpassagen, Cafés und Bars verführen rechts und links zu Abstechern, die hohen, alten Bürgerhäuser sind farbenfroh renoviert. Vor dem beliebten **Café Wien** stehen ständig Gäste für einen Tisch an. Stiller geht es in der kleinen **armenischen Kirche** [1] zu: Das mit bunten Teppichen ausgelegte Gotteshaus nur einige Schritte vom Hotel Bulgaria ist jederzeit für Besucher geöffnet.

Nach ausgiebigen Bummel entlang der Aleksandrovska führt ein Abzweig zum **pl. Kiril i Metodij** und zur gleichnamigen **Kirche** [2] aus dem 19. Jh.. Das große und Gotteshaus mit vielen Kuppeln wurde von dem Italiener Riccardo Toscanini entworfen und gehört zu den architektonischen Schmuckstücken von Burgas.

Klein, aber interessant sind das **Naturkundemuseum** [4] (ul. Fotinov 20, Mo–Sa 9–17 Uhr) sowie das **Archäologische Museum** [5] (ul. Bogoridi 21, tägl. 9–17 Uhr). Im Naturkundemuseum finden sich viele Fotos, Zeichnungen und Texte sowie präparierte Tiere und Pflanzen, die sich auf die umliegenden Naturreservate beziehen, und im Archäologischen Museum sind u. a. Schätze aus einem thrakischen Königsgrab ausgestellt.

Anschließend ist man gleich wieder mitten im geschäftigen Treiben der Stadt. Auf der Fußgängermeile ul. Bogorodij flanieren Stadtbewohner und Gäste zu jeder Tageszeit entlang den Läden und Cafés zum Meerespark.

Bademoden flattern an den Ausstellungsständern, überall spielen Straßenmusikanten oder werben Händler für ihre Produkte. Ein Abstecher führt durch die parallele und vollkommen stille ul. Mitropolit Simeon zur **Städtischen Kunstgalerie** 6. In der ehemaligen Synagoge werden zeitgenössische Kunstwerke und alte Ikonen ausgestellt und verkauft (Mo–Fr 9–12 und 14–18 Uhr).

Egal, welcher Straße man Richtung Osten folgt, der Weg zum **Meerespark** 7 und zum Strand von Burgas ist nicht mehr weit. In dem schattigen grünen Park zwischen Zentrum und Küste gibt es einen kleinen Rummelplatz und Spielplätze für Kinder, Weg und Bänke zum beschaulichen Spazieren und Ausruhen. Rentner, Mütter mit Kleinkindern und Teenager auf Inlinern ziehen ihre Runden. Ansonsten verbringt die Stadtbevölkerung von Burgas ihre Freizeit vorwiegend an dem kleinen Strand, der aber mit seiner dunklen, eisenhaltigen Körnung und den bescheidenen Unterhaltungsangeboten auf Badegäste von außerhalb nicht besonders attraktiv wirkt.

Es gibt in Burgas kein offizielles Informationszentrum. Auskunft, Material in Englisch und Deutsch sowie die Vermittlung von Leihwagen, Bustickets und Touren (siehe auch Schwarzmeerhinterland) erhält man im Hotel Bulgaria oder über den lokalen Tourismusrat: Tel. 056/843 641, Fax 056/848 541.

Leider befinden sich fast alle Hotels (Ausnahmen siehe unten) außerhalb des Zentrums und sind nur mit Bus oder Taxi zu erreichen. Wer Anfahrtswege nicht scheut und günstig übernachten möchte, kann sich einschlägige Hoteladressen und Privatquartiere bei einer der Zimmervermittlungen besorgen: z.B. Balkanov Tourist Büro, ul. Bogoridi 14 (Ecke ul. Fotinov), Tel. 056/84 45 97, 8–17 Uhr, vermittelt DZ für ca. 20 Lewa.

Hotel Bulgaria: ul. Aleksandrovska 21, Tel. 056/840 436 oder 842 820. Das älteste Hotelhochhaus der Stadt hat sein Mobiliar behalten, Empfang und sanitäre Anlagen inzwischen aber modernisiert. Schön sind die zentrale Lage und der herrliche Blick über die Küste von den Zimmern oder vom Panoramacafé im 17. Stock. DZ 48 $.

Hotel Primorez: ul. Knjas Aleksander Battenberg 2, Tel. 056/84 31 37, Fax 84 29 34. Alle Zimmer haben Balkon und neue sanitäre Anlagen, manche einen schönen Blick aufs Meer. Das Hotel liegt direkt am Meerespark, bis zum Bahnhof und Zentrum sind es nur 5–10 Minuten zu Fuß. DZ 120 Lv.

Sowohl das Bulgaria als auch das Primorez bieten Restaurants mit gediegenem Service und Ambiente, die oft von der Stadtbevölkerung zu festlichen

Museumscafé

Der Besuch des **Ethnographischen Museums** 3 lohnt sich nicht nur wegen der vielfarbigen Kostüme und Trachten, die hier ausgestellt sind. In schöner, stiller Atmosphäre kann man sich im Hof des alten Wiedergeburtshauses inmitten von Blumen und Bäumen bei einem Kaffee von dem Trubel der großen Straßen erholen (ul. Slavjanska 69, Mo–Fr 9–17 Uhr).

Anlässen besucht werden. Das Panorama-Restaurant im Bulgaria reizt durch seinen schönen Blick über Stadt und Küste.

Ungleich kleiner, aber mit schönen Hofterrassen und guter traditioneller Küche sind die vielen Restaurants in der Bogoridi-Fußgängerzone, u.a.das **Restaurant Art** 10, ul. Bogoridi 34, 9–24 Uhr.

Pizzeria Grand Italia 11: ul. Zar Simeon I, Tel. 056/453 17. Das Restaurant ist ein Tipp für alle, die außer Pasta und Pizza einen echt italienischen Espresso unweit des Strandes trinken wollen.

Reiche Auswahl an Mode und Souvenirs finden sich in den Straßen Aleksandrovska und Bogoridi. Schöne Ikonen kann man in der Kunstgalerie erwerben.

Viele Festivals, u.a. das **Folklorefestival der Völker** im August, finden im Meerespark statt. Auch Diskos, Bars und Unterhaltungscafés verlegen ihren Standort im Sommer hierher.

Dramatisches Theater: ul. Zar Assen 135, Tel. 056/841 524.

Oper und Ballett: ul. Sveti Kliment Ochridski 4, Tel. 056/843 057.

Kino Septembri: ul. Georgi Kirkov. Hier werden auch amerikanische und europäische Filme im Original mit Untertiteln vorgeführt.

Sehenswürdigkeiten
1 Armenische Kirche
2 Kirche Sv. Sv. Kiril i Metodij
3 Ethnographisches Museum
4 Naturkundemuseum
5 Archäologisches Museum
6 Städtische Kunstgalerie
7 Meerespark

Unterkunft
8 Hotel Bulgaria
9 Hotel Primorez

Essen & Trinken
10 Restaurant Art
11 Pizzeria Grande Italia

Flughafen: Tel. 056/683 181. Etwas außerhalb der Stadt bei Sarafovo starten und landen im Sommer täglich mehrere Maschinen ins Ausland und nach Sofia.
Bahn: Von der oft überfüllten Bahnstation verkehren täglich mehrere Züge Richtung Sofia, Varna und Plovdiv. Trotz 24-Stunden-Service empfiehlt es sich, seine Tickets vorab zu kaufen.
Busse: Mindestens alle 30 Minuten fahren Busse und Minibusse die Routen entlang der Schwarzmeerküste. Etwa zehn Busse fahren täglich nach Sofia, zwei Linien fahren nach Plovdiv. Verschiedene private Unternehmen bieten Touren ins Ausland (Istanbul) und durch Bulgarien, sind aber deutlich teurer als die staatlichen Linien. Alle Informationsstellen vor Ort sind auch englischsprachig beschriftet.

Zwischen Burgas und dem Kap Emine

Pomorie

Bulgarien-Atlas S. 239, D1/E1
Die kleine Stadt auf der Halbinsel nordöstlich von Burgas wird wenig von ausländischen und viel von bulgarischen Touristen besucht. Eine Ursache dafür mag der verheerende Brand gewesen sein, der 1906 fast die gesamte Stadtstruktur zerstörte – die in der Folge entstandenen Ferienhäuser und Unterkünfte sind architektonisch reizlos, dafür für Einheimische weitaus günstiger zu mieten als in den Nachbarorten.

Übrig sind heute nur einige Schwarzmeerhäuschen, ein Kirchlein und Kloster sowie ein paar Ausgrabungsfunde. Massenweise gibt es dafür Heilschlamm und Salz aus den umliegenden Seen, die man sich in den großen Hotels verabreichen lassen kann.

Wer nach Pomorie hineinfährt, kommt an dem einzigen bewohnten ›Küstenkloster‹ Bulgariens vorbei: Die Mönche des kleinen, von hohen Mauern geschützten und vielen Blumen geschmückten **Klosters Sveti Georgi** (ul. Knjas Boris 110) waren früher stolze Besitzer von großen Weinanbaugebieten. Heute haben die drei verbliebenen Brüder alles verpachtet, zum Kloster-Stolz gehört stattdessen heilwirkendes Wasser und die schöne Kirche aus dem 18./19. Jh.

Vogelparks

Die so genannten ›Burgas-Seen‹ zwischen Burgas und Pomorie sind nicht nur Zubringer des heilsamen Schlammes für die Kurorte. In den ausgedehnten Feuchtreservaten sind auch fast 60% der bulgarischen Vögel beheimatet. Über das Poda-Naturschutzzentrum (Tel. 056/850 540, 8–18 Uhr) kann man eine geführte Bootstour oder eine Wanderung vereinbaren und Pelikane, Ibisse und Kormorane aus nächster Nähe beobachten. Auch von Sonnenstrand und Pomorie werden Ausflüge organisiert. Weitere Information: ›Feuchtzonen Burgas‹, ul. Ferdinandova 78/1/1, Tel. 0569/492 55 oder 84 46 17, www.pomonet.bg/bourgaslakes

Durch das stets überfüllte lebhafte Stadtzentrum kommt man auf derselben Straße zum **Historisch-archäologischen Museum**, wo einige thrakische, griechische und römische Funde sowie zahlreiche Gemälde mit Meeresmotiven und die Bibliothek von Pomorie versammelt sind (Di–Fr10–12 und 16–20 Uhr).

An der äußersten Spitze der Halbinsel finden sich nicht nur die schönsten Häuser des Ortes im typischen Schwarzmeerstil, sondern auch das malerische, kleine Kirchlein **Preobraschenije Christovo** aus dem 18. Jh., das als einziges von 26 Gotteshäusern dem großen Brand von 1906 entgangen ist (ul. Khan Kubrat 1).

Beim Campingplatz Europa etwa 2 km südlich der Stadt führt ein kleiner Weg zu einem eindrucksvollen **thrakischen Hügelgrab** (im Sommer täglich 9–16 Uhr).

Strand

Der Strand von Pomorie ist zwar lang, aber weniger reizvoll als in den Nachbarorten – eine dunkel gekörnte Sandbank zieht sich von der Spitze der Halbinsel Richtung Nordwesten. Dahinter, nur durch einige bewachsene Dünen vom Meer getrennt, befinden sich die Salzseen. Heilschlammanwendungen, Freizeit- und Sportangebote werden nur über die Hotels vermittelt.

Informationsbüro neben dem Hotel Pomorie mit Englisch und Deutsch sprechenden Mitarbeitern: ul. Javorov 3, Tel. 0596/24 40, Fax 22 80.

Die schönsten **Restaurants und Cafés** sind im Altstadtviertel bzw. am südöstlichen Teil des Strandes. Viele Restaurantbesitzer haben Gästezimmer.

Hotel Pomorie: ul. Javorov 3, Tel. 0596/24 40, Fax 22 80. Trotz seines berühmten Kurzentrums hat das riesige Hotel bisher wenig in die Modernisierung der Zimmer investiert. Bäder und Mobiliar stammen vermutlich noch von 1960. Schöner sind die Restaurants, Cafés und das Schwimmbad der Anlage. DZ 60 Lv.

Hotel Bjal Dom: ul. Raijna Knjagina 15, Tel. 0596/76 51, Fax 77 51. Günstige Lage im Zentrum, ein sehr gutes Restaurant, moderne, schöne Zimmer, teilweise mit Seeblick, und freundlicher Service machen das kleine familiengeführte Hotel zur echten Empfehlung. DZ ab 30 Lv.

ARCHE NOAH UND SCHWARZES MEER

Kaum bekannt ist, dass die wenig salzige Flüssigkeit des Schwarzen Meers zu zwei Dritteln ohne jedes organische Leben ist. Oberhalb davon, in einer Schicht von bis zu 200 m Tiefe hingegen war und ist es schon immer berühmt für seine Artenvielfalt: Lachse und Störe zogen von hier aus die Flüsse hinauf, Steinbutt, Sprotte und Rochen tummelten sich in den Küstenregionen, während im offenen Meer Delfine und die bekannte Schwarzmeersardelle ›Hamsi‹ alljährlich ihre kreisförmige Wanderung vollziehen. So brauchen sich auch heute Taucher und Schnorchler keine gesundheitlichen Sorgen zu machen. Die hochgiftige Schwefelwasserstoffsubstanz der Tiefseeregionen, die man im Übrigen ja auch am Grund der Ostsee, einiger norwegischer Fjorde oder vor den Küsten Perus nachgewiesen hat, bleibt als gewaltige Masse unterhalb des menschenmöglichen Erfahrungsbereiches.

Dennoch regt das Phänomen zu Spekulationen an: Bekannt ist zwar, dass die Entstehung des giftigen Gases mit einem Überangebot organischen Materials zusammenhängt, bei dessen biologischer Zersetzung dem Meereswasser der Sauerstoff entzogen wird, doch woher die unbewältigten Mengen an ›Grünzeug‹ gekommen sein sollen, bleibt nach wie vor ein Rätsel. Während man lange Zeit davon ausging, dass die vielen in das Meer einmündenden Flüsse die eigentlichen Verursacher der ›natürlichen‹ Katastrophe seien, versuchen heutige Forscher die biblische Überlieferung von der Sintflut in Verbindung mit den Ergebnissen der Meeres-Forschungen zu sehen. Wenn nämlich ursprünglich das weite Tal des heutigen Meeres fruchtbar und besiedelt gewesen und erst durch eine gewaltige Flutwelle, die über den Bosporus hereinschwappte, überflutet worden wäre, hätte die chemische Reaktion erklärliche Ursachen und sogar die Bibel eine nachträgliche Bestätigung gefunden. Jäh begeistert über diese historisch-wissenschaftlichen Sensationen an ihrer heimatlichen Küste, planen bulgarische Unternehmer nun sogar schon den Nachbau einer Arche Noah: Ein 112 m langes, 26 m breites und 9 m hohes Holzschiff soll, mit exotischen Tieren und Schauspielern in historischen Rollen besetzt, am Strand von Slantschev Brjag (Sonnenstrand) in naher Zukunft zu besichtigen sein. Allerdings scheint die Umsetzung des Schiffsbauprojektes doch mehr Zeit zu beanspruchen als ursprünglich erwartet.

Gleichzeitig startete das so genannte ›Arche-Noah-Projekt‹ unter Leitung eines internationalen Führungsteams eine historische Expedition: Hier sollen Touristen und Fachleute die Möglichkeit bekommen, auf einer Schiffsreise entlang der Schwarzmeerküste geologische und archäologische Fundstätten zu besichtigen und im Zusammenhang mit der Sintflut zu untersuchen. Ausflüge ins Inland gehören dabei ebenso dazu wie Tauchexpeditionen zu alten, versunken Wracks.

Informationen erhält man unter: Noah Project, ul. Slivniza 10, 9000 Varna, Tel. 052/699 190.

Camping Europa: 2 km südlich an der E 87. Schöner Strand und teilsanierte 2–4 Bett-Bungalows sowie bewachter Parkplatz. Übernachtung pro Person ca. 15 Lv.

Vom **Busbahnhof** am südlichen Stadtausgang bestehen etliche Busverbindungen entlang der Schwarzmeerküste und täglich mindestens drei Verbindungen Richtung Sofia und Plovdiv. Einige Linien fahren bis ins Zentrum, ansonsten wird man vom Busbahnhof mit kleinen Zubringern weiterbefördert.

Nessebar

Bulgarien-Atlas S. 239, D1
Ein Besuch in Nessebar steht bei allen Bulgarientouristen auf dem Programm. Doch selbst der Ansturm von Gästen in der Hochsaison kann dem Reiz des 5000 Jahre alten Städtchens auf der schmalen Felsenhalbinsel nichts anhaben. Seit 1983 steht es unter dem Schutz der UNESCO, mit deren Mitteln ein Teil der historischen Sehenswürdigkeiten, darunter mehrere Dutzend Kirchen, restauriert und erhalten werden konnten.

Geschichte

Das thrakische Fischerdorf Menabria wurde im 6 Jh. v. Chr. von dorischen Griechen übernommen und stellte in der Antike die einzige dorische Kolonie – gegenüber den zahlreichen ionischen Siedlungen – an der (bulgarischen) Schwarzmeerküste dar. Als Messambria entwickelte es sich zu einem Handelszentrum mit zahlreichen kulturellen Einrichtungen (u. a. einem Apollo-Tempel) und strategischen Befestigungssystemen, das seinerseits neue Kolonien gründete. Ohne Schaden zu nehmen, unterwarf sich die Stadtbevölkerung in den folgenden Jahrhunderten römischen, byzantinischen und bulgarischen Herrschern. Vor allem die Byzantiner nutzten die geografischen Bedingungen, um ihre unbequemen Gegner auf die Halbinsel zu verbannen. Die Verbannten zeigten ungeahnt frommen Besserungswillen und stifteten unzählige Kirchen, so dass auf der schmalen Landzunge schließlich mehr als 80 (!) Kirchengebäude (etwa 40 davon im Mittelalter) zusammenkamen. Ein Teil der weltlichen und kirchlichen Architektur befindet sich heute allerdings unter dem inzwischen gestiegenen Meeresspiegel.

Während des osmanischen Reiches geriet das in Nessebar umbenannte Städtchen vorübergehend in den Hintergrund, ein türkisches Badehaus und später die Häuser im Stil der nationalen Wiedergeburt wurden nichtsdestotrotz noch in die architektonische Vielfalt hineingezwängt.

Mit dem 20. Jahrhundert wurden Fischerei und Tourismus zur Haupteinnahmequelle der Bevölkerung. Im Zuge dessen entstand das der Altstadt vorgelagerte Neu-Nessebar, das mehr oder weniger aus Hotels und Restaurants besteht.

Altstadtbummel

Die Altstadt ist nur zu Fuß und über den Wall am nordwestlichen Ende zu erkunden. Auf und neben den alten **Stadttoren** 1 bieten mitunter Frem-

In Nessebar

denführer Touristen ihre Dienste an. Man kann sich aber genauso gut selbstständig einen Überblick verschaffen, indem man das unweit der Tore befindliche **Archäologische Museum** 2 besucht. Hier werden englisch beschriftete Ausgrabungsfunde der thrakischen, griechischen, römischen, byzantinischen und bulgarischen Epochen vorgestellt (tägl. 9–12 und 14–18 Uhr).

Wer sich nicht sofort dem Hauptstrom der zahlreichen Besucher anschließen will, kann über den Weg zum Hafen eine etwas beschaulichere Route einschlagen. Im alten **Haus des Kapitäns Pavel** befindet sich ein schönes Restaurant mit Blick auf Segelboote und auf die Ruinen der **Johannes Aliturgetus-Kirche** 3 aus dem 14. Jh.

Dem Gotteshaus sieht man noch an, dass es eines der prachtvollsten Bauwerke im mittelalterlichen Nessebar war, obwohl 1913 durch ein Erdbeben vieles zerstört wurde: Weiße Kalksteinblöcke bilden mit den eingefügten rot glasierten Ziegeln verschiedene Symbole und Muster an den Wänden, die zu einem Kreuzkuppelbau zusammengeführt waren. Im Volksmund trägt die Kirche den Beinamen die ›Ungeweihte‹, da hier ein verunglückter Bauarbeiter die rituelle Segnung unmöglich machte.

Hinter dem Kapitänshaus befindet sich in der ul. Zar Simeon eines der ältesten Gotteshäuser: Die **Stefanskirche** 4 stammt teilweise noch aus dem 10. Jh., wurde aber in den folgenden Jahrhunderten mehrmals erweitert und umgebaut. Vor allem die schönen und

gut erhaltenen Wandmalereien aus dem 16. Jh. im Inneren der Kirche, die auf Beziehungen zu den griechischen Klosterschulen des Berges Athos schließen lassen, sind sehenswert.

Weiter kann man durch ein **Ensemble alter Schwarzmeerhäuser** nordöstlich der Kirchen wandern, welche schließlich am östlichen Ende der Messambriastraße vom Moskojanin-Haus bzw. dem darin befindlichen **Ethnographischen Museum** 5 sinnvoll ergänzt werden (tägl. 9–12 und 14–18 Uhr).

Von hier wiederum ist es nicht weit zum ehemals schönsten und zentralsten Gotteshaus der Insel: Die **Sofienbasilika** 6 bzw. Metropolitkirche aus dem 5. Jh. besteht zwar nur noch aus Ruinen, doch ist ihr großer dreischiffiger Grundriss mit den doppelstöckigen Arkaden und Mauern immer noch gut zu erkennen und imponierend. Der Platz wird gern als malerische Kulisse für festliche Veranstaltungen und Konzerte genutzt.

Besser erhalten ist die große **Pantokratorkirche** 7 mit einem rechteckigen Glockenturm. Der mächtige Eindruck der hohen halbrunden Fassaden der Kreuzkuppelkirche wird durch Blendnischen und grüne, weiße und rote Keramikverzierungen aufgelockert. Innen ist eine Abteilung der Kunstgalerie untergebracht.

Von der Pantokratorkirche führt ein Schlenker durch das dichte Verkaufsgewühl nach Norden zur **Kirche Johannes-der-Täufer** 8 aus dem 9. Jh. und zur **Erlöserkirche** 9 von 1609. Während die erstgenannte Kirche einige sehr gut erhaltene Wandmalereien und eine kleine Kunstgalerie hinter ihren soliden Mauern verbirgt, ist die während des osmanischen Reiches erbaute Erlöserkirche innen wie außen schlicht und unauffällig. Stattdessen erfreuen die auf derselben Straße gelegene **Erzengel-Michael-und-Gabriel-Kirche** 10 und die angrenzende **Paraskevakirche** 11 das Auge wieder mit vielen Keramikver-

Sehenswürdigkeiten
1 Stadttore
2 Archäologisches Museum
3 Johannes-Aliturgetus-Kirche
4 Stefanskirche
5 Ethnographisches Museum
6 Sofienbasilika
7 Pantokratorkirche
8 Johannes-der-Täufer-Kirche
9 Erlöserkirche
10 Erzengel-Michail-und-Gabriel-Kirche
11 Paraskevakirche
12 Klosterkirche der hl. Muttergottes
13 Todorkirche

Übernachten
14 Viktorija
15 Monte Christo
16 Toni

zierungen und architektonischen Dekorationen. Beide Kirchen stammen aus dem 13. Jh., in der Paraskevakirche befindet sich mittlerweile ein Restaurant.

Wer den frommen Marathon bis zum Ende durchhalten möchte, kann sich an dieser Stelle entlang der Küste bis zum nordöstlichsten Ende der Landzunge bewegen: Neben einer alten **Windmühle** finden sich hier die Reste einer **Klosterkirche der heiligen Gottesmutter** 12, die aus demselben Jahrhundert wie die zentrale Metropolitenkirche stammen und sogar noch größer als diese gewesen sein soll. Ebenfalls am Ende der Insel, aber weiter südöstlich befindet sich die bescheidene **Todorkirche** 13 aus dem 13. Jh.

Zahlreiche Agenturen organisieren Zimmer, Ausflüge und Bustickets, z. B. Gama Tours, ul. Christo Botev 10a, Tel. 0554/442 80, www.nessebar.com.

Nessebar bietet Übernachtungsmöglichkeiten in den Schwarzmeerhäusern der Altstadt an. In der Saison sind Vorabbuchungen unerlässlich.

Viktorija 14: ul. Krajbreschna 22a, 0554/460 01. Das schöne Schwarzmeerhaus in der Altstadt bietet gemütliche, komfortable Zimmer mit sehr schöner Aussicht. Pro Person 56 Lv.

Monte Christo 15: ul. Venera 2b, Tel. 0554/420 55. Das Drei-Sterne-Hotel in einem Schwarzmeerhaus unweit der Pantokratorkirche verbindet das ebenso geschmackvolle wie gediegene Wohnambiente des reichen Bürgerstandes im Mittelalter mit allem Komfort der Neuzeit. DZ ca. 120 Lv. in der Hauptsaison.

Toni 16: ul. Krabreschna /Ecke ul. Salada, Tel. 0554/424 03. Im hinterem Teil der Altstadt wird das kleine Familienhotel gern übersehen und bietet daher vor allem Einzelreisenden ohne Vorbuchungen gute Chancen, ein Quartier in der Altstadt zu finden. DZ 50 Lv.

In der Neustadt ist sozusagen jedes Haus auch Hotel. Wer nicht von Tür zu Tür gehen will, kann in den diversen Tourist-Agenturen Preisvergleich und Auswahl treffen.

Auf dem kleinen **Restaurantmarkt** am Altstadteingang werden an Imbissständen verschiedene Fischgerichte und Schalentiere angeboten. In den vielen Gassen der Altstadt gibt es eine reiche Auswahl an Restaurants. Die Preise sind im Durchschnitt höher als sonst. Nicht selten zahlt man für dieselben Gerichte, die man in Sonnenstrand für ca. 6–10 und im Hinterland für 2–5 Lv. bekommt, hier ca. 15–18 Lv.

Orient: ul. Ivan-Assen-II 9. Schön gelegen im oberen Stock eines kleinen Schwarzmeerhauses, beliebt und sehr gut. Restaurantchef Georgi kocht selbst.
Neptun: ul. Neptun 1. Abseits vom Lärm und Gedränge der Innenstadt. Die Fischgerichte sind besonders empfehlenswert.
Morska perla: ul. Ivan-Assen-II 20. Unweit des Meeres, mit schönem Ausblick von der Terrasse und gut zubereiteten Fisch- und Fleischgerichten.

Diskos am Hafen und beim Theater (ul. Messembria im Zentrum). Daneben findet das Nachtleben in den zahlreichen Cafés und Bars der Altstadt statt.

Am Eingang zur autofreien Altstadt warten Busse, Minibusse und Taxen, um Besucher zu den umliegenden Seebädern oder nach Varna und Burgas zu bringen. Nach Sonnenstrand verkehrt tagsüber außerdem in regelmäßigen, aber selbstbestimmten Intervallen ein Wassertaxi. Nachts ist man auf die teils stark überteuerten Taxis angewiesen (Fahrpreis vorab verhandeln).
Vom Hafen kann man außerdem mit verschiedenen privaten Segelschiffen einen Ausflug vereinbaren oder mit dem Katamaran (Info/Buchung: Tel. 0554/23 635) eine Tour nach Istanbul unternehmen.

Slantschev Brjag (Sonnenstrand)

Bulgarien-Atlas S. 239, E 1
Der 8 km lange und bis zu 100 m breite flache Sandstrand ist mittlerweile wohl der am meisten gebuchte ›Platz an der Sonne‹ Bulgariens. Die über 100 Hotels, Restaurants und Bars des Ferienortes sind in den letzten Jahren renoviert, verschönert und ergänzt worden, so dass die vormals betongraue Kulisse den Ansprüchen der weitgehend ausländischen Badegäste gerecht wird. Blumenbeete, Pools und kleine Parks sorgen dafür, dass trotz aller Betriebsamkeit die Atmosphäre entspannt und überschaubar bleibt und Sonnenstrand damit auch für Familien geeignet ist. Romantisches Flair findet man im nahen Schwarzmeerstädtchen Nessebar (s. S. 194). Der Flughafen in Burgas ist nah, die Straßen ins Hinterland sind gut ausgebaut, schöne Ausflugsziele leicht erreichbar.

Post, Bank und Telefon- bzw. Internetcafé befinden sich im Zentrum zwischen Hotel Kuban und Hotel Svejest.
Kultur- und Informationszentrum: gegenüber dem Hotel Kuban, Tel. 0554/226 25.
Alle größeren Hotels vermitteln Ausflüge, Veranstaltungstickets und Informationen.

Hotel Globus: Tel. 0554/220 18. Nur ein paar Meter vom Meer und nicht weit vom Zentrum ist das Hotelhochhaus von außen zwar nicht schön, innen aber angenehm und praktisch: komfortable Zimmer, überdachtes Schwimmbad und Kuranwendungen sowie eine Kindertagesstätte. DZ ca. 90 Lv. in der Hochsaison.
Hotel Longosa: Tel. 0554/221 33. Ruhige Innenhöfe und kleine Pools, schöne, komfortable Räume und die unmittelbare Nähe zum Strand sind hier gute Voraussetzung für einen entspannten Familienurlaub. DZ ca. 100 Lv. in der Hochsaison.
Hotel Venus: Tel. 0554/224 60. Vergleichsweise kleines und ruhiges Hotel mit freundlichem Service. DZ ca. 90 Lv.

Sonnenstrand

Die Auswahl ist groß: Es gibt McDonald's, Pizza oder bulgarische Küche und die traditionellen Gartenlokale. Sehr beliebt sind das **Khans-Zelt** auf einem Hügel bei Sonnenstrand, das Piratenschiff **Fregatta** am Strand Richtung Nessebar oder das Restaurant **Juschnije noschti** am nördlichen Ende der Strandpromenade: Neben traditionellen, bulgarischen Gerichten wird in allen drei Lokalen Folklore-, Musik- und Show geboten.

Nicht nur britische Gäste gehen für einen Drink gerne in den **Red Lion Pub** im Tudorstil gegenüber dem Hotel Chrisantema im mittleren Teil des Seebades.

Feuertänze werden u.a. in der Folkloregaststätte **Tschutschura** (hinter dem Hotel Trakia) geboten, selber tanzen kann man in diversen Diskos im Zentrum.

Für Kinder gibt neben organisierten Ausflügen und Veranstaltungen in den Hotels ein kleines Freibad mit Riesenrutsche im Zentrum.

Wassersport: Am Strand diverse Möglichkeiten zum Tretbootfahren. Am Hotel Burgas Verleih von Gleitschirmen, Surfbrettern, Wasserski, Segel- und Motorbooten. Im Jachtclub beim Hotel Glarus können entsprechende Kurse gebucht werden.

Reiten: Ausflüge und Unterricht vermittelt der Reitstall am südwestlichen Ende der Anlage.

Weitere Sportmöglichkeiten: Direkt über die Hotels kann man Schwimm-, Tennis- und Reitkurse buchen. Es gibt zahlreiche öffentliche Tennis-, Basket- und Volleyballplätze, Minigolf- und Bowlingbahnen.

Innerhalb des Strandbades kann man sich mittels Leihfahrrad oder kleinen Bimmelbahnen die Wege verkürzen.

Wassertaxis fahren alle Viertelstunde direkt vom Strand (in der Nähe vom Hotel Globus) nach Nessebar.

Vom Busbahnhof nahe der Hauptstraße

verkehren täglich zahlreiche Busse nach Nessebar, Burgas und Varna und mehrere Richtung Plovdiv, Sofia, Sliven und Stara Sagora. Vor allem für die Linien entlang der Schwarzmeerküste muss man rechtzeitig sein Ticket kaufen, da die Busse schnell voll sind.

Sveti Vlas

Bulgarien-Atlas S. 239, D1
Schön gelegen an den Balkanhängen, mit einem verträumten Altstadtkern, kleinem Strand und großen Ambitionen. Die Mischung aus klarer Gebirgsluft und sanft-salzigen Meeresbrisen in Sveti Vlas verspricht zudem gute Heilungschancen bei Atemwegserkrankungen. Bisher haben sich die vorteilhafte Lage und die vielen Neubauten teils luxuriöser Hotels und Restaurants noch nicht herumgesprochen. Die einheimischen Gästen bevorzugen die weniger teuren Quartiere des Ortes oder im nahen Obsor. Noch hofft man auf den endlich einsetzenden Boom ausländischer Gäste, die der Preise und Menschenmengen bei Sonnenstrand und Nessebar müde sind und eine Ausweichmöglichkeit ohne All-inclusive-Service suchen.

Komeko: ul. Vassil Levski 3, Tel. 0554/683 22 oder Tel./Fax 681 12 direkt am Zentrumsplatz, hier auch Zimmervermittlung.

Hotel Laguna: ul. Odessa 1, Tel. 0554/690 16, Fax 690 15. Luxushotel mit palmengesäumten Swimmingpool, Sauna, Fitnesscenter und mehreren Restaurants und Bars. DZ ab 180 Lv.

Hotel Florenzija: ul. Jantra 8, Tel. 0554/687 47. Das Hotel unweit der Landstraße nach Sonnenstrand und etwa 200 m vom Meer ist komfortabel, mit schönen Zimmern und einem eigenen Pool. DZ ab 80 Lv.
Hotel Ivailo: ul. Ivailo 11, Tel. 0554/689 84. Bescheidenes, aber freundlich geführtes Familienunternehmen mit Panorama-Restaurant. DZ ab 60 Lv.

Vom Zentrum fährt mehrmals täglich ein Linienbus Richtung Sonnenstrand, ansonsten übernehmen Minibusse und Taxen den Transfer direkt ab den großen Hotels.

Elenite

Bulgarien-Atlas S. 239, D1
Eine kleinere und beschaulichere Alternative zum Sonnenstrand bietet das All-inclusive-Feriendorf Elenite. Die abgeschiedene Lage an den waldigen Hängen der Balkanausläufer, Fußgängerzonen, der schöne Strand und die Rundumversorgung versprechen vor allem Familien mit Kindern einen entspannenden Urlaub. Vom Strand ziehen sich etwa 100 Bungalows den Hang hinauf, es gibt mehrere Restaurants und das Hotel Emona. Für Freizeit- und Unterhaltungsprogramm wird natürlich ebenfalls gesorgt.

Buchung: Tel. 0554/688 11, fax 68 450, elenite@infohotel.bg

Vor der Anlage gibt es einen bewachten Parkplatz, Taxen und Minibusse Richtung Sonnenstrand und Nessebar. Innerhalb der Anlage kann man einen Leihwagen buchen. Die Minibusse halten bei Bedarf auch an der Sraße.

SOSOPOL UND UMGEBUNG

Sosopol, auf einer felsigen Halbinsel gelegen, gehört mit Nessebar zu den schönsten Orten am Schwarzen Meer. Man spaziert auf kopfsteingepflasterten Gassen durch die Altstadt, vorbei an Kirchen, Museen und zahlreichen Restaurants. Die meisten Läden und Hotels finden sich hingegen in der Neustadt. Doch im Gegensatz zu Nessebar kommen mindestens ebenso viele bulgarische wie ausländische Urlauber nach Sosopol.

Geschichte

Bulgarien-Atlas S. 239, E 2
Die etwa 610 v. Chr. von Griechen aus Milet kolonialisierte Siedlung soll ursprünglich tatsächlich auf einer Insel gelegen haben. Zu Ehren des Sonnengottes wurde sie ›Apollonia‹ genannt und entwickelte sich alsbald zu einem regen Handelszentrum, in dem Griechen und Thraker halbwegs friedlich miteinander auskamen bzw. sich gemeinsam gegen die Angriffe einfallender Stämme zu wehren suchten. Erst im Jahr 72 v. Chr. eroberte der römische Feldherr Marcus Luculus das Territorium, zerstörte einen Großteil der Stadt und schickte das 13 m hohe Wahrzeichen – eine Apollonstatue – gen Rom. Dennoch wurde während der römischen Periode über drei Jahrhunderte ein friedlicher Wiederaufbau der Stadt ermöglicht, bis einfallende slawische Stämme erneute Verwüstungen anrichteten. Kein Wunder, dass die Stadtbevölkerung nach jenem kriegerischen Hin und Her ihre Heimat in Sosopolis (Stadt der Geretteten) umbenannte. Allerdings sollte trotz kultureller Blütezeiten im Mittelalter unter byzantinischer und bulgarischer Herrschaft noch viel Optimismus erforderlich sein, um sich in der begehrten Handelsstadt sicher zu fühlen. Im 14. Jh. überfielen die Genuesen Sosopol, danach wurde sie von den Armeen des Amadeus von Savoyen ausgeplündert und schließlich von den Türken erobert.

Die Zeit des »osmanischen Jochs« vertrieben sich die Einwohner vorwiegend mit Fischfang, erst im 19. Jh. besann man sich auf Ruhm und Nationalstolz: Mehr als 200 der typischen Häuser im Stil der nationalen Wiedergeburt entstanden, die allerdings während des Russisch-Türkischen Krieges fluchtartig verlassen wurden, um eventuellen Racheakten der Türken zu entgehen. So vergingen noch einige trostlose Jahrzehnte, bevor der Tourismus das verarmte Fischerörtchen erneut in

Schwarzmeerhaus in Sosopol

ein betriebsames Kulturzentrum verwandelte.

Die Altstadt

Im ›Grenzgebiet‹ zwischen Alt- und Neustadt befinden sich ein kleiner Park sowie Marktstände, Parkplätze und Bushaltestellen. Im Foyer des Archäologischen Museums im Park erhält man Schlüssel für die Kirchen in der Altstadt, Führungen sowie einen Übersichtsplan (ul. Khan Krum 2, im Sommer tägl. 9–18 Uhr).

Die Apoloniastraße und ihre Nebengassen säumen schöne Schwarzmeerhäuschen mit Blumengärten und Terrassen. Obwohl alle Häuschen dasselbe Bauprinzip – ein steinernes Erdgeschoss mit einem überhängenden, hölzernen Obergeschoss – beherzigen, entdeckt man bald die ebenso liebevolle wie persönliche Ausgestaltung einzelner Elemente: Holzschnitzereien, bemalte Erker oder weinumrankte Terrassen zeugen vom künstlerischen Talent und Ehrgeiz vormaliger und heutiger Besitzer. In vielen Häusern befinden sich nun Restaurants oder Läden. Am Straßenrand sitzen oft alte Frauen mit Stickwaren und von Hand geklöppelten Spitzendecken oder verkaufen an kleinen Ständen selbst gemachte Marmeladen, Honig und Gemüse.

Die drei Kirchen der Landzunge werden leicht übersehen: Vor allem die Kirche **Sveti Bogorodiza** (ul. Anaksimander 13) aus dem 15. Jh., die in einem überwucherten Garten buchstäblich im Boden versinkt, lohnt aufgrund ihrer schönen Ikonen einen Besuch. Allerdings ist auch dieses Kirchlein meist verschlossen – Schlüssel gibt es beim Archäologischen Museum.

Einen Blick wert sind auch die Kirchen **Sveti Nedeljia** in derselben Straße und **Sveti Georgi** in der ul. Apolonia, beide aus der Zeit der nationalen Wiedergeburt mit reichen Innendekorationen und Schnitzereien. Unweit der letztgenannten Kirche befindet sich die Kunstgalerie in einem Wiedergeburtshaus aus dem 17. Jh. Wer die zahlreichen Seemotive aus dem 19./20. Jh. im Museum besichtigen will, muss allerdings oft erst den Museumswächter in der Nähe suchen (ul. Kiril i Metodij 70, Mo–Sa 10–19 Uhr).

Nicht versäumen sollte man den Ausblick über das Meer und die felsige Küste am Ende der Halbinsel. In mehreren guten Restaurants und Cafés genießt man den Panoramablick windgeschützt und bei Speisen und Getränken.

Strände

Die zwei städtischen Strände befinden sich in der Bucht zwischen Alt- und Neustadt bzw. grenzen an den südlichen Neustadtrand. Beide haben feinen Sandstrand und sind gesäumt von kleinen Felsterrassen, Cafés und Bars. Am südlicheren Strand (Harmanite) kann man Tretboote mieten oder auf einer langen Wasserrutsche hinuntersausen. Weitläufiger und abgeschiedener noch sind die stillen Strände der weiter südlich anschließenden Campingplätze und Ferienorte (siehe Umgebung).

Mit dem Auto oder bei entsprechender Kondition auch zu Fuß kann man über einen kleinen Abzweig von der E87 die malerische Küstenlandschaft auf dem Kap hinter Sosopol erkunden. Trotz der Campingplätze und Bungalowparks sind viele der sandigen oder steinigen Buchten völlig einsam, im Hintergrund rahmen steile Felsenhügel, alte Bäume und begrünte Dünen das Naturidyll ein. Die Wellen sind hier oft höher als im zentralen Teil Bulgariens und der Strand fällt mitunter steil ab.

Die Strände von Djuni in der langen feinsandigen Bucht hinter dem Kap sind für Durchreisende normalerweise nicht zugänglich, dafür bietet das angrenzende Kap Maslen wieder zahlreiche winzige Sandbuchten, Klettergelegenheiten und wilde Naturromantik. Auch hier sollte man abfallende Strände und mitunter starke Unterwasserströmungen berücksichtigen.

Bootstour nach Sveti Ivan

Vom Hafen bieten die Besitzer einiger Segelschiffe Ausflüge zu der kleinen, der Altstadt vorgelagerten Insel Sveti Ivan an, der mit 660 ha größten Insel der bulgarischen Schwarzmeerküste. Von der einstigen Besiedlung zeugen nur noch die Ruinen eines alten Klosters aus dem 13. Jh. und der Leuchtturm von 1884. Anstelle der Menschen haben sich nun unzählige Vogelarten auf dem Inselchen niedergelassen. Mit

Seerosenteiche von Arkutino

Oberhalb des Feriendorfes Djuni führt von einem Parkplatz an der E87 ein Fußweg zu den Seerosenteichen von Arkutino. Lianenüberwucherte Pfade und Brücken führen über den See, der von unzähligen weißen, gelben und roten Seerosen bedeckt ist. Kröten und Frösche begleiten den Spaziergang mit einem lauten Konzert.

Am Hafen von Sosopol

dem Segelboot kostet eine Tour zur Insel pro Person ca. 15 Leva die Stunde, weitaus günstiger kann man dieselbe Fahrt von den nördlich an den Hafen angrenzenden Docks bei den dortigen Fischern buchen. Selbstverständlich können auch andere Ziele vereinbart werden.

In der **Reiseagentur Lotos** (Tel./Fax 05514/24 29) am Busbahnhof. In allen Reiseagenturen werden (englischsprachig) Zimmer zwischen 13 Leva und 44 Leva pro Person vermittelt. Im Neustadtzentrum, ul. Republikanska/Hauptplatz, befindet sich ein offizielles **Informationszentrum** (Tel. 05514/33 36).

In der Altstadt gibt es keine Übernachtungsmöglichkeiten.

Hotel Flagman: ul. Odessa 1a, Tel. 05514/43 01, Fax 43 02. Das 3-Sterne-Hotel im kurvenreichen, modernen Baustil in Strandnähe hat komfortable Zimmer mit Balkon. DZ 57 Lv.

Hotel Villa List: ul. Tscherno More 5, Tel./Fax 05514/22 35. Die schönen, komfortablen Zimmer mit Balkon und der freundliche Service haben sich herumgesprochen – während der Saison ist das List vor allem bei Gruppenreisenden beliebt. Vom Hotelpool sieht man aufs Meer, die Strände sind nur wenige Meter entfernt. DZ 56 Lv.

Hotel Sosopol: ul. Khan Krum, Tel. 05514/23 62. Das mehrstöckige Hotel in der Nähe vom Busbahnhof ist nicht schön, aber zentral und günstig. DZ bis 48 Lv.

Camping: Die Campingplätze **Slatna Ribka** (Tel. 05514/24 27, ca. 2 km nördlich von Sosopol), **Veselie** und **Kavazite** (Tel. 05514/22 61, 2–4 km südlich von Sosopol) nehmen pro Person zwischen 7 und 20 Lv., Bungalows mit Badezimmer kosten mehr. Die nördliche Variante ist deutlich günstiger, obwohl hier die einzigen Kursangebote und Ausleihmöglichkeiten für Windsurfing und Wasserskisport der Region zu finden sind.

All-inclusive-Feriendorf Djuni: Das Feriendorf im traditionell bulgarischen Baustil liegt etwa 8 km von Sosopol in reizvoller Landschaft. Zum Dorf gehören ein 4 km langer und 100 m breiter feinkörniger Sandstrand, zahlreiche Wassersport- und Freizeitangebote, eine Reitbasis und eine familienfreundliche Infrastruktur. Das Dünendorf gehört der All-inclusive-Kette Magic-life und ist nur im Voraus buchbar: Tel. 05514/22 60, Fax 24 67, duni@travel-bulgaria.com.

Restaurant Kirik: ul. Ribarska 77. Eines der besten Fischrestaurants der Stadt unweit des Hafens im alten Teil von Sosopol.

Vjatarna Melniza: ul. Morski skali 27. Ganz oben an der Spitze der Altstadthalbinsel befindet sich dieses Restaurant neben einer kleinen Windmühle. Der Chefkoch hat in Berlin und Leipzig gelernt, spricht gern und gut Deutsch, ohne dabei seine Rezepte zu verraten. Oft besucht von Gruppenreisenden, die mit Folkloreveranstaltungen unterhalten werden.

Pri chudoschnizite: ul. Kiril i Metodij 72. ›Beim Künstler‹ gibt es ausgezeichnete Fischgerichte und gute internationale Küche mit Panoramablick auf die Felsklippen und das Meer vor Sosopol.

Zahlreiche weitere Cafés und Restaurants befinden sich in der Altstadt und unweit der Strände und des Hafens.

Kino: Im Sommer Freilichtkino des Cinema Apolonia (ul. Apolonia).

Apolonia-Festival: in der ersten Septemberhälfte, mit Theater, Umzügen und Konzerten.

Traditionelles Kunsthandwerk, Honig, Marmeladen und Chalva findet man in der Altstadt.

Der Busbahnhof befindet sich auf der ul. Khan Krum zwischen Alt- und Neustadt. Etwa alle 30 Minuten Busse oder Minibusse nach Burgas, entlang der entgegengesetzten Küstenstraße hingegen gibt es nur einen Bus täglich bis Achtopol. Die langwierige Alternative Richtung Süden besteht in mehreren Etappen über Primorsko und Kiten.

Richtung Sofia, Schumen und Plovdiv fahren täglich drei Busse.

Ropotamu-Gebiet

Bulgarien-Atlas S. 239, D1

Unterhalb der Küstenstraße, die den Fluss Ropotamu kreuzt, befindet sich eine kleine Bootsanlegestelle. Von hier können direkt oder vorab Ausflüge in das Mündungsgebiet oder flussaufwärts durch das fast 400 ha große Naturreservat vereinbart werden. Die Preise variieren nach Anzahl der Personen und Saison zwischen 7 und 10 Leva pro Person. Wer nicht die bizarren Felsformationen und die Schlangeninsel im Mündungsgebiet zu sehen bekommt, wird auch flussaufwärts von den Bewohnern der dichten grünen Uferböschungen in den Bann gezogen: Schildkröten, Pelikane, Eisvögel und Störche brüten hier, und mit etwas Glück bekommt man auch Rehe, Wildschweine und Schakale zu Gesicht.

Von der mit ein paar Cafés und Picknickplätzen ausgestatteten Anlegestelle kann man zu Fuß über markierte Wanderwege das Terrain erkunden.

Wer mehr über das Naturschutzgebiet erfahren will, wendet sich an Stojan Dobrev, Projektleiter ›Komplex Ropotamu‹, Tel. 056 55 97 97.

Zwischen Primorsko und Zarevo

Bulgarien-Atlas S. 239, E 2
Südlich des steilen Kap Maslen reihen sich kleine Buchten und besiedelte Landzungen aneinander, die erst von den noch relativ flachen Hügeln verschiedener sumpfiger Naturreservate und schließlich von den Ausläufern des hohen Strandschagebirges begrenzt werden. Westliche Touristen finden selten hierher, stattdessen boomt der bulgarische Tourismus mit zahlreichen Imbissbuden, Kiosken, Tavernen, familienbetriebenen Hotels und Privatunterkünften.

Die Orte wurden bereits von Thrakern, Griechen, Römern besiedelt und befestigt, doch sind die antiken Reste und mittelalterlichen Ruinen meist grasüberwuchert und ohne Ausschilderung schwer zu finden. In den Hotels hilft man gerne auf den richtigen Weg.

Primorsko und Kiten

Die beiden ca. 5 km voneinander entfernten Orte haben je zwei Sandstrände, schöne Grünanlagen und ein lebhaftes Zentrum mit Cafés, Bars und Gartenlokalen zu bieten. Südlich von Kiten mündet der Kitenska-Fluss ins Meer – wie auch am oben genannten Djavolska-Fluss ein Revier für Angler.

Information in Primorsko, ul. 3.-mart 57, Tel. 055 61-30 76

Hotel Sigma: Atliman Sever, Tel. 36 19, Tel./Fax 20 87. Das 4-Sterne-Hotel auf der grünen Nase von Kiten nur 50 m vom Strand bietet Schwimmbad, Sauna, Fitnesszentrum und zahlreiche Freizeit- und Sportangebote. Mehrere Bars und Restaurants und ein eigenes Taxiunternehmen gehören dazu. EZ/DZ ab 90/120 Leva.

Hotel Atliman: Tel. 23 49, Fax 28 23. Unweit des gleichnamigen Strandes Atliman in Kiten hat dieses Hotel große Zimmer mit Bad, Balkon und Seeblick zu vermieten. EZ/DZ 37/44 Leva.

Internationales Jugendlager: Tel. 20 45, ausgeschildert auf der Straße zwischen Primorsko und Kiten. In südlicher Richtung über den Djavolska-Fluss (Teufelsfluss) kommt man von Primorsko zum internationalen Jugendlager. Das Ferienlager liegt in dichtem Wald und hat einen schönen ruhigen Strand. Übernachtungsmöglichkeiten in Bungalows mit Gemeinschaftsduschen und Toiletten kosten in der Hochsaison ca. 24 Lv. pro Person. Zum Komplex gehören mehrere Snackbars und Restaurants.

Privatzimmer: Am Kiosk am Busbahnhof von Primorsko werden Zimmer zwischen 6 und 15 Leva pro Person vermittelt.

Zu allen Hotels gehören Restaurants, schöne Cafés und Bars finden sich in Strandnähe.

Tschervemeto: am westlichen Ortsausgang von Kiten. Während der Lammbraten stundenlang über offenem Feuer brutzelt, verkürzen Folkloredarbietungen die Wartezeit.

Ausflüge: Im Hotel Atliman und Sigma werden Ausflüge nach Nessebar und Sosopol organisiert, weitere Touren kann man bei den örtlichen Reiseagenturen vereinbaren.
Wassersport: Im Hotel Sigma, am Hafen von Primorsko und am Südstrand von Kiten werden Schiffsfahrten sowie Wasserspiel- und Sportgeräte vermittelt.
Reiten: Ausritte in die herrliche Umgebung sowie Kurse kann man beim Gestüt der Stoijkovs in Kiten buchen, Tel. 08 88 56 916.

Vom **Busbahnhof** fährt allmorgendlich jeweils ein Bus nach Achtopol, zwischen 6 und 19 Uhr gibt es ca. alle halbe Stunde Busverbindungen Richtung Burgas. Alle Busse halten auch an der Kreuzung von Küstenstraße und ul. Strandscha in Kiten.

Losenez und Zarevo

Bulgarien-Atlas S. 239, E 2
Bei Zarevo trennt sich die gut asphaltierte E 87 vom Meer, um die kurvenreiche Strecke zum türkischen Grenzübergang bei Malko Tarnovo einzuschlagen. Linker Hand führt die Straße zu dem ehemaligen Hafenstädtchen **Zarevo** und dem nebenan gelegenen Urlaubsort Losenez ab, wo viele Bulgaren die Ferien verbringen. Schöner als der überfüllte schmale Ortskern auf der Landzunge von Zarevo ist das beschauliche Dorf **Losenez,** doch der Hauptreiz beider Orte liegt in ihren langen feinsandigen Stränden. In Losenez werden zwei kleine Sandstrände von einem begrünten Felsen getrennt, Zarevos Strände liegen in zwei weiten, von grünen Dünen gesäumten Buchten. Auf dem Kap am Ende der südlichen Bucht von Zarevo ist die kleine Kirche **Sveti Troiza** von 1810 einzige Zeugin der alten Geschichte – alle anderen Bauwerke wurden bei einem Brand Ende des 19. Jh. vernichtet.

Tourismusrat Zarevo: ul. Khan Asparuch 26a, Tel. 05562/29 75.

Hotel Starata Kaschta: ul. Georgi Kondolov 2, Losenez, Tel. 05562/320. Im ›Alten Haus‹ sind alle Zimmer neu und schön eingerichtet, traditionelles Ambiente herrscht im dazugehörigen kleinen Restaurant. Der Familienbetrieb liegt günstig zwischen Zentrum und Strand. DZ ab 20 Lv.
Hotel Perla: ul. Khan Asparuch 16, Zarevo, Tel. 05562/20 15, Fax 05562/22 91. Direkt am Busbahnhof, mit ordentlichen Zimmern und schönem Restaurant. DZ 20 Lv.
Camping: Mehrere Campingplätze mit einfachen Bungalows finden sich nördlich und südlich der Ortschaften. Übernachtungen pro Person ab 8 Leva.

Alle Hotels haben auch ein Restaurant. Außerdem zahlreiche Imbissstuben und Cafés im Ort.
Restaurant Neptun: ul. Kraijmorska 4 in Zarevo. Frische Meeresdelikatessen unweit vom Strand.

In Losenez bietet vor allem der **Club Moten,** an der Landstraße zur Ortschaft Velika ein umfassendes Unterhaltungsangebot: Freibad, Sauna, Massagezentrum, Kindergarten, Disko, Tennisplätze und natürlich Restaurant für Übernachtungsgäste inclusive und gegen Gebühr für Tagesbesucher.
Ausflüge werden von örtlichen Reiseagenturen nach Sinemorez (Bootsfahrt

auf dem Veleka-Fluss), nach Balgari (Feuertanzdarbietungen) und nach Sosopol organisiert.

Im Zentrum der Ortschaften warten **Taxen** und **Minibusse** auf Gäste. Ein **Bus** kommt morgens von Kiten und stoppt in Zarevo, bevor er weiter nach Achtopol fährt.

Achtopol und Umgebung

Bulgarien-Atlas S. 239, E 2

Das Hafenstädtchen Achtopol (1350 Ew.) liegt malerisch auf einer felsigen Halbinsel, die im Süden vom Mündungsgebiet des Veleka-Flusses und im Hinterland von den Ausläufern des Strandschagebirges begrenzt wird. Die historischen Wurzeln der Ortschaft reichen bis zu thrakisch/griechischen Siedlungszeiten zurück, doch blieb die städtische Entwicklung verhalten. Außer einem kleinen Brunnen mit thrakischem Reiterbild im Zentrum sind nur ein Kirchlein und ein Schulgebäude oberhalb des Hafens den Flammen des Brandes von 1918 entkommen. Die Kirche stammt aus dem 18. Jh. – wie alle christlichen Gotteshäuser, die unter osmanischer Besatzung entstanden, ist sie äußerlich unauffällig und etwas in den Boden eingelassen.

Nach dem Brand wurden wieder schöne Häuser an die teils steilen Gassen gebaut, und es hat sich ein bescheidener Tourismus entwickelt. Mehr als auf Feriengäste konzentriert man sich bisher noch auf den Fischfang.

Die Halbinsel ist von rötlich schimmernden Felsen umgeben, doch der städtische Strandabschnitt ist lang und feinsandig und im Hintergrund von Hügeln abgeschirmt. Außer ein paar Cafés und vergleichsweise wenigen Badegästen zeugt hier noch nichts vom Tourismus.

Umgebung

Die felsigen Buchten des 3 Kilometer nördlich gelegenen Ortes **Varvara** sind ideal zum Tauchen und Schnorcheln

Bei **Sinemorez**, 10 km südlich von Achtopol, mündet der Veleka-Fluss in das Meer, ähnlich wie im Ropotamugebiet bei Sosopol finden sich hier dichte, naturbelassene Wälder und zahlreiche Tierarten.

Resovo ist der letzte Küstenort vor der türkischen Grenze, doch Touristen kommen kaum jemals hierher, stattdessen verbringen die Grenzsoldaten hier ihre dienstfreie Zeit.

Der **Kiosk** am Busbahnhof ist selten besetzt, doch in den meisten Hotels hilft man gerne weiter.

Hotel Franz: ul. Sveti Jani 4, Tel.05563/21 36. Schöne Villa mit geschmackvoll und elegant eingerichteten Zimmern, alle mit Ausblick über den Ort. DZ ab 40 Leva.

Kleine Restaurants, Cafés oder Snackbars im Zentrum bieten die üblichen Grillgerichte und frischen Fisch an.

Vom Zentrum verkehren in unregelmäßigen Abständen Busse Richtung Burgas und in die dazwischenliegenden Ortschaften.

AUSFLÜGE INS HINTERLAND

Das gebirgige Hinterland des Schwarzen Meers bietet reichlich Gelegenheit für individuelle Entdeckungs- und Wandertouren: Ausflüge zu Wasserfällen und Seen, Übernachtungen in alten Wiedergeburtshäusern bei Schervana und Kotel und ein vielseitiges Stadtleben in Schumen.

Ausflüge von Burgas

Von allen Küstenorten zwischen Burgas und Albena werden Ausflüge in die angrenzenden Gegenden des Balkangebirges veranstaltet. Bei organisierten Ausflügen ist maximal eine Übernachtung vorgesehen, aber dann fährt man meist schon frühmorgens zurück an die Küste. Wer das Hinterland intensiver kennen lernen möchte, mietet einen Wagen oder bucht eine Rundreise.

Schervana

Bulgarien-Atlas S. 234, B 4
Hinter dem Karandalila-Wandergebiet winden sich zwei schmale Straßen tiefer in den Balkan hinein und führen schließlich zum Dorf Schervana. Die etwa 350 Holzhäuser – fast alle im Stil der nationalen Wiedergeburt – schmiegen sich malerisch an den Hang eines grünen Tales. Die ältesten stammen noch aus dem 17. Jh. Kopfsteinpflasterstraßen durchziehen den Ort.

Alle Häuser sind nach demselben Grundprinzip erbaut, doch die liebevolle, individuelle Gestaltung und der über die Jahrhunderte allmählich angewachsene Wohlstand sorgen für eine ungewöhnliche Vielseitigkeit. Viele Wohnhäuser sind mittlerweile in kleine Museen, Gaststätten und Herbergen verwandelt worden. Reizvoll ist auch die alte Kirche Sveti Nikola, die sich etwas zurückgesetzt im Schatten einer riesigen, alten Linde versteckt.

Unweit der alten Kirche Sveti Nikola bieten einige Besitzer von Wiedergeburtshäusern Übernachtungsquartiere an.

Spärlicher **Busverkehr** nach Kotel und Sliven.

Kotel

Bulgarien-Atlas S. 234, B 3
14 km von Schervana und etwa 49 km nordöstlich von Sliven lebt auch das Städtchen Kotel ganz vom alten Glanz der nationalen Befreiungsepoche. Ein Großteil der einst wohlhabenden Kaufmanns- und Handwerkerstadt aus dem 15. Jh. wurde im 19. Jh. durch ein Feuer vernichtet, die verbliebenen traditionellen Bauten befinden sich fast alle im Wohnviertel Galata, wo auch das Pantheon zu Ehren des Revolutionärs Ra-

Häuschen in Kotel

kovski errichtet wurde. Neben diesem mit ebenso spitzer Feder wie scharfem Schwert gegen die Türken kämpfenden bulgarischen Helden hat Kotel noch einige weitere namhafte Patrioten hervorgebracht oder beherbergt. In Kotel ließ sich auch gut leben: Während der osmanischen Besatzung war Kotel als privilegierte Garnisonsstadt von allen Steuern und Abgaben befreit.

Sehenswürdigkeiten

Am zentralen Wiedergeburtsplatz steht das **Pantheon**, ein massiver durch Holz- und Eisendekorationen nicht unbedingt schöner gewordener Betonklotz aus dem 20 Jh., in dem sich ein Museum zu Ehren der Helden der Wiedergeburtszeit befindet (pl. Vasraschdene 3, tägl. 8–12 und 13–17 Uhr). Von hier führt die ul. Isvorska entlang verschiedener Wiedergeburtshäuser bis zur **Galata-Schule** von 1869, in der heute die traditionellen Handwerke des Teppichwebens und der Holzschnitzerei vorgeführt und die Erzeugnisse ausgestellt werden. Neben alten Instrumenten und Ikonen reizen vor allem die Wollteppiche in den typischen Kotel-Farben blau-rot-schwarz-grün zum Kauf (ul. Isvorska 17, tägl. 8–12 und 13.30–18 Uhr).

In den umgebenden Gassen finden sich mehrere Hausmuseen, die wie das **Ethnographische Museum** (ul. Isvorska/ul. Altanla Stojan 5, tägl. Mo–Fr 8–12 und 13–30–18 Uhr) in vornehmen Wiedergeburtshäusern mit von Blumen überwucherten Höfen untergebracht sind. Die zahlreichen Schnitzereien, bunten Teppiche und stilvollen Möbel veranschaulichen das Leben der reichen Bürgerschicht von Kotel im 19. Jh.

Weberin in Schervana

Die **Umgebung von Kotel** bietet zahlreiche Wandermöglichkeiten, z. B. zu den Wasserfällen im Quellgebiet des Medven beim gleichnamigen Dorf.

Information im Hotel und bei kleinen Agenturen.

Hotel Kotel (›Mel Invest Holding‹): ul. Isvorska 59, Tel. 0453/99 45 31. Das Innere des lang gezogenen dreistöckigen Gebäudes wirkt etwas düster, doch die Zimmer sind ordentlich und mit Bädern ausgestattet. Zum Hotel gehört ein Restaurant und eine Nachtbar. Zum Busbahnhof sind es ca. 500 m
Vor Ort kann man nach Übernachtungsmöglichkeiten in einem der Wiedergeburtshäuser fragen. DZ ca. 35 Lv.

Busbahnhof, ul. Luda Kamtschija, Tel. 0453/24 60. Mehrere Busse täglich von Kotel nach Sliven und zurück.

Ausflüge von Varna

Schumen

Bulgarien-Atlas S. 234, C 2
›Dichter Wald‹ ist die ursprünglich slawische Bedeutung des Stadtnamens Schumen – undurchdringliche Laub- und Tannenwälder umgeben noch heute den Ort. Die von Thrakern gegründete und durch die Römer befestigte Siedlung wurde im ersten bulgarischen Reich von Zar Simeon zur Stadt ausgebaut. Vom militärischen Garnisonsstädtchen entwickelte sich die Ortschaft bald zu einem belebten Handels- und Kulturzentrum. Nach der Eroberung durch die Türken (1388) galt ›Schumla‹ als einer der Hauptstützpunkte des osmanischen Reiches in Bulgarien. Wohnhäuser, Kirchen und Paläste der alten Festungsstadt wur-

den abgerissen und die Steine u.a. zum Bau der großen Tombul-Moschee verwendet. Mehr als die Hälfte der Einwohner Schumlas waren noch im 19. Jh. türkischer Abstammung, zahlreiche Bauwerke bezeugen den orientalischen Einfluss. Bis heute bildet sie das wichtigste Gemeindezentrum des türkisch-bulgarischen Islams. Aber auch andere Nationalitäten haben die Stadt geprägt: So fanden hier z. B. nach der Revolution von 1848 in Mitteleuropa mehr als 2000 Polen und Ungarn Asyl, die einen erheblichen Einfluss auf das kulturelle Leben und die nationalen Bestrebungen der bulgarischen Stadtbevölkerung nahmen.

Neben der lebhaften alten Geschichte haben Industrie und Architektur des Sozialismus das heutige Aussehen der Stadt geprägt. Vom orientalischen Architekturstil ist dabei wenig erhalten geblieben, statt dessen finden sich zahlreiche Sockel und Büsten aus der kommunistischen Ära.

Sehenswürdigkeiten in Schumen

Im Stadtzentrum bildet der breite Boulevard Slavjanski eine zum großen Teil autofreie, horizontale Achse, an der sich die schönsten und hässlichsten Gebäude der Stadt, staatliche Institutionen, Wohnhäuser und Hotels, befinden.

Das **Historische Museum** in einem lang gestreckten Gebäude besitzt eine der besten historischen Sammlungen Bulgariens und bietet einen anschaulichen Überblick über die gesamte bulgarische Geschichte. Besonders interessant sind thrakische und römische Funde auch aus den Gegenden von Madara, Pliska und Preslav. Beschriftungen und Führungen gibt es auch in englischer bzw. deutscher Sprache, im kleinen Café im Hof kann man sich anschließend erfrischen (bul. Slavjanski 17, Mo–Fr 9–17 Uhr).

Wiedergeburtshäuser im Altstadtviertel

Unweit des Hotel Schumen führt die ul. Zar Osvoboditel vom pl. Oborischte nordöstlich durch ein Wohn- und Museumsviertel im Stil der nationalen Wiedergeburt und des beginnenden 20. Jh. In den meisten Häusern finden sich heute traditionelle Gaststätten oder Hausmuseen historischer Größen (Museen: Mo–Fr 9–17 Uhr).

Tombul Moschee

Die große reich geschmückte Moschee aus dem 18. Jh. verdankt ihren Namen Tombul (türkisch ›rund‹) der 25 m hohen Kuppel über dem Hauptgebäude. Neben dem Hauptbau ragt ein fast doppelt so hohes Minarett empor, ein Schulgebäude sowie ein schöner Hof mit geheiligtem Brunnenwasser und mehrere Souvenirläden gehören zu dem Ensemble. Obwohl hier nach wie vor Gottesdienste abgehalten werden, kann man das Innere der Moschee besichtigen (ul. Dorian, tägl. 9–18 Uhr).

Die Festung von Schumen

Die ul. Dorian führt von der Moschee hangaufwärts nach etwa 5 km zu den auf einem Hügel oberhalb Schumens gelegenen Festungsanlagen (ausgeschildert). Neben der Besichtigung des weitläufigen Ruinenfelds mit Mauerresten aus thrakischer, römischer, bulgarischer und byzantinischer Zeit sind ein Spaziergang durch die waldige Umgebung oder einfach der weite Blick über das Tal von Schumen ein Genuss. Archäologen datieren die Entstehung der Siedlung in die Eisenzeit zurück, die ersten thrakischen Befestigungsmauern wurden bereits im 5. Jh. v. Chr. errichtet. (im Sommer tägl. 8–19 Uhr).

Denkmal 1300 Jahre Bulgarien

Unübersehbar im Umkreis von 10 km ragt das Ehrenmal des Landes auf dem Plateau südlich der Stadt empor. Von der Festung führt eine breite flache Straße direkt zu der Stahl- und Betonkonstruktion von 1981 hinüber. Der Weg über die Straße ist vom Zentrum ausgeschildert. Hinter dem Historischen Museum führt ein Fußweg über 1300 Treppenstufen empor. Auf dem zeitlich am nächsten liegenden und geographisch höchsten Abschnitt der Konstruktion ist man ganz vom sozialistischen Kunstgeist umgeben: An und auf acht monumentalen Betonpfeilern sind die großen Persönlichkeiten der bulgarischen Geschichte von Khan Krum über die Slawenapostel Kyrill und Method bis hin zu den Volkshelden der Widerstandsbewegung in für sie typischen Gesten zu Stein, respektive Stahl und Beton erstarrt, während klassische Musik aus diversen Lautsprechern das Ganze akustisch untermalt. Souvenirläden, Snackbars und Cafés sorgen für Erfrischungen, bevor man den Abstieg oder einen Spaziergang in die reizvolle Umgebung antritt.

Es gibt kein Informationszentrum, die beste Pläne und Broschüren finden sich in den **Buchhandlungen** (*knischarnizata*) der Stadt.

Weitaus besser als die Hotels im Zentrum sind die Privat-Hotels am Stadtrand:

Hotel Orbita: Piroden park, Tel. 054/523 98. Das Hotel liegt etwas versteckt in dem schattigen Volkspark 2 km westlich vom Zentrum, auf dem Weg zur Festung. Die Zimmer sind geschmackvoll und komfortabel, der Service freundlich und umsichtig. DZ 40 Leva, Appartments 60 Leva.

Hotel Starijat Grad: Tel. 054/553 76. Ca. 300 m von der Schumener Festung ist das einfache, aber schöne Haus vermutlich die beste Hotelempfehlung der Stadt. Kleine, aber saubere und ruhige Zimmer, ein kleines Café und freundliche Gastgeber gehören dazu. DZ 32 Leva.

Ebenso viele wie gemütliche **Mechanas** im Altstadtviertel an der ul. Zar Osvoboditel warten mit folkloristischem Ambiente und blumenreichen Terrassen auf Besucher. Vorsicht bei Eintöpfen: Zu den traditionellen Spezialitäten der bulgarischen Küche gehören viele Hirn- und Kuttelgerichte.

Die besten **Cafés** der Stadt befinden sich in der Fußgängerzone der ul. Slavjanska, u. a. am Historischen Museum.

Diverse Veranstaltungen des städtischen Folklorefestivals im August, im Mai wird ein Kulturfestival gefeiert.

Vom **Busbahnhof** (Tel. 054/616 18) am südöstlichen Ende der Stadt verkehren ca. vier Busse täglich Richtung Burgas und zur Donau. Ungleich öfter wird die Strecke nach Varna und Sofia bedient. Am Busbahnhof findet sich auch gleich der **Bahnhof** (Tel. 054/60 155): bis nach Sofia sind es von hier ca. 4, nach Varna ca. 2 Stunden.

Archäologisches Reservat Madara

Bulgarien-Atlas S. 234, C 2
Das Reservat 16 km nordöstlich von Schumen verdankt seine Berühmtheit dem legendären Relief **Der Reiter von Madara.** In ca. 25 m Höhe ist das Bild eines lebensgroßen Reiters mit Hund und Löwen in den Felsen gehauen. Die Darstellung soll aus dem 8. Jh. stammen, da die sie umgebende Inschrift jedoch nur fragmentarisch erhalten ist, ist ihre Einordnung in die bulgarische Geschichte jedoch bis heute noch stark umstritten. Mittlerweile scheint sich aber die Meinung durchzusetzen, dass es sich bei dem Bild um den bulgarischen Herrscher Khan Krum (803-814) im Kampf mit dem symbolisch dargestellten byzantinischen Kaiser Leo (der Löwe) handeln könnte. Heute befindet sich das Kunstwerk unter dem Schutz der UNESCO, leider aber auch hinter einem die Sicht versperrenden Gerüst, das offensichtlich für besonders waghalsige Besucher errichtet wurde, die auf gleicher Höhe und ohne Geländer Fotos machen wollen. Alle anderen winden sich hin und her, um mindestens scheibchenweise das historische Kunstwerk würdigen zu können.

Nördlich des Reitersmannes führt ein steiler Treppenpfad entlang einiger Höhlen hinauf zu dem 130 m hohen Kamm des Felsmassives. Neben einem herrlichem Ausblick finden sich hier die Ruinen einer mittelalterlichen Festung aus dem 12. Jh.

In den unteren Abschnitten des Reservates sind alte römische Wohn- und Wirtschaftsgebäude und die Reste eines Felsenklosters zu entdecken. Die Wege durch das weitläufige Gelände sind zwar steil, aber gut befestigt, so dass man sich mit Hilfe des kleinen Plans in deutscher oder englischer Sprache (am Eingang erhältlich) gut zurechtfinden kann.

Da die großen Höhlen des Reservates sich durch eine besondere Akustik auszeichnen, finden hier im Juni/Juli mehrmals Konzerte statt.

An den Parkplätzen gegenüber vom Eingang finden sich neben unzähligen Souvenirshops einige Cafés und Snackbars. Übernachtungsmöglichkeiten und ein Restaurant bieten der ca. 500 m entfernte **Campingplatz Madara** (Tel. 054/99 53 13, ab 10 Lv. pro Person) sowie die Herberge **Chisba madarski Konnik** (Tel. 054/20 91, 15 Lv. pro Person) an.

Archäologisches Reservat Pliska

Bulgarien-Atlas S. 234, C 2
Von Schumen über die nördliche Ausfallstraße (Richtung Zarev brod) kommt man nach ca. 20 km zu den Überresten der ersten bulgarischen Hauptstadt Pliska nahe beim gleichnamigen Dorf. Archäologen vermuten, dass die Fes-tungsstadt aus dem 7. Jh. einst eine Fläche von fast 24 km² bedeckte. Umgeben wurden Stadtanlagen von zwei konzentrisch angelegten Ringen

in Form eines Außenwalles mit Graben und einer Festungsmauer mit großen Toren. Während von dem äußeren Ring, hinter welchem das einfache Volk lebte und arbeitete, heute nichts mehr zu sehen ist, sind die ca. 10 m hohen Festungsmauern rekonstruiert worden. Sie umschließen heute das Ruinenfeld der Innenstadt, in welchem sich u. a. eine der größten Basiliken dieser Zeit befand. Schließlich musste der damals zum Christentum übergetretene Zar Boris die Macht der neuen Lehre glaubhaft demonstrieren. Neben den kirchlichen Resten kann man in natura noch die Grundstruktur der zentralen Palastanlagen erkennen. Anschaulich werden Pracht und Reichtum aber vor allem durch die ausgestellten Funde und ein kleines Modell im dazugehörigen Museum (täglich 8–19 Uhr).

Von Schumen fahren mehrere **Busse** nach Pliska, schneller ist die Fahrt jedoch mit dem eigenen Fahrzeug oder einem Taxi.

Veliki Preslav-Stadt und archäologisches Reservat

Bulgarien-Atlas S. 234, C 3
Alte Wohnhäuser mit verwilderten Gärten, einige schöne Kirchen, wenig Läden und noch weniger touristische Attraktionen vermitteln in Veliki Preslav den Eindruck eines gemütlichen Provinzstädchens. Vom einstigen Glanz der mächtigen Hauptstadt des ersten Bulgarischen Reiches zeugen nur das Attribut ›Veliki‹ (groß, mächtig) und die Ausgrabungen unweit der heutigen Stadt: In einem malerischen Tal befindet sich ein **Museum** (im Sommer tägl. 9–18 Uhr), in dem einige Ausgrabungsfunde, ein Modell der Palastanlage und Filme über die alte Stadt zu besichtigen sind. In einem Safe werden hier auch die größten Schätze des einstigen Reiches verwahrt: Gold, Juwelen und andere Schmuckgegenstände schimmern hinter den gläsernen Scheiben – wenn sie nicht gerade auf einer Ausstellungsreise sind. Doch auch ein Spaziergang durch das weite, nach Kräutern duftende Tal verschafft einen Einblick in das ›goldene Zeitalter‹ der bulgarischen Kunst und Macht: Ruinen von Palästen, Klöstern und Kirchen sowie mehrere Festungswälle sind in ihren Grundfesten noch erkennbar. Die so genannte **Goldene Kirche** der Hauptstadt (von 907) ist teilweise rekonstruiert worden, so z. B. die runden, mit vielen Nischen und Marmorsäulen ausgestatteten Mauern und einige wundervolle Mosaike und Keramiken.

Treibende Kraft in punkto Stadtgründung und Ausbau war Zar Simeon, der in sagenhaften 28 Jahren die meisten Gebäude der fast 5 km² großen Stadt erbauen ließ. Im zweiten Bulgarischen Reich wurde die Gegend dann ›Peters Land‹ genannt – hier regierte fortan einer der beiden erfolgreich gegen die Byzantiner rebellierenden Brüder Peter und Assen.

Von Schumen fahren **Busse** nach Preslav. Von dort kann man mit einem Taxi oder zu Fuß die ca. 2,5 km (ausgeschildert) bis zum nördlichen Tor des archäologischen Reservats zurücklegen.

REISEINFOS VON A BIS Z

Alle wichtigen Informationen rund ums Reisen auf einen Blick – von A wie Anreise bis Z wie Zeitungen

Extra: Ein Sprachführer mit Hinweisen zur Aussprache, wichtigen Redewendungen, einem Überblick über die bulgarische Speisekarte und Zahlen

REISEINFOS VON A BIS Z

Adressen

Während es in bulgarischen Kurorten teils keine Straßennamen gibt, existieren in den kleinen Orten und Dörfern zwar offizielle Bezeichnungen, den Anwohnern selbst sind diese aber häufig unbekannt. So schildern Hotel- und Restaurantbesitzer ihre Lokalitäten entweder selbst vor Ort aus oder verteilen Visitenkarten, auf denen nur Name und Telefonnummer angegeben sind. In den Großstädten ist jede Adresse bis ins Detail markiert, doch die Entschlüsselung fällt selbst Einheimischen schwer. Jede Adresse ist in ›kvartal‹ (Wohnbezirk), Straße, Hausnummer, Block (nach dem Schema des kyrillischen Alphabetes) und Wohnungsnummer eingeteilt. Die Blocknummern sind einfach irgendwo auf die Hausfassade gesprüht.

Im Hinterland nutzen die Bulgaren oft noch alte Bezeichnungen. So sprechen viele Leute der Stadt Montana bis heute von Michailovgrad.

In den großen Städten ist man zur zweisprachigen, in kyrillischen wie lateinischen Buchstaben ausgezeichneten Beschilderung übergegangen. Entlang der Hauptverkehrsstraßen, aber auch in den Rhodopen finden sich mehr und mehr zweisprachige Hinweisschilder.

Anreise

...mit dem Flugzeug
Internationale Flugverbindungen bestehen mit Sofia, Varna, Burgas und Plovdiv. Den Linienflugverkehr bedient z. B. Balkan Airlines. Charterfluggesellschaften bedienen vor allem die Schwarzmeerküste.

...mit der Bahn
Die Anreise per Bahn dauert ab München via Wien, Belgrad oder Budapest/Bukarest ca. 26 Std. Viele Reisende wählen die Route über Russe bzw. nach Varna. Sofia ist vom Schwarzen Meer etwa fünf Zugstunden entfernt. Bulgarische Züge verfügen weder über Speisewagen noch Minibar. Der Orient Express nach Istanbul hält auf bulgarischem Gebiet in Varna.

..mit dem Auto
Von Deutschland fährt man über Rumänien oder Serbien-Montenegro ein. An den Grenzübergängen ist mit langen Wartezeiten zu rechnen. Die Anreise durch Serbien-Montenegro gilt wieder als sicher, während Rumänien problematisch ist. In Bulgarien sind alle Hauptverkehrswege gut ausgebaut. Bei der Einreise wird eine Straßenbenutzungsgebühr in Höhe von pauschal 3 $ erhoben. Bei der Ausreise sind 0,10 $/km (mindestens 5 $) fällig. Gebühren können in Dollar, Leva oder Euro entrichtet werden. Gültige Fahrzeugpapiere, EU-Führerschein und grüne Versicherungskarte sind obligatorisch.

Apotheken

Die meisten Apotheken sind gut sortiert, das Personal spricht vor allem an der Schwarzmeerküste oft Englisch oder Deutsch. Benötigte rezeptpflichtige Medikamente sollten in ausreichender Menge mitgebracht werden. Übliche Präparate wie Aspirin sind in Bulgarien günstig.

Ärztliche Versorgung

siehe vorder Umschlagklappe: im Krankheitsfall.

Autofahren

Bulgariens Straßennetz ist deutlich besser als sein Ruf. Nur in abgelegenen Gebirgsregionen muss mit Schlagloch-Gefahr gerechnet werden. Bei schlechter Witterung, Schnee oder Nebel ist dort besondere Vorsicht geboten. Auf Nachtfahrten sollte verzichtet werden. Die Hauptstraßen sind gut ausgebaut. Allerdings sind Baustellen häufig wenig gesichert und z. B. nachts nicht ausreichend ausgeleuchtet. An Ortsein- und ausfahrten ist regelmäßig mit Geschwindigkeitskontrollen zu rechnen. Zweisprachige Verkehrsbeschilderung und StVO entsprechen den europäischen Normen. Ausländische Fahrer müssen grundsätzlich Ausweise und Dokumente mit sich führen.

Mietwagen: Alle großen internationalen Verleihfirmen sind in Bulgarien vertreten. Zudem offerieren lokale Anbieter, aber auch Hotels Leihwagen. Die durchschnittlichen Gebühren, die zumeist ohne Kilometerbegrenzung angeboten werden, liegen an der Küste bei 50–80 Lv. pro Tag. Bei Vertragsabschluss ist eine Kaution in bar zu hinterlegen. Kreditkarten werden oft nicht oder nur bei Berechnung eines Aufschlags akzeptiert.

Tanken: Seit Januar 2003 müssen alle bulgarischen Tankstellen bleifreies Benzin anbieten. Bis zur endgültigen Umstellung sollte man bei den Tankstellen der bekannten Öl-Multis tanken. Denn auch die Oktanzahl muss gewährleistet sein.

Pannenhilfe: Der 24-Stunden-Service des bulgarischen Pannendienstes ist unter Tel. 048/146 erreichbar. In Sofias Vermittlungsstelle für Abschleppdienste (ul. Positano 3, Tel. 02/980 33 08) wird Englisch und Deutsch gesprochen.

Behinderte auf Reisen

Mit Ausnahme einiger 5-Sterne Hotels verfügen die wenigstens Unterkünfte über eine behindertengerechte Einrichtung. Speziell an der Küste wird dieses Manko aber oft durch persönlichen Einsatz und freundliche Hilfe wettgemacht.

Busverkehr

Bulgariens Busnetz ist perfekt ausgebaut. Die Preise sind sehr günstig, die Fahrzeit oft deutlich kürzer als mit der Bahn. Fahrkarten kauft man vorab an den Busbahnhöfen, an Haltestellen oder direkt beim Fahrer. Tickets für Langstrecken oder Nachtfahrten sollten frühzeitig gekauft werden.

Man sollte auch frühzeitig da sein: Trotz fester Abfahrtszeiten fahren manche Busfahrer einfach los, wenn ihnen der Bus voll erscheint.

Diplomatische Vertretungen

In Deutschland

Bulgarische Botschaft
Mauerstr. 11
D-10117 Berlin
Tel. 030/20 64 89 35, 20 10 92 26
Botschaft@myokay.net

In Österreich
Bulgarische Botschaft
Schwindtgasse 8
A-1040 Wien IV
Tel. 01/505 31 13, 505 06 37
Fax 01/505 14 23

In der Schweiz
Bulgarische Botschaft
Bernastr. 2-4
CH-3005 Bern 6
Tel. 031/351 14 55, Fax 351 00 64
bulembassy@bluewin.ch

Auswärtige Vertretungen in Bulgarien
Botschaft der Bundesrepublik Deutschland
ul. Frederik Joliot Kjuri 25
1113 Sofia
Tel. 02/91 83 80, 963 45 18
gemb@vilmat.com
Botschaft der Republik Österreich
ul. Schipka 4
1000 Sofia
Tel. 02/981 17 21, 980 35 72,
Fax 981 05 67
obsofia@online.bg
Botschaft der Schweiz
ul. Schipka 33
1504 Sofia
Tel. 02/946 01 97, Fax 946 11 86
chembg@inet.bg

Einreisebestimmungen und Zoll

Deutsche, österreichische und Schweizer Staatsbürger benötigen einen mindestens drei Monate gültigen Reisepaß und können ohne Visum in Bulgarien einreisen. Für Aufenthalte länger als 90 Tage muss ein Visum bei der Bulgarischen Botschaft beantragt werden. Es dürfen maximal 5000 Leva ein- bzw. ausgeführt werden. Gegenstände von historischer, künstlerischer oder wissenschaftlicher Bedeutung dürfen nicht exportiert werden.

Elektrizität

Die Netzspannung beträgt 220 Volt bei 50 Hertz. Für Schuko-Stecker sind Adapter erforderlich.

Fotografieren und Video

Film- und Fotomaterial ist überall in von Touristen besuchten Orten erhältlich. Dia- und Video-Filme sind meist nur in den Läden von Kodak zu haben. Das Fotografieren bzw. Filmen in Museen und Kirchen ist häufig nur gegen Gebühr gestattet. Militärische Objekte sind grundsätzlich tabu.

Frauen unterwegs

Allein reisende Frauen sind in Bulgarien nicht ungewöhnlich. Ansonsten sollte frau dieselben Vorsichtsmaßnahmen wie daheim walten lassen. Die bulgarischen Männer sind ausgeprägte Kavaliere und Don Juans.

Geld

Der neue bulgarische Lev (1 Lev = 100 Stotinki) ist seit Januar 2002 an den Euro gebunden. 1 Lev = 0,51 Euro (0,75 SFr). Die Münzstaffelung geht bis zu 50 Stotinki, Scheine sind im Wert von 1, 2, 5, 10, 20 und 50 Leva im Umlauf. Wechselkurse: www.reisebedarf.com.

Umtausch: Die günstigsten Wechselkurse bieten Bankomaten und Banken. **Kreditkarten** sind nicht überall akzeptiert. Manche Hotels, Restaurants oder Geschäfte verlangen Gebühren von bis zu 5 Prozent, um ihre Kosten gegenüber den Kreditkartenfirmen zu decken. Bei Fahrten in die Berge sollte genügend Bargeld mitgenommen werden. **Traveller-Schecks** sind nicht überall einlösbar und teils mit hohen Gebühren belastet.

Informationsstellen

In Deutschland
Bulgarisches Fremdenverkehrsbüro
Eckenheimer Landstr. 101
60318 Frankfurt/Main
Tel. 069/29 52 84, Fax 29 52 86
www.bulgariatravel.org

In Österreich
Informationen sind derzeit nur über das Bulgarische Handelsrepräsentationsbüro, Schwindgasse 8, A-1040 Wien IV, Tel. 01/585 40 05, Fax 585 40 06, erhältlich.

In der Schweiz
Informationen über die Bulgarische Botschaft (s. S. 221).

In Bulgarien
Tourismusinformationen sind in nahezu allen Orten eingerichtet und auch ausgeschildert. Häufig handelt es sich dabei um Reisebüros und Agenturen, die zwar Zimmer vermitteln, dies aber nur in bulgarischer Sprache. Offizielle, staatliche touristische Informationsstellen existieren ebenfalls in großer Zahl, doch werden die Öffnungszeiten locker gehandhabt.
Überregionale Informationen erhält man u .a. über folgende Einrichtungen:
Tourismusinformation für Sofia und Bulgarien
pl. Bulgaria 1
1414 Sofia
Tel. 02/983 23 71, Fax 989 69 39
www.bulgariatravel.org
Nationales Informations- und Werbezentrum
ul. Sveta Sofia 1
1000 Sofia
Tel. 02/967 97 78, Fax 02/989 69 39
info@bulgariatravel.org

Informationen im Internet

www.bulgarien-web.de: Geschichte, Kultur und aktuelle Infos
www.eco-tour.de: Aktiv-Urlaub
www.bulgaria.travel.com: Hotels, Ferienregionen
www.bulgaria.travel.org: Überblick zu Regionen, Link-Verzeichnis

Karten

Die meisten in Bulgarien erhältlichen Karten sind kyrillisch beschriftet. Eine Ausnahme bilden die Karten von datamap, Domino sowie die Shell-Eurokarte, die Ortsnamen in lateinischen Buchstaben auszeichnen. An Shell-Tankstellen wird ein brauchbarer, englischer Bulgarienatlas verkauft.

Wanderer müssen noch mit den Wanderkarten des Verlages Cartographia Ltd. Sofia vorlieb nehmen. In der Reihe sind kyrillisch beschriftete, aussagefähige Karten mit Tourenvorschlägen für das Piringebirge, das Rilagebirge und die Rhodopen erschienen. In den Tourismusinformationen der Wandergebiete bekommt man Tourenvorschläge mit Kartenskizzen, die für kurze Wanderungen bzw. lange Spaziergänge ausreichen.

Literaturtipps

Neal Ascherson, Das Schwarze Meer, Berlin-Verlag, Berlin, 1996.
Hans-Joachim Härtel/Roland Schönfeld, Bulgarien, Verlag Friedrich Pustet/Südosteuropa-Gesellschaft, Regensburg, 1998.
Claudio Magris, Die Donau – Biographie eines Flusses, München/Wien, 1988.
Maria Todorova, Die Erfindung des Balkans – Europas bequemes Vorurteil, WBG, Darmstadt, 1999.

Notruf

Ambulanz Tel. 150
Polizei Tel. 166
Feuerwehr Tel. 160
Pannenhilfe Tel. 146

Öffnungszeiten

siehe vordere Umschlagklappe

Post

Im Zentrum jeder Ortschaft findet sich ein Postamt (Poschta), in dem zumeist auch ein Telefonservice angeboten wird. Es werden auch Telefonkarten verkauft, die ebenso an Kiosken und in Läden erhältlich sind. Die Postgebühren betragen derzeit ca. 0,50 Cent für Briefe bzw. Postkarten. Die Laufzeit eines Briefes beträgt ca. eine Woche.

Preise

Das Preisniveau z. B. für Lebensmittel liegt in Bulgarien deutlich niedriger als in Westeuropa. Auch die Restaurantpreise sind günstig: Selbst an der hoch touristischen Schwarzmeerküste ist ein vollständiges Menue für 10–15 Lv. (5–7 €) samt Getränken erhältlich. Im Hinterland kostet eine ausgiebige Mahlzeit plus Getränke ca. 5–10 Lv. Frühstück wird in vielen Hotels mit 2–3 Lv. pro Person extra berechnet. In Museen liegt der Eintrittspreis für Fremde im Schnitt bei 3 Lv. Übernachtungen in einem guten Mittelklassehotel kosten im Durchschnitt 20–30 € pro Person. Einfache Zimmer mit Dusche und WC sind im Hinterland schon für 10 € zu bekommen. An der Küste zahlen Individualreisende in der Hochsaison (Mitte Juni–August) fürs Zimmer ca. 20% mehr als Pauschalreisende. Preise sind oft in Euro oder Dollar angegeben. Man zahlt aber immer in Leva, es wird umgerechnet.

In Museen und Hotels zahlen Ausländer höhere Preise als Einheimische. Als Faustregel für Privathotels kann gelten: Preise in Leva wandeln sich zu Äquivalenz-Preisen in US-Dollars. Es ist daher wichtig, auf den Preislisten stets die Rubrik ›Tschuschdenzi‹ (Fremde) zu studieren.

Radio und TV

In Restaurants, Bars, daheim – der Fernseher läuft überall, und dank Satelliten können deutsche Programme fast überall empfangen werden.

Neben DW-TV bietet die Deutsche Welle ein tägliches Radioprogramm auf 95,7 MHz (Mittelwelle). Das Programm ist über www.dw-world.de erfahrbar.

Sicherheit

An der Küste und in den größeren Städten stellen die meisten Hotels Safes zur Verfügung. Im Hinterland werden oft Gemeinschaftstresore von der Rezeption bewacht. Dort sind bei der Abreise Pass, Ticket und Wertsachen wieder auslösbar. Wie überall muss man sich im Gedränge vor Taschendieben hüten. Mit den Machenschaften des organisierten Verbrechens sind Touristen üblicherweise nicht konfrontiert.

Telefonieren

Telefonate vom Hotel aus sind üblicherweise teuer. Es lohnt daher, Ferngespräche von öffentlichen Zellen zu führen. Bei der Post, in Läden oder an Kiosken sind Telefonkarten von drei verschiedenen Anbietern erhältlich: Mobika, Bulfon und Betkom. Die Karten sind fast preisgleich. Die Kartenfarbe der Firma entspricht der der jeweiligen Telefonzelle. Die akustische Qualität ist entgegen vieler Gerüchte auch in den Zellen am Straßenrand sehr gut.

Umgangsformen

Der Bulgare schüttelt den Kopf, wenn er Ihnen beipflichtet. Und er nickt einmal von unten nach oben, wenn er etwas verneint. Die Reiseleiter Bulgariens beherrschen aber routiniert den Wechsel zwischen westeuropäischen und heimischen Gesten.

Unterkunft

In den letzten Jahren hat sich der Standard der Hotels, Pensionen und Campinganlagen in Bulgarien immens verbessert. Vor allem an der Schwarzmeerküste und in den Kurorten des Hinterlandes wurden sämtliche alten Anlagen abgerissen oder vollkommen umgestaltet und modernisiert. Auf diese Weise ist an der Küste z. B. die Kategorie der schäbigen Billigunterkünfte nahezu verschwunden. Die günstigste Übernachtung beginnt hier – abgesehen von Camping und Privatzimmern – in der Zwei-Sterne-Kategorie.

Hotels

Der ›Sternenkanon‹ bulgarischer Hotels ist nicht jederzeit mit westeuropäischen Hotelstandards vergleichbar. Oft scheint der bulgarische Sternenglanz vor allem die Anwesenheit elektrischer Geräte zu reflektieren, die in Form von TV, Kühlschrank, Radio und Klimaanlage das Zimmer schmücken. Doch allmählich nimmt man den vor allem von westlichen Touristen gewünschten Komfort im Bereich Bad und WC ernster. Dies gilt teils noch nicht für die Groß-Hotels aus sozialistischer Zeit im Hinterland. Trotz Privatisierung und prunkvoller Lobby enden Glanz und Glamour oft noch vor der Zimmertür.

Angenehmer sind oft die vielen neuen Familienbetriebe, die zwar nur wenige Zimmer besitzen, dafür aber guten Service, neue Einrichtung, Sauberkeit und Klimaanlage bieten.

An der Schwarzmeerküste sind die Drei- bis Fünf-Sterne-Anlagen in puncto Komfort und Service verlässlich. Doch auch hier sind preisgünstige Privatquartiere auf gutem Niveau. Während der Hochsommermonate sollte man bei der Wahl des Quartiers bedenken, dass die Zwei-Sterne-Hotels der Seebäder meist in der ›zweiten Reihe‹ liegen und statt Klimaanlagen Ventilatoren-Umluft bieten. Ohne eine frühzeitige Reservierung ist in der Hochsaison kaum noch ein Zimmer in den Badeorten am Schwarzen Meer zu bekommen.

Privatzimmer
In allen bulgarischen Ortschaften im Angebot. Meist sind Hinweise auf solche ›kvartirij‹ an Kiosken angeschlagen, Reisebüros oder auch voll belegte Hotels vermitteln Gäste dorthin weiter.

Camping, Hütten, Chalets
Campingplätze bestehen in Bulgarien aus hölzernen Bungalows und einem Motel, die sich um ein kleines Einkaufs- und Servicezentrum gruppieren. Auch die Campingplätze sind mittlerweile fast alle privatisiert und weitgehend saniert, der Standard allerdings oft sehr bescheiden. Natürlich ist hier auch das Zelten oder Parken des eigenen PKW gestattet.

Zu den einfachsten und günstigsten Übernachtungsmöglichkeiten gehören in den Bergen die Chalets (Hütten). Decken und Matratzen sind in großen Gemeinschaftsschlafsälen vorhanden. Manche Chalets bieten heute aber auch schon hervorragenden Service für Einzelreisende.

In diesem Reiseführer sind vorzugsweise zentrumsnahe Unterkünfte angegeben, die vom Standard her westeuropäischen Ansprüchen genügen und im Drei-Sterne-Bereich liegen.

Zeit

MEZ plus 1 Stunde.

Zeitungen und Zeitschriften

In Sofia und den Ferienorten an der Schwarzmeerküste erscheinen mehrere deutschsprachige und internationale Zeitungen. Bulgarische Tageszeitungen bieten tagesaktuellen Service in englischsprachigen Internet-Ausgaben. Wichtigste englischsprachige Wochenzeitung ist das freitags erscheinende »Sofia Echo« mit Kulturprogrammbeilage »Culture Shock«. Ebenfalls englischsprachig sind die Sofioter Magazine »Spot on« und der monatlich erscheinende »Sofia City Info Guide«. »Spot on« beleuchtet vor allem das aktuelle Sofioter Kulturleben, Politik und Umwelt. Der »Info-Guide« ist unentbehrlich für alle touristischen Fragen zu Sofia. Im Internet: www.sofiacityguide.com.

Das unregelmäßig erscheinende, neue Hochglanzmagazin »tour.bg-discover Bulgaria« mit Tourenvorschlägen in alle bulgarischen Regionen ist sehr zu empfehlen. Noch ist »tour.bg« nur per Abo erhältlich, liegt aber in vielen Hotels aus. Reportageauszüge und Aktuelles unter www.tourbg.net.

SPRACHFÜHRER

An der Küste sprechen viele Bulgaren Deutsch, so dass man auch ohne bulgarische Sprachkenntnisse zurecht kommt. Nützlich ist es, einige wichtige Redewendungen zu beherrschen bzw. sich mit der kyrillschen Schreibweise vertraut zu machen. Wer Russisch spricht, hat Vorteile. Dennoch gibt es auch entscheidende Unterschiede: ›Na pravo‹ bedeutet z. B. nicht wie im Russischen ›rechts‹, sondern - ›geradeaus‹.

Zahlen:

0	nula
1	edno
2	dve
3	tri
4	tschetiri
5	pet
6	schest
7	sedem
8	osem
9	devet
10	deset
11	edinadeset
12	dvenadeset
13	trinadeset
14	tschetirinadeset
usw.	
20	dvadeset
30	trideset
usw.	
100	sto
200	dvesta
300	trista
400	tschetiristotin
500	petstotin
usw.	
1000	chiljada

Das Kyrillische Alphabet:

А	а	a
Б	б	b
В	в	v
Г	г	g
Д	д	d
Е	ё	e
Ж	ж	sch
З	з	s
И	и	i
Й	й	j
К	к	k
Л	л	l
М	м	m
Н	н	n
О	о	o
П	п	p
Р	р	r
С	с	ss
Т	т	t
У	у	u
Ф	ф	f
Х	х	ch
Ц	ц	z
Ч	ч	tsch
Ш	ш	sch
Щ	щ	scht
Ъ	ъ	e
Ю	ю	ju
Я	я	ja

Nützliche Worte auf Hinweisschildern:

Achtung	Vnimanie *ВНИМАНИЕ*
Arzt	lekar *ЛЕКАР*
Bank	Banka *БАНКА*

Krankenhaus	poliklinika *ПОЛИКЛИНИКА*
Apotheke	apteka *АПТЕКА*
Bahnhof	gara *ГАРА*
Bus	avtobus *АВТОБУС*
Hafen	pristanischte *ПРИСТАНЩЕ*
Flughafen	aerogra *АЕРОГАРА*
Tankstelle	bensinostanzija *БЕНЗИНО-СТАНЦИЯ*
Post	poschta *ПОЩА*
Hotel	chotel *ХОТЕЛ*
Camping	kemping *КЪМПИНГ*
Gaststätte	mechana *МЕХАНА*
Toilette	toaletna *ТОАЛЕТНА*

Begrüßung/Abschied/Höflichkeit

Guten Tag	Dobar den
Gute Nacht	Lekar noscht
Auf Wiedersehen	Dovischdanie
Entschuldigen Sie	Isvinjavajte
Zum Wohl!	Nasdrave
Bitte	Molja
Danke	Blagodorja (oder merci)

Wichtige Worte und Fragen

Ja	Da
Nein	Ne
Gut (okay)	Dobre

Unterwegs

Wo ist?	Kade e?
Wann fährt der Bus, der Zug nach...?	Koga tragva avtobus, vlakat sa...?
Fahrkarte	Bilet
Straße	Uliza
Museum	Musej
Denkmal	Pametnik
Festung	Krepost
Schloss	Dvorez
Kirche	Zarkva
Kloster	Manastir
Links	Na ljavo
Rechts	Na djasno
Geradeaus	Na pravo

Kulinarische Lexikon

Ayran süßes oder salziges Joghurtgetränk

Baniza Blätterteigtaschen mit Käsefüllung

Güvetsch Gemüseeintopf mit Fleisch

Kavarma Geschmorte Fleischstückchen mit Leber, Pilzen, Kartoffeln und Zwiebeln im Tontopf

Kjopoolu (Auberginenkaviar) Füllung aus gerösteten und anschließend pürierten Auberginen, Paprikaschoten, Tomaten, Nüssen und Knoblauch.

Losovi i selevi sarmi Rouladen aus Wein- und Sauerkrautblättern mit Reis und Hackfleisch

Mussaka Auflauf aus Auberginen, Hackfleisch und Kartoffeln

Schaschliki Fleischspieße

Schopska salat Gurken, Tomaten, Paprika mit Schafskäse

Sirene po schopski Schafskäse mit Tomaten und Paprika im Tontopf

REGISTER

BULGARIEN-ATLAS

LEGENDE

1 : 1.150.000

0 50 km

- A2 Autobahn mit Straßennummer
- 21 E 70 Fernstraße mit Straßen- und Europastraßennummer
- Hauptstraße
- Nebenstraße
- Fahrweg
- Eisenbahn
- Fähre
- Staatsgrenze
- Nationalpark, Naturpark
- Internationaler Flughafen
- Flugplatz
- Kloster; Klosterruine
- Kirche; Schloss-, Burgruine
- Archäologische Stätte; Höhle
- Denkmal, Monument; Leuchtturm
- Berggipfel; Höhenpunkt; Pass
- Sehenswürdigkeit
- Hütte
- Ankerplatz, Hafen
- Heilbad
- Campingplatz
- Grenzübergang
- Badestrand

Negotin
Kobischnitza
Balej
Bregovo
Vrata
Dunarea
Dunav
Salcia
Unirea
Caraula
Vartop
L. Fintinele
Calopar
Radovan
Ferişor
Giubega
Şegarcea
Salasch
Brusnik
Tamnitsch
Gamsovo
Cetate
Koschava
Galicea Mare
Cerat
Dranic
Bratschevaz
Delejna
Inovo
Pokrajna
Maglavit
Băileşti
Borilovez
Gradez
Vidin
Видин
Calafat
Afumati
Bîrca
Valea Stanziului
Maceşu de Sus
Bojniza
Zar Petrovo
Vojniza
Poiana Mare
Goicea
Izvor
Dunavzi
Ciupercenii Noi
Piscu Vechi
Catane
Rast
Gângiova
Kula
Kosta Pertschevo
Gramada
Desa
Lunca Dunării
Bistreţ
L. Bistreţ
Gighera
Gajtanzi
Arzar
Orsoja
Lom
Лом
Gorni Zibar
Ostrov
Kireevo
Zar Schischmanovo
Artschar
Kovatschiza
Rakoviza
Podgore
Dimovo
Dobri Dol
Stalijska Machala
Mokresch
Botevo
Kosloduj
Козлодуй
Man. Suvodol
Artschar
Rabischa
Isvor
Charlez
Minićevo
Oschane
Drenovez
Rasovo
Valtschedram
Gloschene
Oschljane
Medovina
Kiselovo
Brussarzi
Jakimovo
Butan
Belogradtschiski-skali
Ruschinzi
Bukovez
Smirnenski
Medkovez
Slatija
Chajredin
Ogosta
Kadibogaz-P.
576 m
Salasch
Belogradtschik
Septemvrijzi
Gola Tschuka
1374 m
Borovliza
Slavotin
Zerovene
Michajlovo
Manastirischte
Stakevzi
Vurbovo
Gjurgitsch
Belotinzi
Zibriza
Gabrovniza
Lechtschevo
Rogosen
Kameniza
Dolni Lom
Klissuriza
Virove
Bajtschinovzi
Lesura
Malorad
Bjala Slatina
Бяла Слатина
Tschiprovska Pl.
Prevala
Tschiprovski man.
Belimel
Montana
Монтана
Borovan
Timok
Kalna
Ravno Butschje
Martinovo
Galatin
Devene
Balta Berilovaz
Midschor
2170 m
Tschiprovzi
Georgi Damjanovo
Ogosta Es.
Kraptschene
Krivodol
Ponora
Nivjanin
Cerova
Kopilovzi
Borovzi
Samfirovo
Goljamo
Virovsko
Gronja Glama
Kopren
1935 m
Kotenovzi
Kravoder
Tschiren
Mramoren
Zavojsko jezero
Diva Slatina
Tscherkaski
Boschija most
Tischeviza
Temska
Berkovska Pl.
Berkoviza
Берковица
Stojanovo
Vraza
Враца
Gorna Kremena
Nischava
SERBIEN-MONTENEGRO
Visotschka Rschana
Slavnija
Barsija
Varschez
Vratschanska Pl.
Pirot
Petrochanski Pr.
1420 m
Mesdra
Мездра
Babuschniza
Smilovzi
Visotschiza
Milanovo
Lik
Probojniza
Odorovzi
Staninzi
Ginzi
Brakjovzi
Lakatnik
Sverino
Ljuti Brod
Razboischki man.
Godetsch
Zerovo
Sebemte Prestola
Boschenitza
Paniza
1442 m
Dimitrovgrad
Iskrez
Raschkovo
Skravena
Studena
Man. Sv. Jovan
Kalotina
Tschepän
Butschin Prochod
Svidnja
Svoge
Golema Pl.
Litakovo
Trudovez
Svonce
Dragoman
Botevgrad
Ботевград
Jabukovik
Gaber
Iskar
Vratschesch
Ruj
1706 m
Bogjovzi
Petartsch
Lukovo
Jablaniza
Murgasch
1687 m
Filipovzi
Slivniza
Trava
Tran
Kostinbrod
Костинброд
Novi Iskar
Нови Искър
Strajtschovzi
Velinovo
Slatuscha
Buchovo
Gorno Kamarzi
Klisura
Mramor
Bresnik
Boschurischte
Vlasinsko jezero
Bankja
Saranzi
Vidrar
Noevzi
Meschtiza
SOFIA
СОФИЯ
Kasitschene
Elin Pelin
Krugliza
Koscharevo
Dalga Luka
Giginzi
Novi Chan
Bajlovo
Milevska Pl.
Mureno
Batanovzi
Bistriza
Losen
Sredna
Svetlia
Pernik
Перник
Martschaevo
Vitoscha
Milevez
1733 m
Trekljano
Radomir
Радомир
Tscherni Vrach
2290 m
Passarel
Vakarel
Kovatschevzi
Lobosch
Studena
Schelesniza
Jas. Pischelina
Struma
Plana
Ichtimanska Sredna Gora
Semen
Semenski
S. 236
Jarlovo
Kovatschevzi
Jas. Iskar
Borinka
Ichtiman

1 cm = 11,5 km **1 : 1.150.000**

0 50 km

A
B
C
1
2
3
4
Naipu
Bujoreni
Schitu
Stoenești
Padurea Comana
Comana
Radovanu
Mitreni
Chiselet
Lunca Dunării
Vetren
Padurea Padina Tatarului
Padurea Manafu
Mihai Bravu
Prundu
Cascioarele
Chirnogi
Oltenița
Ulmeni
Popina
Srebarna
Garvan
Dunarea
Dunav
Rasuceni
Vlașca
E 70
Izvoarele
Baneasa
Gostinu
Tutrakan
Тутракан
Poscharevo
Safirovo
Iskra
Slatina
Sitovo
Toporu
Fratești
Onacu
28 m
Rjachovo
Babovo
Nova Tscherna
Zar Samuil
Sjanovo
Antimovo
Kosara
Sokol
Bradv
Mârzănești
90 m
Stanești
Slivo Pole
Borissovo
Zvanari
Beliza
Glaviniza
Tschernolik
Potineiu
Giurgiu
Marten
Tschereschevo
Breniza
Pravda
Tsche
Prosena
Koscharna
Madrevo
Podles
Dulo
ervenia
Gogoșari
RUSSE
РУСЕ
Nikolovo
Goritschevo
Boil
Vesselez
Rajnino
Contești
Vedea
Tschervena Voda
Tetovo
Kubrat
Кубрат
Konevo
Rasc
Bragadiru
Semerdschievo
Brestovene
Savet
Sevschtari
Okor
Bujoru
Pietrosani
Basan
Glodschevo
Kamenovo
Isperich
Исперих
Deltschevo
Sredkovez
Dunarea
Metschka
Ivanovo
Vetovo
Toptschii
Pobit Kamak
Ludogorzi
Kliment
Batin
Krivina
Trastenik
Tscherven
Nisovo
Pisanez
Senovo
Djankovo
Prostorno
Bogdanzi
Rusenski Lom
Zar Kalojan
Beli Lom
Novgrad
Tabatschka
Orlova tschuka
Dve Mogili
Jasenovez
Goljam Isvor
Charsovo
Venez
Obretenik
Kostandenez
Esertsche
Rasgrad
Разград
Abritus
Samuilovski Vis.
Schirokovo
Tscherni Lom
Ljublen
Rasgradski Vis.
501 m
Blisnazi
Iglika
Kriva
Zenovo
Volovo
Karan Varbovka
Sadina
Pomoschtiza
Vesselina
Gara Chitrino
Kreptscha
Bossilkovzi
Borovo
Pomen
Malki Lom
Beli Lom
Kamenjak
Opaka
Lomzi
Ostrovtsche
Bjala
Бяла
Koprivez
Zar Asen
Gagovo
Elenovo
Makovo
Varbak
Mirovez
Strachilovo
Drjanovez
Osikovo
Popovski Vis.
Jas. Saedinenie
Lozniza
Trambesch
Orlovez
Vodiza
Popovo
Попово
Dralfa
Bistra
SCHUMEN
ШУМЕН
Zarev
Radanovo
Svetlen
Davidovo
Vrana
Ostrez
Strelez
Kamen
Svezda
Momino
Targovischte
Търговище
Kotschovo
Gradina
Suschiza
Mirovo
Tschapaevo
Jantra
Kruscheto
Straschiza
Goljamata R.
Zvetniza
Veliki Preslav
Велики Преслав
Salmanovo
Ditschin
Nikopolis ad Istrum
Draganovo
Dolna Slatiza
Moravka
Kitino
Patlejnski manastir
Dragoevo
Rosiza
Dolna Orjachoviza
Balkanzi
Tscherkovna
Chotniza
Jas. Jastrebino
Preselez
Smjadovo
Смядово
Gorna Orjachoviza
Горна Оряховица
Antonovo
Ivanovo
Dragoevska Pl.
Ljaskovez
Vodno
Omurtag
Verenzi
Mengischevo
Jas. Titscha
Veliko Tarnovo
Велико Търново
Gorsko Novo Selo
Stara R.
Lisa Pl.
Balgaranovo
Debelez
1054 m
Vrani Kon
Bjala Reka
Risch
Kilifarevo
Mindja
Sredno Selo
Stevrek
Varbiza
Jablanovo
Varbischki Pr.
Varbischka
Kapinovski manastir
Titscha
1098 m
870 m
Rischki
Plakovo
Konstantin
Sirija vir
Kaletovo
899 m
405 m
Marjan
Kotlenski Pr.
Jas. Kamtschija
Elena
Kipilovo
Kotel
700 m
Macholitsch
Voneschta Voda
Stara Reka
Kotlenska Pl.
Podvis
Bujnovzi
Vratnik
1079 m
Rakovo
Rasbojna
1128 m
Scherayna
Beronovo
Karnobatski Pr.
310 m
Karnobat
Drenta
Slivenska Pl.
Gradez
Avramovski Pr.
440 m
Losarevo
Platschkovzi
Tschumerna
1536 m
Balgarka
1181 m
Stidovska Pl.
Sungurlare
Tvardischki prochod
1044 m
Prochod na Republikata
700 m
Bjala
Kafandita
Padarevo
Eleno-Tvardischka Pl.
Novatschevo
Chalketa
Grebenez
Tersijsko
Karnobat
Карнобат
Tvardiza
Schivatschevo
SLIVEN
СЛИВЕН
Kalojanovo
Lozenez
Ptschelinovo
Trapoklovo
Venez
Radunzi
Gurkovo
Binkos
Straldscha
Стралджа
Krumovo
Kazanlak
Nikolaevo
Jas. Srebtschevo
Schelja Vojvoda
Simniza
Schelesn
Maglisch
Tundscha
Banja
Lati Vojvoda
Kruschare
Eksarch Antimovo
Tulovo
Panitscherevo
Vetren
Korten
Sadievo
Nikolaevo
Tschokoba
Vesselinovo
Jagoda
Ljuljak
Karanovo
Nova Sagora
Нова Загора
Kermen
Jambol
Ямбол
Iretschekovo
Nedjalsko
Bakadschik
515 m
Omarts
416 m
Okop
Kaltschevo
Voinika
STARA SAGORA
E 85
E 772
E 773
S. 233
S. 238

D
E
F
1
2
3
4
Ostrov
Galita
Lipnita
Man. Dervent
L. Bugeac
Ion Corvin
Adamclisi
Pietreni
Ciocîrlia
Eforie Nord
Tropaeum Traiani
Cobadin
Techirghiol
L. Techirghiol
Tuzla
Eforie Sud
Costineşti
Baneasa
Şipotele
Padurea Dumbraveni
Ciobanita
Mereni
Topraisar
Faurei
Dobromir
113 m
Amzacea
Balgarka
Bogorovo
Rossiza
Plopeni
Sarnik
Kapitan Dimitrovo
Golesch
Porutschik Kardschievo
Independenta
Dumbraveni
23 August
Olimp
Strelkovo
Koriten
Comana
Pecineaga
Aurora
Vassil Levski
Ognjanovo
Sredischte
Aleksandrija
Mangalia
Kraischte
Cerchezu
Albeşti
Alekovo
Kamenzi
Telerig
Krassen
Negru Voda
Padurea Hagieni
2 Mai
Vama Veche
Severci
Kruschari
Izvorovo
Coroana
Besmer
Kardam
Vitschovo
Chitovo
Svoboda
Dobrevo
General Toschevo
Granitschar
Tervel
Feldfebel Djankovo
Tjanevo
Leskovo
Pissarovo
Spassovo
Kosmos
Slivenzi
Tschernomorzi
Dobrudschansko Plato
Kotschmar
Sotirovo
Preselenzi
Bilo
Vaklino
Krapez
General Kolevo
Sredina
Schablensko Es.
Scheglarzi
Karapelit
Kozloduji
Vasilevo
Belgun
Proles
Dobrudscha
Pobeda
Konare
N. Schabla
Vekilski
Benkovski
Vidno
DOBRITSCH
ДОБРИЧ
Trigorzi
Schabla
Nikola Koslevo
Vladimirovo
Odrinzi
Dachrava
Vranino
Gorun
Tjulenovo
Tschervenzi
Ptschelino
Senokos
Rakovski
Pissarevo
Draganovo
Karvuna
Kavarna
Каварна
Kamen Brjag
Metlitschina
Baltschik
Балчик
Sokolnik
Stoscher
Balgarevo
Russalka
Kalojan
Valtschidol
Obrotschischte
Tuslata
Presselka
Sasmjano
Arat Teke
Dobroplodno
Debrene
N. Kaliakra
Nikolaevka
Albena
Novi Pasar
Нови Пазар
Schtipsko
Batova R.
Frangensko Plato
Zorniza
Suvorovo
Tschernevo
356 m
Oreschak
Aladsa manastir
Slatni Pjasaci (Goldstrand)
Vetrino
Kalimanzi
Nevscha
Sveti Konstantin i Elena
Devnja
Девня
Pobiti Kamani
Eserovo
VARNA ВАРНА
Provadijska R.
Beloslav
Varnensko Es.
Vamenski Zaliv
Provadija
Провадия
Kr. Galata
Gradinarovo
Momino Plato
Schitniza
Avren
Slavejkovo
Blisnazi
Bozvelijsko
Sindel
Nova Schipka
Sadovo
Dalgopol
Venelin
Kamtschija
Sava
Grosdjovo
Ptschelnik
Dolni Tschiflik
Staro Orjachovo
Schkorpilovzi
Jas. Conevo
N. Tscherni
Dobromir
Kamtschijska Pl.
Solnik
Kostenurkata
Bulair
Dvojniza
Djulino
Bjala
Panizovo
N. Sv. Atanas
Daskotna
Obsor
Ruen
Prossenik
Strazin
Djulinski Pr. 440 m
Ajtoski Pr. 390 m
Banja
Orizare
Schwarzes
Trite bratja
Ajtoska Pl.
Elenite
Maglen
N. Emine
Ajtos
Айтос
Brjastovez
Tankovo
Slantschev Brjag (Sonnenstrand)
Nessebar
Kableschkovo
Balgarovo
Vetren
Atanasovsko Es.
Acheloj
Pomorijsko Es.
Vinarsko
Kameno
Pomorie Поморие
Meer
Burgasko Es.
Burgaski Saliv
BURGAS БУРГАС
Russokastro
Tschernomorez
Trastikovo
Strandscha
Sosopol
Debelt
Marinka
Vesselie
Jas. Mandra
Rossen
N. Agalina
Prisad
E 70
E 87
A2
A4
A5
21
29
27
9
2
6
79
3
38
39
7

S. 239

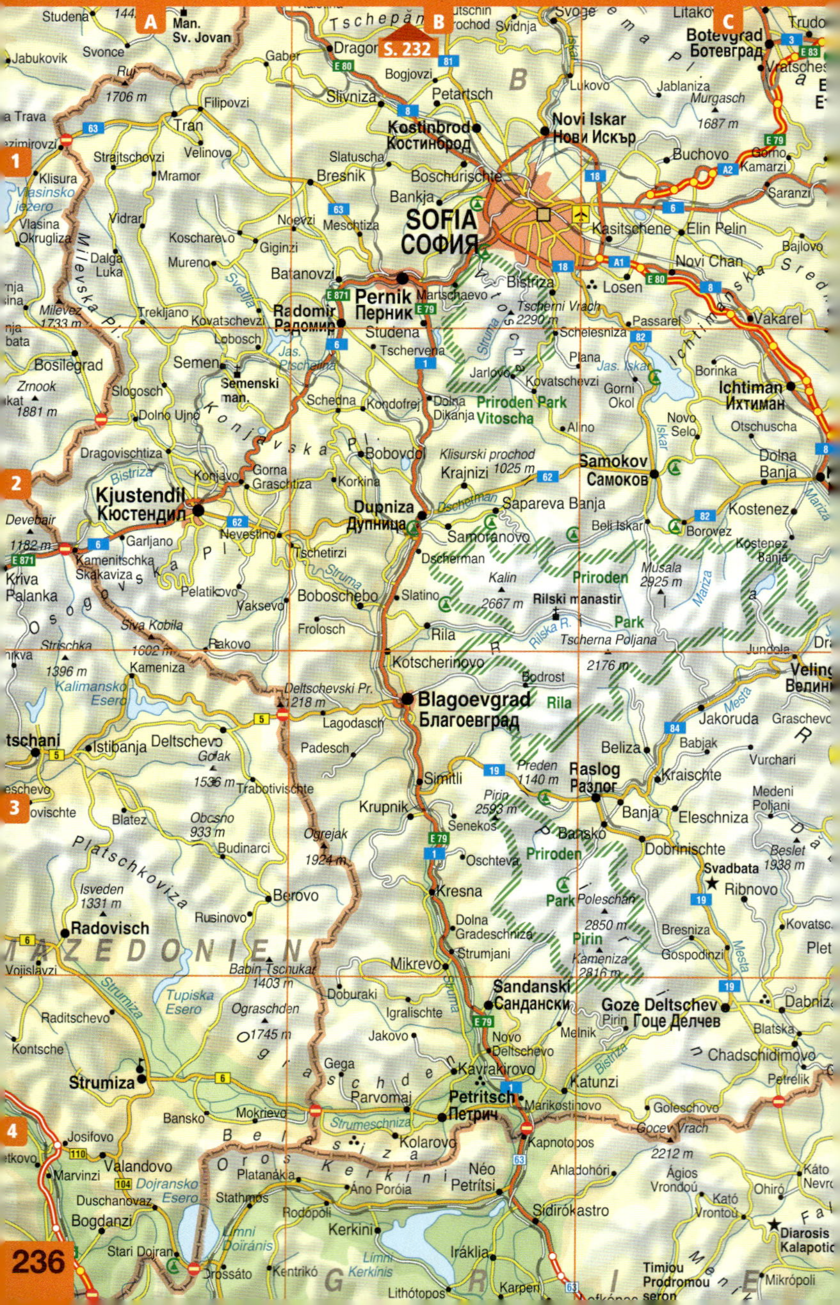
A
B
C
1
2
3
4
S. 232
Studena
Man. Sv. Jovan
Tschepan
Dragoman
Svidnja
Svoge
Litakovo
Botevgrad
Ботевград
Jabukovik
Svonce
Gaber
Bogjovzi
Vratsches
Ruj
1706 m
Filipovzi
Slivniza
Petartsch
Lukovo
Jablaniza
Murgasch
1687 m
a Trava
Tran
Kostinbrod
Костинброд
Novi Iskar
Нови Искър
Straitschovzi
Velinovo
Slatuscha
Buchovo
Gorno Kamarzi
Klisura
Mramor
Bresnik
Boschurischte
Vlasinsko jezero
Vlasina Okrugliza
Bankja
SOFIA
СОФИЯ
Saranzi
Vidrar
Noevzi
Meschtiza
Kasitschene
Elin Pelin
Milevska Pl.
Koscharevo
Giginzi
Bajlovo
Dalga Luka
Mureno
Novi Chan
Batanovzi
Bistriza
Losen
Pernik
Перник
Martschaevo
Milevez 1733 m
Trekljano
Kovatschevzi
Radomir
Радомир
Tscherni Vrach 2290 m
Vakarel
Studena
Schelesniza
Passarel
Lobosch
Tschervena
Plana
Bosilegrad
Semen
Jas. Ptscheina
Jas. Iskar
Borinka
Zrnook 1881 m
Semenski man.
Jarlovo
Kovatschevzi
Gorni Okol
Ichtiman
Ихтиман
Slogosch
Schedna
Kondofrej
Dolna Dikanja
Priroden Park Vitoscha
Dolno Ujno
Alino
Novo Selo
Otschuscha
Konjavska Pl.
Bobovdol
Klisurski prochod 1025 m
Dragovischtiza
Samokov
Самоков
Dolna Banja
Bistriza
Konjavo
Gorna Graschtiza
Korkina
Krajnizi
Kjustendil
Кюстендил
Dupniza
Дупница
Sapareva Banja
Kostenez
Devebair
1182 m
Nevestino
Samoranovo
Beli Iskar
Borovez
Garljano
Kamenitschka Skakaviza
Tschetirzi
Dscherman
Kostenez Banja
Kriva Palanka
Struma
Kalin 2667 m
Priroden
Musala 2925 m
Pelatikovo
Boboschevo
Slatino
Rilski manastir
Osogovska Pl.
Vaksevo
Park
Siva Kobila
Frolosch
Rila
Tscherna Poljana
Strischka 1602 m
Rakovo
2176 m
Jundola
Kotscherinovo
Velingrad
Велинград
1396 m
Kameniza
Bodrost
Kalimansko Esero
Deltschevski Pr. 1218 m
Blagoevgrad
Благоевград
Rila
Mesta
Lagodasch
Jakoruda
Graschevo
Kotschani
Istibanja
Deltschevo
Padesch
Beliza
Babjak
Vurchari
Golak 1536 m
Trabotivischte
Simitli
Preden 1140 m
Raslog
Разлог
Kraischte
Pirin 2593 m
Banja
Medeni Poljani
Blatez
Obcsno 933 m
Krupnik
Senekos
Eleschniza
Platschkoviza
Ogrejak 1924 m
Bansko
Dobrinischte
Beslet 1938 m
Budinarci
Oschtewa
Priroden
Svadbata
Ribnovo
Isveden 1331 m
Berovo
Kresna
Park
Poleschan
Radovisch
Rusinovo
Dolna Gradeschniza
2850 m
Pirin
Bresniza
Kovatsc.
MAZEDONIEN
Strumjani
Kameniza 2816 m
Gospodinzi
Vojislavzi
Babin Tschukar 1403 m
Mikrevo
Sandanski
Сандански
Goze Deltschev
Гоце Делчев
Dabniza
Strumiza
Tupiska Esero
Doburaki
Raditschevo
Ograschden
Igralischte
Pirin
Blatska
1745 m
Melnik
Jakovo
Novo Deltschevo
Chadschidimovo
Kontsche
Bistriza
Gega
Kavrakirovo
Katunzi
Petrelik
Strumiza
Parvomaj
Petritsch
Петрич
Marikostinovo
Goleschovo
Bansko
Mokrievo
Strumeschniza
Belasiza
Gocev Vrach 2212 m
Josifovo
Kolarovo
Kapnotopos
Valandovo
Oros Kerkini
Néo Petrítsi
Ahladohóri
Káto Nevrokópi
Marvinzi
Dojransko Esero
Platanákia
Áno Poróia
Ágios Vrondoú
Ohiró
Duschanovaz
Stathmós
Katό Vrontoú
Bogdanzi
Rodópoli
Sidirókastro
Kerkini
Diarosis Kalapotí
Límni Doiránis
Stari Dojran
Iráklia
Límni Kerkínis
Timiou Prodromou seron
Dróssáto
Kentrikó
Lithótopos
Karperí
Mikrópoli
Menikio
GRIECHENLAND

D
E
F
S. 233
S. 238
1
2
3
4
Teteven
Тетевен
Tscherni Vit
Jamna
Ribariza
Schipkovo
Trojan
Троян
Oreschak
Trojanski Man.
Tscherni Osam
Aprilzi
Debnevo
Gradnica
Gorna Rosiza
Vranilovzi
Batoschevski manastir
Gabrovo
Габрово
Priroden Park
Trjavna
Трявна
Sokolski manastir
Platsch
Etara
Schiptschenski Pr.
1306 m
Slatischki Pr.
1365 m
Trojanski Pr.
1525 m
Veschen
2198 m
Anton
Botev
2376 m
Triglav
2276 m
Trojanska Pl.
Kalojerska Pl.
Schiptschenska Pl.
Slatiza
Pirdop
Rosino
Karnare
Sutschurum
Schipka
Skobelevo
Enina
Radunz
Koprivschtiza
Bogdan
1604 m
Bunaja
1572 m
Karavelovo
Sopot
Сопот
Karlovo
Карлово
Kalofer
Tascha
Dunavzi
Kasanlak
Казанлък
Vassil Levski
Jas. Koprinka
Dabene
Vojnjagovo
Banja
Domljan
Aleksandrovo
Pavel Banja
Busovgrad
Sredna Gora
Sărnena
Streltscha
Starossel
Chissarja
Sveschen
Bratan
1236 m
Panagjurischte
Панагюрище
Bata
Popinzi
Krastevitsch
Beloviza
Staro Schelesare
Tschernitschevo
Sumegor
Rosovez
Kamennata svadba
Pastrovo
Starozagorski Bani
Elchovo
Smilez
Jas. Pjasatschnik
Dragomir
Schtniza
Strelzi
Patschevo
Konare
Zelenikovo
Najdenovo
Elschiza
Dolna Levski
Ovtschepolzi
Kalojanovo
Momino Selo
Bresovo
Veren
Tschoba
Sredno Gradischte
Rakitniza
Kalojan
Karabunar
Boschulja
Septemvri
Tscherno gorovo
Saedinenie
Stroevo
Graf Ignatievo
Rakovski
Раковски
Schischmanzi
Bratja Daskalovi
Partizanin
Trud
Kalekovez
Svanitschevo
Benkovski
Zalapiza
Kostievo
Rogosch
Belosem
Orisovo
Svoboda
Tschirpan
Чирпан
Pasardschik
Пазарджик
Stambolijski
Стамболийски
Mariza
PLOVDIV
ПЛОВДИВ
Sadovo
Setjovo
Novo Selo
Isperichovo
Radilovo
Dorkovo
Katuniza
Krumovo
Popoviza
Boljarzi
Parvomaj
Първомай
Bjala Reka
Skobelevo
Varbiza
Makrovo
Peruschtiza
Kritschim
Kostandovo
Peschtera
Пещера
Brazigovo
Kuklen
Kazanovo
Dalbok Isvor
Assenovgrad
Асеновград
Gorski Isvor
Eserovo
Jas. Batak
Nova Machala
Ravnogor
Tschuren
Sitovo
Assenova krepost'
Batschkovo
Tscherven
Lenovo
Metschka
Bukovo
Iskra
Mineralni Bani
Batak
Bataschka Pl.
Bataschki Sneschnik
2082 m
Sjutkja
Chvojna
Oreovo
Mostovo
Topolovo
Laki
Tri Mogili
Karamanzi
Jas. Trakiez
Konusch
Michalkovo
Persenk
Goljam Persenk
2091 m
Beliza
Komuniga
Schenda
Nikolovo
Beli Plast
Djavolski most
Ljaskovo
Sabardo
Tschernootschene
Stremzi
Devin
Vatscha
Tschepelare
Sagraschden
Manastirische
Pudarzi
Skalni gâbi
Borino
Teschel
Schiroka Laka
Progled
Davidkovo
Jas. Dospat
Dospat
Jagodinska peschtera
Pamporovo
Mugla
Slavejno
Orjachovez
Barotin
Smoljan
Смолян
Malka Arda
Ardino
Kebiljane
Kardschali
Кърджали
Trigrad
Vlachovo
Vkamenata gora
Momtschilgrad
Момчилград
Orlez
1815 m
Mogiliza
Srednogorzi
Madan
Bjal Isvor
Smiljan
Rudosem
Vodenitscharsko
Dschebel
Arda
Nedelino
Mikromilia
Skalotí
Poljana
Tschepinzi
Starzevo
Gen. Geschovo
Podkova
Dipótama
Cigansko Gradischte
1827 m
Slatograd
Fotinovo
Nestos
Benkovski
Livaderó
Karagiós
1055 m
Medoussa
Schumnatiza
Sterna
Ehínos
Paranest
Sátres
Gjumjurdschinski Sneschnik
Pteléa
Stavroúpoli
Lekáni
Kehrokambos
Kamertsi
Kompsato
Papikon Oros
Óros
E 80
E 80
A1
6
6
5
33
37
44
56
58
64
66
84
86
8
14

A
B
C
1
2
3
4
S. 234
S. 237
Elena
Marjan
Kotel
Kotlenski Pr.
700 m
Sinija vir
Kaletovo
899 m
Macholitsch
Podvis
Voneschta Voda
Bujnovzi
Stara Reka
Vratnik
1079 m
Rakovo
Rasbojna
1128 m
Scheravna
Beronovo
Karnobatski Pr.
310 m
Platschkovzi
Drenta
Tvardischki prochod
1044 m
Tschumerna
1536 m
Balgarka
1181 m
Avramovski Pr.
440 m
Gradez
Losarevo
Prochod na Republikata
700 m
Eleno-Tvardischka Pl.
Kotlenska Pl.
Slivenska Pl.
Stidovska Pl.
Sungurlare
Padarevo
Novatschevo
Bjala
Chalketa
Karandita
Grebenez
Tvardiza
Schivatschevo
SLIVEN
СЛИВЕН
Tersijsko
Karnobat
Карнобат
Ptschelinovo
Radunzi
Gurkovo
Binkos
Kalojanovo
Lozenez
Trapoklovo
Venez
Kazanlak
Казанлък
Nikolaevo
Jas. Srebtschevo
Schelja
Vojvoda
Simniza
Straldscha
Стралджа
Maglisch
Vetren
Tundscha
Panitscherevo
Banja
Lati Vojvoda
Kruschare
Eksarch Antimovo
Tulovo
Korten
Sadievo
Nikolaevo
Tschokoba
Vesselinovo
Jagoda
Ljuljak
Nova Sagora
Нова Загора
Kermen
Jamboi
Ямбол
Iretschekovo
Nedjalsko
Smejovo
Karanovo
Bakadschizite
515 m
STARA SAGORA
СТАРА ЗАГОРА
Omartschevo
416 m
Okop
Kaltschevo
Vojnika
Sorni
Bani
Elchovo
Gorno Botevo
Radevo
Elenovo
Rosa
Chanovo
Tamarino
Botevo
Meschda
Sarnevo
Bozduganovo
Radnevo
Раднево
Pet Mogili
Mlekarovo
Meden Kladenez
General Insovo
Slamino
Aleksand
Poljana
Rakitniza
Pamuktschii
Sokoliza
Novosselez
Skaliza
Bojanovo
Stefan Karadschovo
Lovez
Snamenosez
Kovatschevo
Jas. Ovtschariza
Vazv.
Popovo
Sredez
Ovtschariza
Manastirski
Goljam Manastir
Ptschela
Elchovo
Елхово
Boljarovo
Svoboda
Opan
Ljubenovo
Polski Gradez
Malomirovo
Trakija
Mardez
Jas. Malko Scharkovo
Bjal Isvor
Galabovo
Гълъбово
Obrutschischte
Orlov Dol
Knjaschevo
Topolovgrad
Lalkovo
Meritschleri
Kalugerovo
Marica
Sasliika
Trojan
Scharkovo
Radievo
Chljabovo
Valtscha Poljana
Simeonovgrad
542 m
Vischegrad
856 m
Ustrem
Dervenski Vazv.
555 m
588 m
Vaysal
Dimitrovgrad
Димитровград
Ovtscharovo
Tscherepovo
Lesovo
Isvorovo
Radovez
Demirköy
Hacıdanişm
Usundschovo
Kolarovo
Mladinovo
Studena
Hanliyenice
Karah
Brjagovo
Prisadez
Chaskovo
Хасково
Charmanli
Харманли
Jerusalimovo
Rajkovo Mogila
Sladun
Sinanköy
Lalapaşa
Ljubimez
Levka
Schtit
Koren
Slav anovo
Biserska R.
Losen
Sırpsıdıgi
Tunca Nehri
Arnavutköy
Sülog
Beli Plast
Goljam Isvor
Oreschez
Svilengrad
Свиленград
Hacıumur
Maslinovo
Malko Gradischte
Orméni
EDIRNE
Stremzi
Rudina
Dolni Glavanak
Dikea
Ür
Maric Nehri
Evros
Perperek
Silen
Arda
Dabovez
Kastaniés
Karaagac
Söğütlüdere
Hasköy
Jas. Studen kladenez
Macscharovo
Bostan
Kardschali
Кърджали
Pototschniza
Oreschari
Jas. Ivajlovgrad
Komara
Filáki
Tayakadin
Havsa
Kamenata gora
Nanoviza
Kamilski dol
Kyprínos
Váltos
Popsko
Ivajlovgrad
Belopolzi
Orestiáda
Azatlı
Kuleli
Kovil
Tscherni Rid
Zóni
Çukurköy
Svesdel
Krumovgrad
Krumoviza
Ládi
Odrinzi
Thoúri
Kurttepe
Goljamo Kamenjane
Kırcasalih
Kandilka
Bjala R.
Mandriza
Metaxádes
Máni
Erithropótamos
Yeniköy
Ergene Nehri
Straschez
Petrádes
Bayramlı
Pehli
Tokatschka
Didimótiho
Tschernitschevo
Egrek
Vetren
1266 m
Mikron Dérion
Mavrokklissi
Kurduköy
Uzunköprü
Sipahi
Kiriaki
Mándra
Karayusuflu
Çöpköy
Orgáni
Yanuli
Alibey
Olacak
Kavacık
Drimi
Méga Dérion
Meric Nehri
Meriç
E 85
E 80
E 87
E 773
A1
55
53
7
73
6
66
5
57
79
78
76
8
51
535
020
100
550
N
D
T
R
E

D
E
F
1
2
3
4
S. 235
Schwarzes Meer
Karadeniz
Kostenurk
Bulair
Panizovo
Djulino
Bjala
Daskotna
Obsor
Ruen
Prossenik
Strazin
Djulinski Pr.
440 m
390 m
Trite bratja
Ajtoska Pl.
Orizare
Banja
Elenite
N. Emine
Maglen
Aitos
Айтос
Brjastovez
Tankovo
Slantschev Brjag (Sonnenstrand)
Nessebar
Kableschkovo
Balgarovo
Vetren
Achelo
Atanasovsko Es.
Pomorijsko Es.
Vinarsko
Kameno
Pomorie Поморие
Burgaski Saliv
Burgasko Es.
BURGAS БУРГАС
Russokastro
Tschernomorez
Trastikovo
Strandscha
Sosopol
Debelt
Marinka
Vesselie
Jas. Mandra
Rossen
N. Agalina
Prisad
Sredez
Средец
Novo Panitscharovo
N. Maslen
Fakijska R.
Jasna Poljana
Primorsko
Varschilo
Ropotamo
Kiten
Losenez
492 m
Bosna
454 m
Zarevo
Blisnak
Isgrev
Kirovo
502 m
Svesdez
Petrova Niva
Kondolovo
Veleka
Achtopol
Sinemorez
509 m
manastire Sv. Bogorodiza
Kosti
Ahmetler
Resovska Reka
Resovo
Malko Tarnovo
Mutlu Deresi
Begendik
Kofçaz
Dereköy
Karadere
İncesirt
Yeşilce
Avcılar
İğneada Burnu
Limanköy
İğneada
Elmacık
Armağan Brj.
Dupnisa Mağarası
Sarpdere
Kayalıköy Brj.
Koruköy
Balaban
Demirköy
Demircihali
Kırklareli Brj.
Mahiya Dağı
1031 m
Kırklareli
Üsküp
Kurudere
Yenice
Sergen
Pabuç Deresi
Üsküpdere
Kızılcıkdere
Kaynarca
Evrenzik
Hamidiye
Servi Br.
Küçükyayla
Bayramdere
Poyralı
Pınarhisar
Aksicim
Kıyıköy
Kavakdere
Yancıklar
Vize
Osmancık
Ceylanköy
Cevizköy
Seytan Deresi
Poyralı Deresi
Karacaoglan
Çeşmekolu
Evrenliköy
Karaagaç
Akıncılar
Çilinkoz
Kırık
Turgutbey
Emirali
Demirler
Saray
Lüleburgaz
Sakız
Safaalan
Binkılıç
Karacaköy
Ormanlı
Kurtdere
Aydınlar
Yenibedir
Büyük
Durusu Gölü
Alpullu
Beyazköy
Kapaklı
Sayalar
Gümüşpınar
Büyük Karıştıran
Yanıkagıl
Avluobası
Dagyenice
Çerkezköy
Alacaoglu
Vakıflar
Ergene Deresi
Velimese
Davutlu
Sinekli
Subaşı
Akören
Marmaracık
Dambalsar
Hanoglu
Kırkkepenekli
Çorlu
St. Nikolaus Monastir
Fenerköy
Çeneköy
Yavaşca
Muratlı
Önerler
Yörükler
Karacakılavuz
Balabanlı
Çeltikköy
Silivri
Ovayenice

Fotonachweis
Martin Thomas, Aachen: Titel, S. 12, 21, 39, 40, 45, 51, 61, 96, 98, 103, 108, 112, 119, 124, 166, 169, 172, 181, 195, 202, 210, 211
Transit-Archiv, Leipzig, Tom Schulze: Klappe vorne, Klappe hinten, S. 1, 2, 10, 17, 19, 30, 33, 35, 46, 55, 56, 58, 65, 67, 75, 77, 80, 86, 88, 92, 116, 136, 138, 142, 144, 146, 148, 151, 153, 160, 176, 182, 184, 199, 204, 216
Transit-Archiv, Leipzig, Christian Nowak: S. 171

Abbildungen
Umschlagvorderseite: Rila-Kloster
Vordere Umschlaginnenklappe: Baltschik
Hintere Umschlaginnenklappe: Iskar-Durchbruch

Kartografie
DuMont Reisekartografie

Das Zitat auf S. 11 entnahmen wir dem Band: »Gedichte vom Reisen« von Lutz Rathenow, © Aufbauverlag, Berlin 1997

Dank
Ganz herzlichen Dank an Mario Raschev, Bonka Jordanova und Georgi Raschev in Bulgarien und an Irene Martschukat in Köln.
Daniela Schily

Grafisches Konzept: Groschwitz, Hamburg
© 2003 DuMont Reiseverlag, Köln
Alle Rechte vorbehalten
Druck: Rasch, Bramsche
Buchbinderische Verarbeitung: Bramscher Buchbinder Betriebe

ISBN 3-7701-5992-6